大学生职业生涯规划

柴效武　编著

清华大学出版社
北京交通大学出版社
·北京·

内 容 简 介

在人的一生中，职业活动及由此而来的事业进步、财富获取等，无疑占据重要地位。大学生面临毕业将到何处寻找什么样的工作，工资薪酬能达到多少，未来职位与薪酬上升的空间怎样，与之连带的职业兴趣取向、职业定位与目标、职业选择与进展等，都是今天市场经济环境下的人们密切关注的热点话题，都需要在大学校园阶段就给予极大关注和筹划。因此，面向亿万莘莘学子的职业生涯规划与教育，理所当然地应进入今天大学教育的课堂，成为大学生进入社会前的一门必修课。

本书运用通俗易懂的语言、简洁的体例编排方式，向未来的国家公民、社会精英、自我管理者们介绍这项具有鲜明特色的知识和技能。本书适合高等院校学生的职业生涯规划的学习，也适合职业生涯指导师的日常学习和教学培训、考前辅导，还适合有志于此的广大家庭和个人阅读参考。

图书在版编目（CIP）数据

大学生职业生涯规划 / 柴效武编著. —北京：北京交通大学出版社 ：清华大学出版社，2023.7

ISBN 978-7-5121-4913-7

Ⅰ. ① 大… Ⅱ. ① 柴… Ⅲ. ① 大学生–职业选择 Ⅳ. ① G647.38

中国国家版本馆 CIP 数据核字（2023）第 043060 号

大学生职业生涯规划
DAXUESHENG ZHIYE SHENGYA GUIHUA

责任编辑：韩素华	
出版发行：清 华 大 学 出 版 社　邮编：100084　电话：010-62776969	
北京交通大学出版社　邮编：100044　电话：010-51686414	
印 刷 者：北京时代华都印刷有限公司	
经　　销：全国新华书店	
开　　本：185 mm×260 mm　印张：14.5　字数：368 千字	
版 印 次：2023 年 7 月第 1 版　2023 年 7 月第 1 次印刷	
印　　数：1～1 000 册　定价：49.00 元	

本书如有质量问题，请向北京交通大学出版社质监组反映。对您的意见和批评，我们表示欢迎和感谢。

投诉电话：010-51686043，51686008；传真：010-62225406；E-mail：press@bjtu.edu.cn。

前　言

大学生职业生涯规划是指包括学校、学业指导机构等在内的各种教育培训机构，为在校大学生提供有针对性的、专业化的、综合性的职业生涯指导服务。大学生职业生涯规划是今日大学教育和社会经济生活出现的新事物，出现伊始就得到社会各界的积极关注和主动参与。各级教育机构的课程设置及人才培养目标等，都应当考虑这一社会现实。"大学生职业生涯规划"课程的兴起，还在于今日的劳动者个人已经拥有了自主独立支配的人力、物力、财力资源，并开始运用所拥有的资源为谋求自身利益的最大化而组织自身的职业活动。面对日益复杂的职业市场环境和法律体系，个人是否拥有一定的职业意识和求职技能，在遇到种种商机时，能否合理优化配置其拥有的人力、财力资源，是衡量一个人能力高低的准绳。

本书具备以下优点。

（1）知识全面。本书涉及大学生职业生涯规划的各方面内容，并从认知教育、认知自我、认知社会、认知职业，同时把握自己、把握社会，实现个人与社会和职业的对接入手，内容广泛且全面。

（2）内容新颖。本书遵循认知自我和运作自我、自我经营、自我规划的主线对大学生的职业生涯规划，展开专门探讨，必将对由此引致的各个方面产生重大影响。

（3）资料翔实。本书在写作过程中参阅了大量有关研究资料和文献，对国内外有关大学生职业生涯规划的各种好的经验和思想，进行全面到位的介绍，以为我所用，并对来自国外好的思想和做法给予相应的本土化改造。

（4）案例剖析。职业生涯规划的教学，不仅涉及众多相关的基本理论、知识与技术方法，还必须辅以现实生活中的大量案例分析。本书在撰写中就做了较多这方面的工作，并将其作为辅助阅读材料放在每章的拓展阅读二维码中。

围绕个人职业生涯规划所关心的诸多话题，本书对此做了着重介绍和认真回答。希望通过本书的学习，读者能从中得到相关职业生涯规划意识和人生观念的启迪，获取应有的理论知识和技术方法，培育个人步入社会后应有的技能和才干，使自己的学业、事业和职业生涯等得到较好发展，未来的人生安排幸福美满。

围绕贯穿人一生的人生规划、职业生涯规划与理财规划等，希望这些自我经营、自我运作、自我投资的思想理念及丰富的职业生涯知识与技能，使广大莘莘学子终身受益。本书以大学生的职业生涯规划为主线，以大学生未来职业生涯运行及发展历程中的实际需要，以及可能遇到的种种困惑和难题为出发点，以"实用、实惠、实效"为原则，用通俗易懂的语言和职业生涯中的大量真实案例，帮助大学生安排好学习生活，做好自我管理，得到多方面能力的提升。同时，大学生也应尽早地观察社会，积极参与职业实践，了解各种职业的状况和发展前景，为毕业后步入社会的就业、择业等打下良好的基础。

本书面向在校的大学生，希望成为他们进入大学、了解大学、适应大学的成长指南，帮助他们了解职业发展与在校学习的关系，启发他们从未来职业发展的角度来看待目前的学习、生活与实践，促进他们提升自我，以更好地适应社会。本书同样适用于已经在职场工作的广大中青年人士，有些人并未能系统接受有关职业生涯规划的教育，却又在职场拼搏奋斗多年，既有丰富的经验积累又有惨痛的体验和教训，希望他们通过本书的学习，能对自己的职场工作加以有益的总结和提炼。

本书力求将最新的职业教育思想和技术信息等体现出来，希望广大读者得到及时、有用的规划信息和思想指导，使人人都能认知自我、认知职业社会，把握好自己、把握好职业和社会，并使个人与社会实现最好的对接，成为自己职业生涯的大赢家。

编　者

2023 年 5 月于云南

目　录

引　子

　　小陈今年 22 岁，小美 21 岁，两人是一对恋人，在大学同班读书，现已临近毕业。小陈和小美正在考虑就业择业的大事，比如，到何处就业？找什么样的工作？工资薪酬能达到多少？未来职业与薪酬上升的空间如何？等等。还有未来的结婚成家、子女生育教养等诸多事项，不一而足。这些事情应当怎样做，安排在什么时间并采用何种标准，抱着什么样的心态来做这些事，就是将来要整日面对、现在需要精心筹划的人生大事件。面对两人的未来职业人生发展和家庭状况，小陈和小美做了多种考虑，并结合相关的社会和职业调查，提出以下构想：

　　（一）小陈和小美希望了解

　　（1）马上就要寻找工作，是到京、沪、广、深等一线大城市求职，还是留在目前所在的二线城市，或者干脆图清闲，到某个小县城选择一份职业，安逸地度过整个人生？

　　（2）两人是选择到某现成单位寻求就业，还是自主创业？自主创业需要具备的诸多前提条件，如资金、产品、技术、人员、敢于冒风险的魄力和经营企业的才能等，自己是否具备？

　　（3）小陈性格内向，喜欢沉下心来认真做事，刻苦钻研技术；小美则性格外向，乐意和不同的人员打交道。这一性格差异对双方的职业选择有何影响？

　　（4）两人是在同一个城市找工作？抑或是小陈有更好的人生选择，到某个新兴城市就业，收入会有较多增加。但双方能否接受"分居两地"这一情形？

　　（5）毕业生找工作大都希望和自己的专业紧密契合，即专业对口，但当专业和职业不大对口时是否也能欣然接受？

　　（6）每个人都希望寻找的工作和岗位，是自己喜欢该行当，且能胜任该岗位的工作，但如对该行当和岗位不大感兴趣时，是否能为了前途而暂时屈就？

　　（7）小美面临考教师资格证或到某公司就职的选择，且都有较大把握。当一名人民教师属于体制内的"铁饭碗"，收入稳定且稳步增长，特别是每年的寒暑假期为许多女孩所向往；后者属于体制外就业，每月的收入报酬会有较大增长却不够稳定。应当如何选择呢？

　　（8）"一家两制"为当前社会较为时兴的选择，如丈夫自主创业或到大公司就职，为家庭想方设法多赚取钱财，帮助小家庭尽快实现现代化；妻子则选择到体制内工作，收入不高却稳定可靠，未来子女养育教育也有较多的时间和精力妥善安排，构筑起家庭稳固的大后方。小陈和小美是否也遵从这种选择？

　　（9）小陈拿到了两份录取通知，一份是传统的机械制造行业，发展前途不大，但胜在工作稳定、收入可靠；另一份是新兴的电子传媒行当，前途可能很远大，但业内竞争强烈，预期未来会有较大风险且难以评估。

　　（10）小陈称找到某个工作，最大好处是不需要缴纳"五险一金"，每个月可就此增加千余元收入。这项工作可以接受吗？现在不按规定缴纳五险一金，对自己未来各项事业活动的开展和保障是否会导致一些伤害？

（二）小陈和小美希望进一步予以明晰的

小陈和小美还有以下事项是头脑中不大清晰，希望能进一步了解并做出选择的。

（1）就业后两人的薪资状况预计为：小陈月薪为 6 000 元左右，年终奖金至少是 12 000 元，估计未来的薪资增长率为 5%；小美月薪为 4 500 元，每年奖金约 8 000 元，薪资增长率约计 4%。两人的"五险一金"全部缴纳。

（2）两人整个一生中将要做哪些事项，预计需要花费多少钱财，预定在何种档次和标准上做这些事情。两人的收入能否应对预期的计划安排？

（3）计算两人整个一生可能赚取的收入总额，包括工资薪酬、投资理财收益或获取第二职业的报酬，将会达到多少？收入的升值空间如何？

（4）比较权衡一生的全部收入所得，与整个一生的全部支出开销状况，能否满足各项支出开销的需要，两者将会有多大的差距，如收不抵支时，又应当做何打算？

（5）整个人生规划中需要的钱财应从何处获得？如何投资运营和筹划安排，如何合理利用自身的人力资源和财力资源，达到所设想的个人生涯规划和理财目标？

（6）当自己对未来职业的选择感觉不尽如人意，或者还有更好的期盼时，又应当做何打算？是否需要调换到新的职业？

（7）经济社会发展的大形势和个人未来的职业生涯发展，极有可能会出现种种变故，个人如何与时俱进适应这种变故，是否需要有多手准备，又要做什么样的准备呢？

（8）在个人漫长的职业生涯过程中，有无数的"十字路口"，面对这些人生发展的紧要关头，应当如何做出选择？这种选择会使得上述规划安排不再适用，届时又应当如何修订完善人生规划？

（9）如上整个职业生涯规划的安排是否合适？还存在哪些方面的缺陷，需要做出进一步的改进和完善？

（三）以职业规划为主导的人生规划的提出

人生的道路漫长且艰巨，长达七八十年。漫长的人生中将会遇到很多大事，如就业择业、结婚成家、子女生养教育、买房买车、纳税缴费、投资理财、风险保险、养老保障、遗产传承等。这些人生大事应当如何科学处置和合理规划？所需要花销的钱财又应从何而来，如何使用安排，都是人生必须关注的大事。个人生涯规划的编制运作等，应当发挥重要影响。

在人生的众多事件中，职业活动及由此而来的事业进步、钱财获取等，无疑占据重要的位置。在职业活动运行中的就业择业、创业，与之连带的职业兴趣、职业取向、职业定位、职业目标、职业选择、职业进展、择业创业等，都是需要关注的，也都需要在大学校园阶段就给予极大的关注和安排，即职业生涯规划。

完整的人生规划，包括个人生涯规划、个人职业规划和个人理财规划三大部分内容。其中，生涯规划包含了人生全过程的整体安排，理财规划为整个人生规划的基础，为整个人生带来源源不断的物质钱财的流入和使用配置，职业规划则为整个人生规划的先导，并在相当大的程度上支配着人生规划的运行。

（四）小陈和小美职业人生规划的启迪

小陈和小美在面临大学毕业、就业和结婚之前，能够围绕未来漫长的职业生涯路径提出种种构想，十分值得赞赏。种种构想正包括了人们从出生到死亡整个一生的全过程中，将要面临的职业生涯、薪酬福利、结婚成家乃至最终的退休养老、遗产传承等诸多内容的规划安排。

这些知识和技能在目前的大、中、小学校的教育知识体系和素质观念培育中，难以得到合理、科学、到位的解答。为此，学校的相关知识理论体系开立、教育内容设定与教育方法的变革等，都需要根据现实社会的变化做出相应转变，以适应时代发展的要求。个人也需要自觉主动地学习此方面的知识和技能，适应经济社会发展提出的新需要。

第一章

总　　论

（一）本章学习目标

（1）掌握：生涯、职业生涯、职业生涯规划、职业生涯教育、生计教育的含义；各种职业生涯形态的对号入座和评点。

（2）理解：确立职业生涯教育指导思想，强化大学生职业生涯规划教育的意义。

（3）了解：为何今天要提出加强对大学生的职业生涯规划与教育工作，大学生和学校在此方面工作开展的状况，需要改进的环节，组织学生对此工作开展相关调研。

（二）教学重点与难点

（1）教学重点：各个基本概念的深刻理解与把握；社会、学校和学生目前相关状况的调研与评析。

（2）教学难点：大学生职业生涯规划工作开展与经济社会大环境相关性的把握与了解。

生涯、职业生涯、职业生涯规划与生计教育等逐渐引起全社会的关注。为什么需要在全社会尤其是大学校园里大力开展该方面的教育，其价值和必要性是什么，如何做好这一项工作，本章对此予以全面、深入、系统的说明。

第一节　生涯与职业生涯

一、生涯

（一）生涯的含义

很多日常生活用语都会提到"生涯"一词，它最早出现于《庄子·养生主》，即"吾生也有涯，而知也无涯"。在《现代汉语词典》中，生指"生存""生命"；涯泛指"边际"，生涯就是人的一生。西方的生涯本意是两轮马车，也可引申为道路，即人生的发展道路，也可泛指人或事物所经历的成长路径，或者指人生中需要扮演的各种角色。

生涯概念具有丰富的内涵与宽泛的内容。韦伯斯特（Webster）认为，生涯指一个人一生职业、生活、依存社会与人际关系的总称，即个人终身发展的历程。目前较为通用的说法，是美国生涯理论专家休珀（Super）的观点：生涯指一个人终生经历的所有职位的整个历程，"统合了个人生涯中担负的各种职业和角色，并由此表现出个人的特点和自我发展。生涯又是人生自青春期至退休期间各种有薪酬或无薪酬职务的综合。除职位外还包括与工作有关，如学生、退休者甚至家长和公民的各种角色。生涯是指与个人终生从事工作或职业等有关的活动过程"。

（二）生涯的三大层面

休珀认为，生涯是个人终其一生所扮演角色的全过程，由三个层面构成，具体如下。

（1）长度：个人的年龄或整个生命的历程，又细分为生命诞生、培育、成长、择业、立业、成家、壮大、衰退、死亡等不同阶段。各人拥有时间的长度不同，或高达八九十岁始告寿终正寝，或仅仅四五岁就夭折。

（2）宽度：每个人在一生中都会扮演各种不同角色，如学生、公民、家长、劳动者；劳动者又包括工人、农民、军人、教师、医生、官员等各类职业。各人职业活动的范围有较大差异，有的人终生囿于某个小乡村；有的人通过努力，走上学校、科研院所乃至政府部门等领导岗位，人生活动领域显然大大宽广于前者。

（3）高度：是指个人为参与各项职业或事业所投入的知识技能、时间、精力、心血和钱财的程度，乃至最终职业生涯所达到的高度。参与的职业或事业不同，投入钱财或时间、精力、知识技能等有较大差异。如有的人终生只是工厂的工人，有的人却因自己的努力和机缘，从工人到班组长、车间主任最终升职到厂长、董事长等角色，正体现了其职业生涯的高度远远超过了前者。

休珀谈到，每个人都有其独特的生涯形态，形态不同对人终生的职业发展影响极大。好的生涯形态会促成自己的事业成功，不好的生涯形态则会一事无成。每个人都应当努力增加人生的长度，拓展人生的宽度，提升人生的高度，即身体健康，寿命延长，职业道路宽广并最终取得较大的成就。

（三）生涯的特性

（1）终身性。生涯并非个人于某一时期或生命阶段特有的内容，而是体现了个人一生中拥有的各种职位、角色的综合，代表了人的终生经历发展的全过程。

（2）独特性。生涯是个人依据自己的人生理想，为实现自我逐渐开展的一种独特的生命历程。各人有各自的生涯，某些群体的生涯形态有相似之处，但其实质则有较大不同，每个人的生涯运作与发展都是独一无二的。

（3）发展性。生涯是个动态的发展历程，人是生涯的主动塑造者，不同的生命阶段会有不同的诉求，这些诉求随着个人所处环境和愿望的改变，一直处于变化和发展之中，个体也就不断成长起来。

（4）综合性。生涯并非个人在某一时段拥有的职位和角色，而是个人在其一生中拥有各种职位和角色的总和。它是以个人事业角色的发展为主轴，包括了与工作有关的各种角色。它不仅局限于个人职业，还包括个人作为学生、子女、父母、公民等涵盖人生整体状况的各个层面的各种角色。

二、职业生涯

（一）职业生涯的含义

职业生涯专指个体职业发展的历程，一般是指个人一生连续从事和负担的职业、职务、职位的整个历程。一个人一生中的职业生涯不仅包括过去、现在和未来可以实际观察到的职业活动，而且包括个人对职业生涯发展有关的行为、态度、见解和期望等内容。

有关"职位"（professional position）、"工作"（job）和"职业"（occupation）的区分，目前仍存在一定的争议，不过可以大致将它们定义如下：职位和分配给个人的系列具体任务直接相关，和参与工作的个人相对应，有多少参与工作的个人，就有多少职位，如小张是某俱乐部足球队的前锋；工作是由系列相似职位组成的一个特定专业领域，如前锋；职业是指在不同专业领域中一系列相似的服务，如运动员是一种职业。

职业生涯一词来源于英文"career"，有"道路之意"，可引申为个人一生的道路或进展途径，强调随着时间流逝所赋予的责任。职业生涯伴随个体终身，涵盖了个体一生的发展历程，是个人在一生中所从事工作、连续担负的职业工作和职务的历程。

随着时间的推移，职业生涯的含义发生了变化。20 世纪 70 年代，职业生涯专指个人的工作及和工作相关的各个方面。随后，又有很多新含义纳入"职业生涯"概念，甚至包含个人、单位及经济社会生活的方方面面。职业生涯和个人职业发展过程相联系，是个人接受培训教育及职业发展所形成的结果，是个人人生经历的系列职位和角色。

休珀是 20 世纪职业生涯咨询领域里的顶尖大师，在其理论思想的指导下，美国推动了20 世纪 70 年代以来的职业生涯教育的大改革，并引领了全球职业生涯教育运动数十年。休珀提出的"生涯"（career）、"自我概念"（self-concept）、"职业生涯发展阶段理论"、"生涯彩虹图"、"折中主义职业咨询技法"等理论和技法，把早期的职业生涯指导提升为"职业生涯咨询"和"职业生涯教育"的全新高度。今天人们所熟知的选学校、挑专业、填志愿、职业定位、升职、加薪、转型等，几乎每次人生和职业的重大抉择，都需要职业生涯规划的支持。

（二）职业生涯发展阶段

职业生涯规划的过程，主要取决于两个方面：一是社会发展的客观需要，特别是社会职业的现实要求；二是当事人自身的实际情况，其中起主要作用的是当事人自己。职业生涯规划不是社会或学校强加在个人身上的实施方案，而是当事人在内心动力的驱使下，结合社会职业的要求和社会发展利益，依据现实条件和机会制订的个人化的实施方案。

职业生涯是贯穿人的一生职业历程的漫长过程。科学地将其划分为不同的阶段，明确每个阶段的特征和任务，做好规划，对更好地从事自己的职业，实现确立的人生目标，非常重要。我国专家提出人生阶段的划分期，即萌发期、继承期、创造期、成熟期和老年期。美国的职业指导专家休珀，则把人的职业发展过程分为以下 5 个阶段。

1. 成长期（从出生至 14 岁）

该阶段尚属于孩童期，以幻想、兴趣为中心，开始有自我概念和意识，会以各种方式表达自己的需要和诉求，且经过对现实世界不断的尝试，修饰自己的角色，还会对未来要从事的职业做出自己多变的选择与评价。

2. 探索期（15～24 岁）

该阶段属于青少年，会通过学校和社团的活动，利用休闲时间打零工等机会，对自我能力及角色、职业等做出多种探索，选择职业时有较大弹性。该阶段的任务是职业偏好逐渐具体化、特定化。该阶段对一生的职业奠定十分重要，共包括 3 个时期。

（1）探索期（15～17 岁）。此时处于高中阶段，逐步明确自身的兴趣、能力及机会，考虑各种职业的社会价值、就业机会，权衡自己的兴趣、需要和能力，做出暂时决定，并在幻想、讨论、课业及工作中做初步尝试。

（2）过渡期（18～21 岁）。此时处于大学就读阶段，开始进入就业市场或专业训练，重视现实，力图实现自我理念，会将对各类职业的一般性探索转化为对特定职业的特别注重。

（3）实验并承诺期（（22～24 岁）。此时大学刚毕业，职业生涯目标初步确定，尝试和探索成为长期职业生活的可能性，以最终确定自己的职业方向和目标。

3. 建立期（25～44 岁）

此时正处于职业活动的主干期，会经过各种尝试，确定整个职业生涯活动中属于自己的"位置"，或谋求职业的变迁调整，最终考虑如何保住该位置并长期固定下来。该阶段可细分为两个时期，任务是"统整、稳固、力求上进"。

（1）承诺稳定期（25～30 岁）。开始寻求职业安定，或因生活、工作变动，尚未感到十分满意，寻求另谋高就。

（2）稳定期（31～44 岁）。致力于工作稳定并处于最佳创意期，工作业绩优良，属于单位中挑大梁的角色。

4. 维持期（45～60 岁）

工作已取得一定成绩，希望继续维持现有的职位，同时会面对单位中众多新员工的挑战，期望尽可能提升自己的社会地位，直至退休。

5. 衰退期（60 岁以上）

因生理及心理机能的日渐衰退，开始面对现实，从积极参与工作到逐步隐退。该阶段开始注重休闲生活，以满足退休后的各项需求。

三、职业生涯形态

职业生涯是人的整体生涯的重要层面，日本的生涯专家高桥宪行曾将生涯形态做以下归纳与概述（本书又做了若干修订和补充）。

（1）超级巨星型：这类人具有较高的知名度，其举动时常会在无形之中涉及众多人的利益，是大家公认的名人、领袖。

（2）卓越精英型：这类人品德高尚、知识渊博，具有深刻的洞察力，常常能化险为夷、扭转乾坤。

（3）劳碌奔波型：这类人生性安分守己，在社会中过着"朝九晚五"的普通生活，即社会中的大多数人员。

（4）得过且过型：这类人凡事只求过得去即可，没有太大的理想和抱负，很少会为工作全力奋斗和拼搏。

（5）捉襟见肘型：这类人即使机会来了，也不知道如何把握，但一旦错过机会，又会怨天尤人、自暴自弃。

（6）祸从口出型：这类人常常将自己的过错推诿他人，喜欢批评他人、标新立异，能提出宏伟计划却往往无法实现。

（7）中兴二代型：这类人能继承到可观的遗产，自己兢兢业业，发奋图强，大都能将已有家业发扬光大。

（8）出外磨炼型：这类人的父辈广有家业，却会将他们送到其他组织历练，让他们从基层做起，在艰苦磨炼中成长，依靠能力得以持续发展。

（9）家道中落型：这类人在面对困境时，常常欲振乏力、束手无策，使得家道逐渐陷入衰落之中。

（10）游龙翻身型：这类人能充分利用人生的蛰伏期，深刻思考自己的未来，重新规划自身发展，总会等到飞跃的一天。

（11）转业成功型：这类人面对困境时能下定决心、迈开步伐、解脱束缚，另谋出路，闯出一番新天地。

（12）一飞冲天型：这类人才华出众，又具有拼搏精神，一旦遇到伯乐赏识和较好机遇，就能东山再起、一飞冲天。

（13）强棒搭档型：这类人如能遇到志同道合、能力互补的强力搭档的配合，一定会开创成功的职业生涯。

（14）暴起暴落型：这类人敢拼搏冒险、敢将命运赌人生，人生起伏曲折不定，崛起或衰败往往在朝夕之间。

（15）随波逐流型：这类人的人生目标不明确，策略不坚定，行动三心二意，最终只能随波逐流，很难有大成就。

（16）一技在身型：这类人专注于某个领域认真钻研，始终努力不懈，踏踏实实，最终获得一番大成就。

（17）福星高照型：这类人可称为"幸运儿"或"福将"，往往能随着时间的推移，在风云变幻之间成就美好的事业前程。

（18）强者落日型：这类人虽然才能出众，也曾呼风唤雨，但常常因人生的际遇无常而虎落平阳，从此一蹶不振、了却残生。

（19）步步高升型：这类人会在某个组织内认真经营，尽管工作地点或工作内容会有改变，还是会因业绩突出而受到主管认可，从而步步高升。

（20）阅历丰富型：这类人供职过很多单位，变换过不少工作，工作内容差异很大。他们勇于尝试、敢于创新，学习能力强，往往能气定神闲地应对各种突如其来的状况和问题。

（21）稳扎稳打型：这类人经过一连串探索尝试和努力后，终于进入自己向往的机构，开始按步就班地工作。

（22）越战越勇型：这类人有明确的职业生涯发展方向，但因种种缘由受到打击而重挫。他们往往会凭借自己的毅力和能力继续努力，以更加成熟的状态应对一切挑战和挫败，在工作中取得成就远超出先前。

（23）得天独厚型：这类人凭借优越的家庭环境和雄厚人脉，很早就确定人生的方向，经过刻意栽培和安排，早早进入核心阶层，并将组织发展与个人职业生涯紧密结合。他们对自己的职业和工作，不必花费太多精力和时间，也不必做更多努力或积极尝试。

（24）因故中断型：连续性的职业生涯因意外变故而停顿或中断，处于静止或衰退状态。职业生涯中断缘由较多，如女性因怀孕、生育教育子女中断已有职业；某人因身体患有重病，不得不进行医疗康复等。

（25）一心多用型：这类人多才多艺，不愿意专注于某单一工作或事业。工作之余常会给自己安排感兴趣的课题，在职业的稳定和创新间寻找平衡点。

第二节　职业生涯规划

一、职业生涯规划概说

（一）职业生涯规划的提出

人生在世，每个人都想成就一番大事业，最终结果却非人人都能如愿以偿。问题何在呢？个人职业生涯规划使人们尤其是青年人运用适当的方法充分认识自己，为此提供了事业成功的技术与方法。

人生，因梦想而变得绚丽多彩，因追梦变得充实而有意义。但在寻梦的荆棘路上，不少人跌倒、迷途、惨败，原因就是没有明确的目标，或者只给自己一个虚无的目标，而不问具体路径该如何行走。要想饱览旅途的无限风光，就要在披荆斩棘的路上给自己树立坚定的信念，订下严格遵守的规则，每每向后回望都不曾后悔，每向前一步，都走得踏实而长远。

人的一生，从 20 多岁大学毕业后就业，到 60 余岁退休养老为止，职业生涯长达 40 年，职场成功从何而来？首先就要有明确的职业生涯规划，它和整个人生的幸福都是密不可分的。个人一生也许只从事一种职业，或许从事多种职业，但都希望能找到相对稳定、适合自己的职业。选择和规划自己的职业生涯，往往受学识、爱好、机遇、工作环境等主客观条件的制约，只有根据现行的工作需要改变原来的职业目标和兴趣，调整心态，培养对所从事职业的敬业精神和对事业的热爱，才能集中精力全身心投入工作，实现个人价值，做出成就。

柳青曾经说过："人生的道路虽然漫长，但紧要处就那么几步。"清华大学心理学系教授樊富珉言道："只有优异的成绩，却不懂得与人交往，是个寂寞的人；只有过人的智商，却不懂得控制自己的情绪，是个危险的人；只有超人的推理，却不了解自己，是个迷茫的人。"

雷恩·吉尔森在所著《选对池塘钓大鱼》一书中写道："无论你是中学生、大学生还是硕士生、博士生，职业生涯规划都应该是第一门课，也是最后一门课。"

（二）职业生涯规划与人生发展

人生是否需要做出规划，订立自己的人生目标呢？很多人感到茫然，那么到底应当如何规划自己的人生呢？

哈佛大学曾对一群智力、学历、环境等客观条件都差不多的年轻人，做过一个长达25 年的关于人生目标的跟踪调查，调查内容为"规划对人生发展的影响"。在整个 25 年里，哈佛大学一直对这些调查对象做跟踪调查，结果显示他们的职业和生活状况都发生了很大的变化，详情如下。

第四类人：3%的有清晰且长远人生规划的人，25 年来几乎都不曾更改过自己的人生目标，并为实现目标做着不懈的努力。25 年后，他们中不乏有白手起家的创业者、行业领袖、社会精英，几乎都成了社会各界顶尖的成功人士。

第三类人：10%的有清晰的短期人生规划者，大都生活在社会的中上层。他们的共同特征是：短期人生规划不断得以实现，生活水平稳步上升，成为各行各业不可或缺的专业人士，如医生、律师、工程师、高级主管等。

第二类人：在另外的 60%中人生规划模糊的人，几乎都生活在社会的中下层，能安稳地工作与生活，但都没有特别突出的成绩。

第一类人：是那些没有目标和规划的人，几乎都生活在社会的底层，生活状况很不如意，经常处于失业状态，并常常报怨他人、报怨社会、抱怨这个"不肯给他们机会"的世界。

美国还有一个研究事业成功的机构，曾经长期追踪 100 个年轻人，直到他们年满 65 岁。结果发现，1 个人很富有，5 个人有经济保障，剩下 94 人的状况不大好，事业发展不顺，晚年生活拮据，应该算是人生的失败者。他们之所以如此结局，并非年轻时努力不够，主要是没有选定清晰的目标。

调查者得出的结论是：目标对人生有巨大的导向性作用。成功，在一开始仅仅是一种选择，一个人选择什么样的人生规划，就会有什么样的人生。其实，那些被调查者之间的差别仅仅在于，25 年前，某些人知道自己到底要什么，另一些人则不清楚或不很清楚。

人生没有了目标，也就没有了希望，丧失了动力。

（三）大学生为什么需要职业生涯规划

大学四年是人生中短暂而又美好的一段时光，不同的学习、生活方式勾画出有差异的大学生活曲线，并对大学生人生道路的构筑和铺设等，产生深远的影响。当大学生初跨入大学校园时，都站在同一条起跑线上，四年后彼此间的状况却呈现出很大差异；四十年后，大家相继从工作岗位上退休，其间的差异更可谓天壤之别。

造成这种明显差异的本质原因就是"人生规划"。一个能认真规划自己学习、生活和工作的大学生，在四年的大学生活和未来的职业道路中，会享受到更多的人生幸福与快乐。为指导大学生更好地规划大学校园乃至整个职业生涯的道路，目前的各类职业生涯网站、各大高校，都为广大学生提供了相关的技能测试和培训指导的平台。

职业生涯的实质，是指个人一生的发展需要选择的职业道路。当今高科技时代的经济社会变革日新月异，每年都有大量新的职业相继诞生，大量老的职业逐步淘汰，职业的稳定性在急剧下降。另外，人生的道路并非笔直向前的金光大道，而是有众多的十字路口需要选择，有众多的风险需要予以应对和防范，对此需要有思想准备，事先想好应对举措，才不至于临期惊慌失措，无以应对。

职业选择与确定是人生中的重大抉择，特别是对于刚走上社会的大学毕业生来说，更是如此。大学教育除培养学生的文化知识和专业技能外，还应为社会培养具有规划观念和自主意识的学生。大学生职业生涯规划，包括大学期间的学习规划、职业规划，规划有无与好坏，直接影响到大学期间的学习生活质量，影响到求职就业甚至未来职业生涯的成败。

二、职业生涯规划的解读

（一）职业生涯规划的含义

职业生涯规划是个人基于整个人生全过程的规划安排，要从长远广泛的角度为自己的职业生涯做出规划设计。职业生涯规划是个人结合自身状况、未来发展可能的机遇和制约因素等，为自己确立职业目标，正确选择职业发展的道路，并为此采取各类积极有效的举措和办法，为实现职业生涯目标确定行动方向、行动时间和行动方案等。

职业生涯规划也称职业生涯设计，或称人生设计，是指一个人对其一生的各阶段所从事的工作、职务或职业发展道路进行设计和规划。包括选择什么职业，在什么组织和地方从事该职业活动，并在该职业队伍中担当什么角色，个人一生的发展阶段的职业变更，以及为实现职业设计接受的各种教育和培训等。

职业生涯规划，既是确定个人的事业奋斗目标，选择实现这一事业目标的相应职业，编制相应工作、教育培训的行动计划，又是指个人在单位和经济社会大环境下，自我发展与组织培养相结合，分析、总结和测定个人职业生涯的各种主客观因素，确定一个人的事业奋斗目标。同时对整个生命历程中每一阶段的实施时间、方式和内容予以合理地筹划和安排。

（二）职业生涯规划关联的内容

职业生涯规划的内容，涵盖并关联人生中的各个层面，大致包括以下方面。

（1）事业发展规划：如就业区域的设定，就业行业、单位与岗位的抉择，工资晋级与职称、职务的晋升，发明创造成果的变现，自我价值的实现等。

（2）收入财富规划：收入实现、财富积累状况及准备达到的目标，如年收入多少，拥有房产、轿车、存款等，或拥有自己的公司和产业等。

（3）婚姻家庭规划：如何时、何地与何人结婚成家，计划生育子女的数量、时间及相应资金费用的筹措安排等。

（4）子女培养规划：如将子女培养到本科或研究生毕业，达到高智商、高情商、高财商的"三高"境态，为此需要的财力、时间、精力的准备等。

（三）职业生涯规划的期限

按照职业生涯规划实施的期限，可划分为短期规划、中期规划、长期规划和终生规划。

（1）短期规划为1年以内的规划，主要是确定近期目标，规划年内准备完成的任务等。

（2）中期规划一般为1～3年，或者从事某一较大的独立事项，如上大学接受高等教育等，就应对此专门规划。应在远期目标的基础上设计中期目标，并进而指导短期目标。

（3）长期规划，规划时间是3～10年，主要是设定人生中较长期目标，如购买住房的资金筹措及还款付息，如刚出生子女未来接受各级教育的时间和学习安排等。

（4）终生规划，对自己整个生命周期的各个事项给予全面规划安排，重点是职业生涯规划和退休养老规划等。

（四）职业生涯规划的理念

大学生的职业生涯规划，是以其生命历程中的职业生涯发展为核心，关心自己的大学生涯及与此有关的职业角色的选择与发展。规划宗旨是帮助大学生从知识、技能和综合素质等方面，尽早地认识自我、认识职业、认识教育与职业的关系，并根据自己感兴趣的职业目标，学会职业决策，锻炼自己的职业竞争力。职业规划中需要注意以下事项。

（1）每项职业对社会都有其独特的贡献，该贡献度的大小会随着时代的发展而强化或弱化。

（2）事业是人生的一部分，每个人都在寻求生命意义、事业方向和动力，即追求自己的梦想与理想。

（3）职业生涯规划要求人们回顾过去，重建自我信心，把握目前状态，为将来制定短期和长期目标。

（4）探讨自己一生会担当的不同角色及相互间影响，透过不同生命角色，迈向人生多元化的规划目标。

（5）相信生命的意义和目标，可在自己不同的活动领域，如工作、学习、休闲中逐一实现。

（6）认知自己的需要和具备的技能，探索自己的职业价值观和兴趣，了解自己需要什么。

（7）仔细考虑和权衡外部社会环境的发展趋向，寻求其间的可操纵与不可操纵因素。

（8）把握职业生涯规划应当具有的技巧和方法，并从适当的培训辅导与自我教育实践中获得。

（五）职业生涯规划需要着重把握的事项

从个人的角度来讨论职业生涯规划，涉及的知识与技能层面主要包括：自我认知（明晰个人兴趣、能力、价值观等）；自我规划（确定职业方向和目标，制订职业发展道路和运行计划）；自我管理（明确自我学习、提升准备和行动计划安排）；自我价值评估与实现（反馈评估、修正完善）。从社会经济发展的角度谈论职业生涯规划，又需要明晰经济社会发展大环境的现状和未来演进的趋向等，最终还需要将个人与社会、单位、职业岗位等有机地结合起来。具体包括以下内容。

（1）了解个人能力、技能、兴趣、人格、价值观与职业、岗位的关系，确认人生的方向，为之提供奋斗的策略。

（2）了解自己的优势、特色资源何在，发掘、包装、营销、创造最大的价值和效用。

（3）正确评价自己的性格、能力、爱好与人生观，确定人生目标，应向哪方面发展，准备向哪方面发展。

（4）准确评价个人特点和强项，评估个人既定目标和目前状况的差距，为缩小差距如何努力。

（5）认识自身的价值并使其增值，突破并塑造清新、充实的自我。

（6）了解劳动力市场的状况及影响市场长远发展的基本要素，增强职业竞争力，发现新的职业机遇。

（7）明晰社会经济的大环境，了解自己所有的知识技能如何适应社会需要，把握社会前进的脉搏。

（8）判断经济社会大环境发展的趋向及对个体生涯决策与职业选择的影响，自我职业准确定位和努力方向。

（9）了解职业生涯规划与发展决策中的各种类型，明晰职业决策中的各种因素影响。

（10）个人特色优势资源如何与社会需要紧密结合起来，为社会作出贡献，并促动个人经济社会地位提升。

（11）探讨职业生涯规划决策的相关理论，明晰职业衡量和决策模型在职业发展与规划中的具体应用。

（12）确定自己的工作目标，为实现目标制订相应的工作计划，按计划行事并随着形势发展修订计划。

三、大学生职业生涯规划的意义

（一）职业生涯规划的意义

漫长的人生充满了变化与挑战，不可能将每一步都规划得完美无缺，时时事事也不可能都按既定的计划来完成。不过凡事预则立，不预则废。在出发前勾勒自己向往的图景，郑重地写下"做什么"和"要怎么做"，这样奋斗的方向才会明晰，才能直面挫折，充满动力。

职业是职能与行业的乘积，公式为：职业=职能×行业。即个人具有何种文化专业知识与技术能力，社会中有哪些适合的行业和岗位，两大要素综合考虑，就得到适合的职业。

选择职业就是选择人生，即选择何种职业步入社会。在今天价值多元化的背景下，职业生涯规划的意义，在于帮助自己寻找适合自身发展的职业，实现个人与职业的最佳匹配，体现个体价值的最大化。为此，要确定自己的人生方向，锚定职业定位的目标和策略，并根据不同的职业特点准确评价个人的特点和强项，认真分析个人目标与现实的差距，找准职业方向，把握职业机遇，增强职业竞争力。同时应根据不同的职业要求重塑自我形象，认识自己的价值并最终促使其增值，实现个人兴趣、能力、价值、事业、就业单位及家庭的多赢局面。

（二）大学生职业生涯规划的必要性

大学生的职业生涯规划，是在自我认知的基础上，根据自己的专业特长知识结构，结合社会环境与市场状况，对将要从事的职业及要达到的职业目标所做的方向性方案。大学期间是职业生涯规划的黄金阶段，对大学生个人的未来职业走向和职业发展，具有十分深远的影响。

职业生涯规划的有无及状况如何，是大学生攻克就业难关，实现自身理想的关键所在。切实可行的职业生涯规划，有利于大学生的尽快成才，促进人的全面发展和进步，使其真正为自己的既定目标提供服务，对大学生的职业选择和生涯成功等，具有重要意义。学习职业生涯规划课程，即学习关于人和职业认知、选择与链接、规划的知识与技能，帮助自己规划职业生涯，甚至成为职业生涯规划师以帮助更多的人找到适合的职业。

职业生涯规划对大学生特别重要，他们从学校最终进入职场，会面对很多和事业相关的抉择，包括升学选学校、报专业、文理选科、兴趣培训、技能进修及职业选择。有效规划人生和事业，是青少年学生成长的重要任务。个体职业生涯规划，和个体所处的家庭社会有密切关系。高中生即将毕业，无论是否继续升学，职业选择都是迟早要面对的。故此，越早开展生涯规划，对自己的成长就越为有利，且随着年龄的增长会有不同的侧重点。中学生的生涯规划，主要着眼于学习生涯及事业生涯。

职业生涯规划的有无及执行力度如何，对未来人生发展的状况优劣有较大影响。面对大学生的职业生涯规划，让大学生对自我有充分的认知，包括性格、兴趣、价值观、行业发展环境、行业发展规律、职业职能等。面对大学生的职业生涯规划，帮助大学生明确职业目标和理想，尽早找到自己的兴趣爱好，发现自己的优势，修正自己的不足，扬长避短，建立自己的竞争优势，这样才能在择业中有更大的话语权，找到适合自己发展的职业。

大学生需要对自己有客观的认知，摆正自己的位置，明白专业与就业的差距，了解专业与职业的衔接。切实可行的职业生涯规划，有利于促进人的全面发展和进步，真正为自己的职业选择和人生成功服务。做好规划是攻克就业难关，实现个人与职业之间的最佳匹配，实现自身理想和目标的关键。

（三）大学生职业生涯规划的意义

人生涵盖事业、学习、家庭、理财、休闲、人际交往等多方面范畴。职业生涯规划就是人的一生选择走什么路，人生之路如何走，乐于选择何种生活方式，如何确定与实现人生的目标，追求并达成何种人生的境界。最终结果是要个人事业有成，人生价值最大化，家庭生活幸福美满。

（1）职业生涯规划可以发掘自我潜能，增强个人实力。行之有效的职业生涯规划将会做到以下方面：①引导人正确认识自身的个性特质、现有与潜在的资源优势，帮助人重新定位自己的价值并使其持续增值；②引导人对自己的综合优势与劣势进行对比分析；③促成明确职业发展目标与职业理想；④引导人评估个人目标与现实之间的差距；⑤引导人的前瞻性并与实际相结合，实现职业定位，搜索或发现新的或有潜力的职业机会；⑥使人学会如何运用科学的方法和可行的步骤与措施，不断增强职业竞争力，实现职业目标与理想。

（2）好的计划是成功的开始，职业生涯规划可以增强职业发展的目的性与计划性，提升人生成功的机会。生涯发展要有计划、有目的，不可盲目追求"撞大运"。很多时候职业生涯受挫，大部分原因是相关的规划没有做好。身为大学生，必须要先人一步，明确目标，规划未来，时刻认清社会能带来的机遇与挑战，明白自己能给社会带来何种动力与贡献。

（3）职业生涯规划可以提升应对职场竞争的能力。当今社会处在剧烈变革的时代，到处都充满激烈的竞争。物竞天择，适者生存。要想在这场激烈的竞争中脱颖而出，并持续立于不败之地，必须设计好自己的职业生涯规划，才能做到心中有数，不打无准备之仗。

（4）科技与人才是当今世界竞争力的龙头，"成为世界一流的领导型人才"是每位学子积极追寻的目标。在目前"丛林法则"越发被认可的状况下，在人们为遭受金融危机和新冠危机奔走呼号的年代，每年都有数十万大学生毕业后无处就业。人才的养成正成为一场智商、情商、财商、健商综合引领的大博弈，规划人生不仅是大学生顺利生存必须具备的技能，更是实现人生价值和社会价值的关键所在。

（四）大学生职业生涯规划的自我价值

职业生涯规划不同于传统的就业指导，它与每位大学生的学习生活和未来的职业工作息息相关，并不神秘莫测。它能帮助大学生正确处理好学习和职业的关系，更早地意识到自己的职业发展目标，更好地向人生的目标迈进。它着眼于大学生对自己的学习、工作和生活等培养运筹规划的意识，制定完善的职业生涯目标，努力经营好校园生活和未来的职业人生。

职业生涯规划对大学生可发挥的价值，在于以下方面。

（1）认清自我，准确定位自我价值，如对此不清楚可在网络上找职业测评小软件测试一下。

（2）分析对比自己的优势和劣势。

（3）树立自己的职业目标和梦想。

（4）客观地了解自己，了解别人眼中的我，和自己眼中的我有什么差距。

（5）对自己想要的职位进行自身定位，分析自己是否适合。

（6）分析判断自己最适合的工作是什么。

（7）探索自己的潜力并发掘，增强自己的优点，提高市场竞争力。

大学生职业生涯规划的意义重大，不仅是上述七点，还有很多潜在内容。

四、职业生涯规划的理论研究

（一）职业生涯规划的启蒙与演进

职业生涯规划起始于 20 世纪初的美国，兴起于 20 世纪 70 年代，并于 21 世纪初进入中国。经过长时间的发展与演变，目前已成为一门比较成熟的学科和工作。

职业生涯规划理论产生的根本动因，在于它是一种人生的经营战略，借以帮助个人实现职业目标，获得职业成功。组织可通过对员工的职业生涯规划，倡导职业意识，实现组织和员工的共同职业化发展目标。对于个人而言，职业生涯规划是个人为其未来的职业发展绘制的理想蓝图，是自我职业的探索与奋斗。目的是少走弯路，不走错路，避免走回头路，选择走最佳路线，在较短时间内并付出较小代价实现职业理想和自我价值。良好的职业生涯规划，会给社会、学校、单位和员工带来"多赢"局面。

在社会实践中，职业生涯的规划与管理易受到组织和个人的忽视。人们常看到的情景是：组织和员工陷入就业难与辞职潮的双重矛盾之中，造成组织中员工流失不断，离职率直线攀升，员工就业压力逐年增大、丧失稳定发展的"双输"境地。要改善这种局面，既需要员工本人思索与职业生涯有关的各种概念，如职业价值观、职业兴趣等，掌握职业生涯规划的基本方法，还需要工作单位积极思考如何帮助员工做好职业生涯规划。当然，更需要学术界和高校在此方面做大量工作，探讨职业生涯规划的相关理论与技术方法，并对学生做好相关知识与技能的认知培养工作。

我国的职业生涯规划和管理的研究起步较晚，目前的相关生涯规划与教育工作还多停留在个人层面，多数教材以面向大学毕业生就业指导为目的，忽视了公司组织层面对此的职责，忽视了在职员工明晰职业生涯规划的需求。基于此，需要帮助员工发现自我、发现职业优势、减少从业弯路，为公司组织对员工的职业生涯规划与管理提供借鉴。

（二）职业生涯发展理论的介绍

生涯发展理论主要起源于 20 世纪 50 年代哈瑞·赫斯特（Harrey Hester）的发展阶段论和琼斯·伯格（Jeans Berger）的职业发展理论。著名社会学家休珀大师，集差异心理学、发展心理学、职业社会学及人格发展理论之大成，对此做出长期研究后，参照布勒（Bueller）生涯发展形态的分类，提出生涯发展阶段论的观点，具体分为成长期、探索期、建立期、维持期和衰退期 5 个阶段。

职业发展前期即职业的成长期，共包括 3 个时期：一是以"需要"为主的幻想期（4～10岁），幻想中的角色扮演很重要；二是以"喜好"为主的兴趣期（11～12 岁），喜好是个体抱负与活动的主要决定因素；三是以"能力"为主的能力期（13～14 岁），能力逐渐具有重要作用。该阶段的孩童开始具有自我概念，以各种不同方式来表达自己的需要，且经过对现实世界不断的尝试，修饰自己的角色。这个阶段的发展任务是，培育自我形象，确立对工作的正确态度，了解工作的意义。

整个职业发展的全过程，如图 1-1 所示，展现了从出生到最终死亡的全过程，具体内容就不再一一列举。

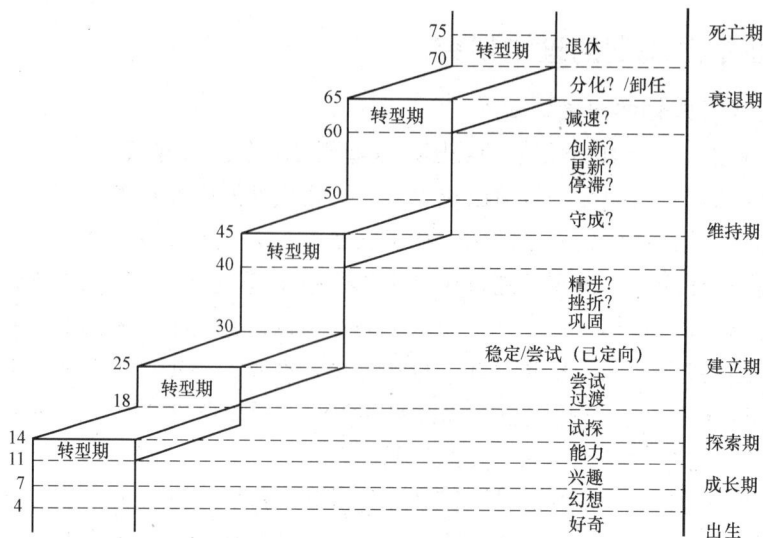

图1-1　职业发展的全过程

第三节　职业生涯教育

职业生涯教育的前身是职业指导，随着时代发展和理论进步，职业生涯教育逐渐浮出水面，登上了历史舞台。最近数年来，高考制度和大学教育方式的大幅度改革，职业生涯教育在我国受到了空前重视。什么是职业生涯教育？我国的现状又怎样？值得探讨。

一、职业生涯教育简介

（一）职业生涯教育的提出与实践

20世纪70年代初发生的世界性的"石油危机"，以及由此引致的全球石油价格猛涨，使美国乃至整个西方世界的经济社会发展遭受沉重打击，出现了大规模的结构性失业和退学现象，大学生毕业后无法找到工作。人们把这种现象归罪于学校教育与现实社会和就业市场的严重脱节，普通大学教育与职业技术教育的严重脱节。

1971年，美国教育部西德尼·马兰博士指出，学校教育没有培养学生正确的职业价值观和良好的职业道德，没有教会学生必须的职业技能，使他们难以被雇主雇佣，以致无法适应实际工作的需要。詹姆斯·艾伦则认为职业生涯教育是通过社会和教育部门的共同努力，帮助每个大学生能将每项职业劳动体现的价值，纳入个人价值观之中，使每个人都有一个既能实现自我满足又有利于社会的职业生计，过上幸福、美满的生活，整个社会也由此得到安定与发展。同时，借此推动学校教育方式与教育内容的改革，尽快适应社会的快速发展和可能出现的变故。

北美的大学、医院、科研院所、政府部门和商业组织，都有专门组织负责协调高中生的课外社会实践和科研活动。高中生可以到大学上课，拿大学学分；可到科研机构跟科学家一起做研究；可到各级政府机构当官员助理、议员秘书、官员竞选的团队义工；州或县市的教育局决策机构或大学董事会里，也有学生委员参与公立教育的决策。

（二）职业生涯教育的含义

2017年底，我国教育部出台了普通高中课程方案，明确了高中教育的新定位，"三适应一奠定"，即促进学生适应社会生活，适应高等教育，适应未来职业，奠定每个学生的终身发展。文件要求在高中阶段就要引导学生有面向未来职业生涯的规划。同时，高考高招制度的改革，则是倒逼学生提前规划人生、规划未来。

人们认为职业生涯教育是一种教育观念，一种学习职业经验、课程或新的教学方式。它并非狭义的职业技能教育，而是在初等、中等、高等、成人教育的各个阶段，为进入职业领域并不断取得进步而实施的综合性教育。教育目标不仅是学生毕业时指导其升学对策，明确掌握就业方向，更是根据个人身心发展的不同阶段，实现个体有差异的职业生涯活动。学校通过各种职业指导工作，使广大学生能正确认识职业、认识自己，明智地规划和选择自己理想的职业与生活道路，并自主做出合理的职业选择和正确决定。

教育家江恒源曾说过："一切教育皆含有职业的意味。职业活动是完成人生全部活动的必要条件之一，普通教育也应该包括职业活动。"黄炎培提出职业教育社会化的思想，他认为"办职业学校必须同时和一切教育界、职业界努力沟通和联络""人欲受职业训练，必先受职业陶冶"。这些职业教育思想在今天仍有极强的生命力和重要的现实意义。

我国的职业生涯教育目前正处于快速成长期，相关研究也在大力进行中。上海市教育委员会对中小学学生的职业生涯教育的定义是：运用系统方法，指导学生增强对自我和人生发展的认识与理解，促进学生在成长过程中学会选择、主动适应变化和开展生涯规划的发展性教育活动。

（三）职业生涯教育的必要性

职业生涯教育的重点是认识自己、定位自己、完善自己，而非仅仅是符合组织、父母、亲友或社会等"别人"的要求。职业生涯发展的重点，是开拓自己未来发展的无限可能性，而非尽早地将自己禁锢于职业定位。职业生涯辅导的重点，是培养学生职业选择的能力，而非简单的高考分数。职业生涯教育对实现个人和社会的合作与共赢，将自我价值实现融入中华民族的伟大复兴等，都具有重大意义。

某些大学生接受职业测评后，发现自己的个性、能力倾向与所读专业很不一致，甚至南辕北辙。用人单位招聘应届生往往看重学校和专业，因而专业成为毕业生进入职场的敲门砖，专业与个性不匹配，到了职场自然难以有很好的发展。许多职业测评专家指出，很多大学生对自己的职业生涯规划没有任何考虑，招聘中屡受挫折，就算勉强进入用人单位也难以适应长期工作，故就业情况普遍不理想。职业生涯指导应定位在意识、能力和发展前景等层面。

我国的传统教育缺乏职业生涯发展意识培养的基本要求，青少年离开学校步入社会，往往会经历很长的不适应期。大学生能否找到合适的工作，应该将相应的指导工作做在前面。如果初、高中课程就涉及职业生涯教育的内容，各方面的压力和危机就不会像现在这样大。这就要求我国应该及早对学生开展职业规划教育。

目前的社会职场大环境早已发生天翻地覆的变化，而学校教育的内容和方式，在近百年的历史发展中几乎没有太多变化，对此应该做出较大调整。应使学生的职业生涯教育贯穿于整个教育体系的始终，让学生懂得职场，更懂得如何踏上自己梦想的职业道路。

（四）职业生涯教育的特点

职业生涯的含义和特色，可理解为以下几方面。

（1）职业生涯教育是有目的、有计划、有组织的教育活动，最终目的是促进个体职业生涯的顺利发展。生涯教育活动前要制订详细的方案或计划，并紧紧围绕最终目标来规划、组织和实施。职业生涯教育的组织，应有固定机构、相应设施设备、专业人员和教育场地的参与。

（2）职业生涯教育是系统、持续、动态的教育活动，并伴随受教育者职业生涯的始终，尤其着眼于他们的终身发展。教育活动的规划与实施，应持续不断地贯穿于受教育者职业生涯的全过程，且随着社会、经济、就业环境的变化，以及受教育者自身知识、能力、期望水平的提升，不断调整该教育活动的目标、途径和方法等。

（3）职业生涯教育是综合性的教育活动，是引导学生规划自我职业生涯，并将其从规划转化为现实。具体包括职业生涯定向教育、职业潜能和自我分析能力培养、自我意识与技能培养、心理辅导和核心素质培养等。

二、不同年龄段的职业生涯教育

职业生涯教育是一个连续的过程，每个阶段有不同的指导任务，需要教育系统的整体规划，从小学一年级开始进行指导，在功能上既包括升学指导也包括就业指导，要进行功能定位和学科定位，有一整套制度设计。

不同年龄阶段，职业生涯教育的内容不同。根据国家基础教育课程计划及有关课程的内容，我国青少年的职业生涯教育，和学生的年龄有相应的阶段性。小学阶段为职业生涯认知，学生在这个阶段须知道周围的工作环境和其他职业知识，了解自身与工作世界的关系。即小学一、二年级了解自己，三、四年级培养基础能力，五、六年级认识职业生涯。

（一）不同年龄段的职业生涯教育

职业生涯规划应从何时开始为宜，是影响人生发展高度的关键所在。一般认为，职业生涯规划教育的推进，应是越早越好，至少要提前到高中阶段。国外对此的看法，则认为几乎是从幼儿园开始，就要对职业生涯的意识和内容有所关注。

英国伦敦市政府的教育、文化和科技战略主任安妮·班福德教授及同事，共同制订了从幼儿到青少年职业生涯教育和校企合作的方案。伦敦市市长承诺，伦敦所有学龄儿童在校期间，每年要接受 100 小时的职业生涯教育。这一工作还对不同年龄的青少年群体做出细致区分，具体如下。

3～7 岁，职业生涯教育的重点，是引导孩子扮演不同的职业角色，拓展孩子对多种职业的认知，帮助孩子拥有更广泛的选择。孩子及其家长可以参与社区组织的"工作角"，了解如服装设计、调音师等小众职业。

8～11 岁，职业生涯教育的关键不在于"职业建议"，而在于"与职业相关内容的学习"。随着孩子年龄的增长，职业生涯教育的重点，是帮助孩子了解各种职业岗位如何被归入不同部门和行业。

12～16 岁，当孩子们升入中学时，帮助他们探索未来可能的职业选择和发展路径，包括同职场人士的交流对话，参观工作场所等，以突破考试成绩等因素的桎梏。

16 岁以上，职业生涯教育的重点，在于帮助年轻人认知自己的职业偏好，逐步缩小职业目标的选择范围，精准锚定职业定位，确定未来的发展方向。

（二）"生涯认知、生涯体验、生涯选择"的分阶段目标

上海交通大学附中设定了高中生对职业的"生涯认知、生涯体验、生涯选择"的三年分阶段目标。即在三年学业整体规划的基础上，进一步构建更好的"衔接大学"的生涯发展教育课程体系。

初中阶段为职业生涯探索，让学生有机会深入了解他们知晓的各种职业，通过实习、参观、访问等，获得具体切实的职业体验。初中一、二年级是生涯探索；初中三年级着手开始生涯规划。

高中阶段为职业生涯准备，学生在这个阶段须学习职业领域的入门技能，具有从事技术性工作的能力，或具有相关职业的知识准备，促使未来能顺利进入大学，接受进一步的深造，并由此进入职业世界。

高一阶段，学校面向高一年级的学生开设"生涯规划"校本通识课程，促进学生对人生的思考，开启生涯认知和启蒙。初入高中的学生利用信息系统做职业兴趣和爱好倾向测试，在测验结果的基础上，学生结合自身的探索和思考，自由组建社团、修读选修课等，进一步验证和发展自身的职业倾向。

高二阶段，开展课题式综合学习与实践，每个学生自主选择某个研究课题。学校邀请职业生涯规划专家、行业领军人物及学者，进校开设生涯讲座。设计丰富多彩的生涯活动，与中、高职业学校合作开设"技能实践课和专业体验课"；建立校外生涯实践体验基地，组织学生进入企事业单位开展生涯体验和课题自主研究。让学生在经历、实践中不断质疑、调整自己的人生规划。

高三阶段，学生已具备初步的生涯规划能力，该附中与上海交通大学、同济大学、上海财经大学、华东理工大学等高校合作，开设虚拟班、生涯规划指导等，开办大学预修课程。在不断选择、反思、调整中，学校还组织专家、校友、学长、家长对学生开展个性化指导，提升学生的生涯决策能力，促进高三升学时的专业选择及填报。

三、各国对职业生涯教育的认知

美国教育部认为：职业生涯教育是一种重点放在人的全部生涯，即从幼儿园开始一直到成年乃至老年的综合性教育计划。按照生涯认知（caree awareness）、生涯探索（career exploration）、生涯定向（career orientation）、生涯准备（career preparation）和生涯熟练（career proficiency）等步骤逐一实施，使学生能从中获得谋生的技能，并建立个人的生活工作形态。

2000 年，英国教育与技能部颁布的指导性文件《新课程中的职业生涯教育》，规定了学段三和学段四（相当于我国的初三至高二）职业生涯教育的具体目标，分别是自我发展、生涯探索和生涯管理。英国将职业生涯教育定义为"是学校为成人生活做好准备的重要组成部分，13 岁到 17 岁是需要做出人生某些重要决定的阶段，学生必须了解自己，知道自己的优势与劣势，做出选择与决定并接受这些决定的后果。"

1999 年，日本中央教育审议会在《改善初等、中等与高等教育的接续问题》文件中，首次提出要从小学到大学阶段对学生开展职业生涯教育。日本文部科学省对职业生涯教育的定义为：掌握就业相关的职业知识与技能，形成清晰明了的勤劳观与职业价值观，能理解自己的个性，培养自主选择出路的能力与工作态度的教育。

澳大利亚教育、雇佣、培训和青年事务部，把职业生涯教育定义为：通过有组织的学习经历项目，使学生获得职业知识、技能和态度的发展，这些发展将会帮助学生在学习、工作选择上做出详尽的决定，并有效地参与到工作生活之中。它包括信息和职业发展路径的意识，自主做出职业选择决定的能力，获得执行职业决定所必需的技能。

新西兰的相关权威机构，将职业生涯教育的概念界定为"一系列有计划的、使人进步的学习经验，这些经验能帮助学生发展其职业生涯规划的能力，更好地管理自己的人生"。

第四节　职业生涯教育状况

我是谁？我现在哪里？我将去向何方？该如何到达理想的彼岸？这些问题都是大学生普遍关注的。尽早认识自己，寻找"我是谁"与"我要做什么""我喜欢做什么""我能做什么"之间的联结，在职业生涯发展中尤为重要。但目前的实际状况却是存在种种的认知和实践运作的缺陷。

一、大中学生职业生涯教育的缺乏

（一）中学生的调研情况

中国教育科学研究院曾经组织了一项针对初三和高三学生的调研，结果显示：高三学生对高考志愿，以及对社会职业和大学设置专业的关系的了解，"了解小部分"和"全不了解"的比例为75.2%；初三学生只有11.4%的城市学生和7.1%的县镇学生，认为自己能从容就业。高考生对所选专业与学校的了解是，非常了解的只有2.1%，完全不了解的为10.0%，比较了解的为26.8%，不大了解的为35.5%，说不清楚的有25.6%。

（二）大学生专业及求职的困惑

1. 不满所读学校和所学专业

据了解，许多大学生对所报考的学校和专业缺乏了解，导致入学后学习兴趣不高，缺乏学习动力。某高校教育研究所的调查显示，逾5成大学生认为就读专业不理想，近2成大学生对就读学校不满意，有3成学生对所学专业热情不高甚或厌学，仅有3.4%的学生在入学前就认真地了解并认同所选报的学校和专业。每年都有学生对所考入的大学或专业不满意，选择复读，这些问题目前已带有普遍性。

2. 对毕业后的职业前途感觉迷茫

大学生对个人毕业后的就业和发展前途感到迷茫，没有人生目标的达到50%，没有太多考虑的为41%，有明确职业目标且充满信心的只有8.3%。导致这种结果的原因，是中学生将学习的目的定位为考大学，大学生在校园里关注的只是书本知识的学习，或者"自由自在"地放飞自我，而非毕业后能尽快找到一个喜欢且能发挥自己特长的工作。假如在中小学阶段，学生就能对自己日后的职业选择有些许的思考和探索，在未来的求学和职业生涯中就会少走很多弯路。

3. 自我认知的缺乏

在实际生活中，许多大学生因过高地估计自己的优势，而劣势估计的不足，在择业中累累受挫。如果不能摆正自己的位置，认为在职业选择中，只要学习成绩优秀，政治条件好，学校牌子响，专业需求旺，求职门路广等优势就可以了。故此，有些毕业生盲目自信，看不到自己的缺陷，或者对可能出现的困难估计不足，导致求职不尽如人意。

（三）大学生就业面临的困境

我国高校大幅扩招后，每年毕业生达八九百万人，2022 年更是达到千万人。大学生毕业求职难，是个普遍问题。每到邻近毕业时，大家就开始盲目地到处投简历、找工作，起薪水平逐年降低，教育的高投入与毕业后的低薪酬不成正比。最近两三年来的新冠疫情暴发，企业经营普遍不景气，更加剧了这一局面。

用人单位反感急功近利和过高估计自己的人。许多大学生对自己的前路是"十问九不知"，全无头绪，更无动力。有些学生充满信心地讲述自己的梦想大计，但细谈之下，才觉"梦想"几近"做梦"，未考虑自身的条件资质及外在环境的要求，期望与现实的落差甚大。更多同学则只着眼于入读大学的状况和课程要求，甚或只求"走一步看一步"，目前的读书学习和未来就业生活的内在联系等，并未考虑入内。

（四）高考制度改革倒逼职业生涯教育

《国务院关于深化考试招生制度改革的实施意见》（国发〔2014〕35 号）提出，要增加学生的选择权，提高选拔水平，促进科学选才。要构建综合素质评价和多元化的录取机制，增加高校招生录取的自主权。各地陆续推进的新高考改革，高中阶段积极推进职业生涯教育，将成为教学发展的刚需，成为对学校现行教育的普遍性挑战。从高一开始就要形成完整的三年学业修习计划，并参考大学各专业招生指定的科目，赋予学生充分的科目选择权，给学生带来全方位的职业选择和体验。

在高考招生制度改革的背景下，在生涯规划课程的驱使下，提前了解高校成为一大趋势，部分学生开始提前规划自己的升学路线。某些学生在多元选考下出现了"投机"现象。背后的原因则是学生选择能力不足、缺少特色专长和学习兴趣、对未来相应就读的大学和专业认知模糊等缺陷，暴露了高中阶段生涯规划教育的缺失。生涯规划是一个不断流动循环的过程，虽然它是以短、中、长期目标的订立及实践为前提，但并不只着眼于目标能否达成，而在于构想及实践过程中不断加深对自己的认知、提升自我，进而建立善于适应转变的心态与能力。

招考制度改革的核心精神是强调多元、综合、个性和选择，是实现从"学校选拔录取、学生被动接受"到"学生自主选择、学校择优录取"的变化，从"招分不招人"到"尊重学生的个性爱好"。这一教育综合改革已取得了诸多成果，同时给学校教育带来新的挑战。它将会倒逼学校更多地指导学生认识自我与认知社会，谋划自己未来的学业与职业选择方向。

新高考制度催生了高中职业生涯教育，使学生对未来的职业发展方向更加清晰化。如高中课程改革带来的"选课走班"，促使学生将学业选择与未来的职业实现强度关联。高中阶段的职业规划，与学生多元化的学业选择糅合在一起，助力每个高中生打开多元与个性之门。

二、职业生涯教育的意义

随着经济、科技、社会与教育发展的不断加速，以及相互间的渗透融合的加剧，面向社会、关注职业的职业生涯教育，逐步在教育领域得到广泛认可，其影响也渗透到教育的各个阶段。它不仅在当今世界的教育中具有越来越重要的地位，而且对我国开发宝贵的庞大人力资源、造就与新时代相适应的具有文化自信、民族自信和个人自信的，德智体美劳全面发展的社会主义事业建设者，都具有不可或缺的重要作用。随着我国对学生职业生涯教育的重视，各个学校对学生的培养，不再单纯针对考试的高分数与成绩优异。为什么要组织大学生的职业生涯教育呢？以下内容值得人们考虑。

（1）帮助学生由无意识、非理性的自然发展，转变为自觉、主动、理性的生涯发展，培养学生的职业生涯发展和幸福生活的技能。目前在学校教育和社会职业生活中，还有得过且过、盲目混日子、当一天和尚撞一天钟的现象，亟待纠正。职业生涯规划的最大价值正在于此。

（2）职业生涯教育让大学生提前了解到有关就业的现实情况。"两耳不闻窗外事，一心只读圣贤书"的说法，今天已经脱离时代。圣贤书过去需要刻苦攻读，是为着参与封建科举考取功名。今天的窗外事，更需要时时事事处处关心，否则就要脱离社会，脱离学校毕业后参与就业的实际。让学生更好地融入到社会现实中，既能学到需要的知识，还能学会学以致用，将知识付诸实践，用行动指导思维，促进学生的全面发展。

（3）设定目标。个人事业的成败，在很大程度上取决于有无正确适当的目标。没有目标如同驶入大海的孤舟，四野茫茫，没有方向，不知道自己将走向何方。只有树立目标，才能明确奋斗方向，犹如海洋中的灯塔，引导人避开险礁暗石，走向成功。职业生涯教育，有利于大学生更好地认识到现实的残酷，让每个大学生在课堂学到各个职业的状况和特点，从而锚定自己的职业目标，寻找自己感兴趣的就业方向，目标指引行动，增强大学生学习的动力与热情，帮助大学生有目的、有计划地度过自己的人生。

（4）让学生通过主题性综合实践活动，了解到各类产业发展变迁的大趋势，体会职业工作的意义，认识职业素质要求和有关职业发展的个人兴趣及潜能，形成正确的职业价值观和未来就业创业的思想准备，提高升学与就业选择的主动意识和科学态度，为未来的专业知识技能学习和职业生涯做好准备。

（5）尽早开展职业生涯教育，会减弱学生对某些职业的刻板印象或无意识偏见。职业生涯规划要趁早，人生设计在童年就应有所打算。如职业生涯规划从中小学做起，将对人的一生产生重要意义。中小学生开始上学时，通常就已经对"男孩"或"女孩"的工作选择的差异性有了一定认知，大学生应当深刻感受到职业与阶级、种族、身体状况、地理位置之间的密切联系，并对此有所体会和检验。

（6）在早教、小学环境阶段开展合适的职业生涯教育，可以拓展孩子对未来工作的想象，更好地理解课堂外面的世界。有人认为，高中期间和毕业前的职业生涯教育并不重要，到大学或临近找工作时，再参加相关培训也来得及。但"临时抱佛脚"不可取，职业生涯教育宜早不宜迟。

（7）职业生涯教育让人才培养的目标从过去的"补短"，走向今天的"扬长"。引导学生树立生涯规划意识，学会自主选择，发现自我优势并大力发掘培育这一优势，已成为今天教育工作无法回避的重要命题。职业生涯教育帮助大学生更好地发现自己的长处与优点，从而根据自己的长处更好地挖掘自我的发展潜力，促进个人身心的全面发展，为未来的顺利就业和职业发展打下坚实的基础。

（8）职业生涯教育不是职业定向教育，而是一种通过生涯认知、生涯探索、生涯准备等的持续过程。它以发挥学生的潜能与天赋为出发点，重点在于人的全部生涯过程，让个体在自己的成长中逐步实现自我引导，培养生涯发展的意识、能力和才干，让每个学生都能过上期望的、适合自己特色的职业生活。

（9）人生发展需要自身的自主独立性，学生的自我发展目标与自我激励机制，正是当前学生成长过程中所缺失的。职业生涯教育有利于培养学生的自我管理能力，自主安排自己的学习计划，促进学生全面发展。解决目标和动力的问题，需要多领域、多部门的共同发力，生涯教育在其中发挥重要的基础性作用。生涯教育工作必须融会到教育和人才培养模式设计的全过程之中，融会到由此而来的学科设计之中。生涯教育要为加快人才强国建设、加快教育现代化作积极贡献。

（10）学生生涯发展的指导课程，是学生在基于认识自我、了解社会的基础上，依托学校及社会资源，通过参与社会活动，探索和思考未来的发展方向，自主规划适合自己发展的专业，明确责任担当，激发学习动力，提高综合素质，助力生涯成长，让每一名学生成为最好的自己，让不同的学生在原有的基础上，实现全面而个性化的发展。它还可以为日常的学习增添些乐趣，增强师生之间的互动与交流。

职业生涯教育的重要性可见一斑。老师在对学生职业生涯教育的同时，还应注意寻找学生感兴趣的方向和角度切入，让学生们学会从知识中来，到实践中去，增强学生职业能力的培养，让每个大学生都有很好的发展潜力和职业前景。

三、不同地域的职业生涯教育状况

不少国家和地区出台了开展生涯教育的纲领性文件，不断完善生涯教育的体系结构、教育目标、教学内容和课程，且随着实践活动的深入开展，生涯教育的内涵不断丰富，形式和手段更加多样化，已成为各国教育体系的重要组成部分。基于对各自国情、教情的认识，不同国家对生涯教育的理解存在差异，但在职业生涯教育的功能、目标或定位乃至重视程度上，都保持高度的一致。即通过系列有组织、有计划的教育活动，提升学生对自己、学业、职业的认识，掌握生涯规划的方法和技能，确保在关键时刻做出理性的选择并接受自我选择后的结果。

（一）中国职业生涯教育状况

我国的职业生涯教育已在各个高校普遍展开，称为"大学生职业生涯规划与就业指导"。中小学则几乎还没有开始，中学生虽然开始有了自己的人生理想，但能意识并实践该理想的学生只是极少数。观察世界各国的状况，职业生涯教育宜早不宜迟，为弥补生涯教育在青少年群体中的长期缺位，需要观察学校、家庭及社会力量的共同作用。当招工难遇上就业难时，职业生涯教育或许能借势走出发展困境。生涯教育的广大受众是大学生、职校生或职场人士，无论是职普分流，或高考"3+2改革"等政策变化，以及普遍存在的社会"内卷"趋势，都在迫使学生、家长更早确定未来的职业发展方向。

要教育学生，首先要教育老师。上海格致中学率先成立"职业生涯教育"教研组，开设相关课程来培训全校教师，鼓励教师面向学生开设生涯发展指导课，将职业生涯教育融入整个教学体系。

上海格致中学提出职业生涯教育课涵盖的内容，共包括"四类八群"的百门课程。四类指公民人格、科学认知、生涯发展和创意技艺。公民人格类课程注重成人为先；科学认知类课程夯实成才文化基础；生涯发展类课程保障学生身心健康、关注学生综合素质提升，实现学生的全面和个性化发展；创意技艺类课程促进学生创新素养提升。四类课程旨在构筑学生成长的"金字塔"，互为联系、互相补充，形成既注重和谐发展、又注重个性特长的"生涯发展类"课程体系,全方位关注高中生的生涯发展。八个学科群包括:民族历史和文化、科学知识和技能、人类自然和社会、艺术审美和体验、心智体能和意志、社会责任和实践、学科先导和竞赛、世界文化和交流。此外,还有120多门拓展型和研究型课程。

上海格致中学专门为学生建立志愿者实践基地,旨在为学生搭建职业体验的平台。博物馆、医院、社区活动中心、学生社区指导站、图书馆、火车站、心智发展中心等,纷纷和上海格致中学签约,签约基地数十个之多,给学生提供了众多的志愿者服务和职业体验的机会。学校还给学生搭建了除志愿者服务岗位以外的职业体验项目,利用暑假赴盛大游戏、建设银行、上海外服、律师事务所等单位开展职业体验。学生在职业体验的过程中,综合能力得到了提升,认知能力、合作能力、创新能力、职业能力等得到了培养。学生通过各行各业的志愿者服务,在参与中体验、在体验中感悟,实实在在地提升了自身的综合素养。

我国台湾地区的生涯教育,目前已基本形成小学、初中、高中到大学的发展体系。小学阶段就开始提供儿童生涯辅导,以增进儿童的自我觉察,培养正确的职业价值观念和工作态度,让学生了解教育与未来职业间的关系,练习自己做出职业抉择的技巧等。中学阶段则采取形式多样的职业生涯辅导,有专门课程、个别辅导和团体辅导。在高中录取初中生时,会将职业生涯课作为录取成绩的参考标准。在大学录取高中生时,除高考分数外,还要经过面试环节,包括学生对未来职业的思考等。

(二)发达国家职业生涯教育状况

西方特别是美国、德国等职业教育系统规范和发达的国家,会通过职业模拟、看录像、实际尝试操作等,使学生从小就对自己、对社会、对职业有一定的了解,并瞄准职业生涯目标的发展。美国于20世纪下半叶开始重视职业生涯教育;日本在初、高中阶段开设专门的职业指导课,并规定具体的学时数,职业测评更是铺天盖地。很多成功人士职业理想的确立,大都在中学阶段,职业规划早做一些,对个人的发展定位就能准确一些。

"生有涯而学无涯"是智慧,"学有涯而生无涯"则是现实。学生的成长伴随各种考试和体验,得到了家长和社会的广泛关注。但是,学业总会阶段性地结束,而未来的人生之路却很漫长。从关注学业到关怀整个人生,是教育理念转变的结果。

四、职业生涯教育指导思想的确立

目前,我国对大中学生开展的职业生涯教育,总体上尚处于刚起步阶段。需要全面开展生涯教育研究,探索生涯教育发展模式,形成生涯教育内涵式发展的核心;需要适应生涯教育的实际,着力打造本土化成果并推广转化,切实解决现实问题。

(一)职业生涯教育重要性的思想认知

随着经济社会发展、知识更新和社会分工的精细化,工作不再只是为赚钱来维持个人家庭生存的基本需要,还要追求自我更高层次的社会和心理满足。职业工作和人的关系,也由以前的"为生活而工作"的被动无奈之举,发展为"工作即生活"的自觉主动地融会在一起,工作的选择即是生活方式的选择。为此,从中学阶段就开始培养生涯规划的理念和能力,显得十分重要。

北京大学阎维方教授提出,我们需要对职业生涯教育的理论与实践,对不同学段、不同人生阶段的生涯教育进行具有前瞻性、战略性的系统研究,建设学前、初等、中等、高等教育一直到工作场所的有机衔接,实现省、市、县、校四级联动,学校、家庭、社会三位一体,发展跨学科、多维度、内涵丰富的生涯教育体系。最终形成以不同人生阶段发展需求为导向，注重体验、讲求实效的生涯教育支撑结构，促进学生积极个性品格的形成，以实现立德树人的根本使命。

生涯教育是一项伴随人生终身发展的综合性教育，中小学阶段正处于重要的生涯探索期，加强中小学生涯教育，是促进学生全面发展、终身发展的重要举措，也是深化教育综合改革、实施新时期德育、心理健康教育及推进综合实践活动课程的必然要求。

生涯教育以学生发展为核心，以立德树人为根本，以学生的健康成长为底线，以学科融合为路径，以综合素质为评价，与学校的办学理念、德育工作、心理教育相结合，与学生成长、学科素养及综合实践相结合，推动全学段的有效衔接的生涯教育发展。

（二）学校生涯教育师资保障

北京教科院课程中心副主任王凯认为，高中阶段生涯规划的内容，是学校对学生校园学习、自我成长和职业生涯的指导，需要建立学校与学生及其家长的生涯培育共同体，要有优秀的师资队伍作保障。为此，需要做的具体工作如下。

（1）以心理健康教师为生涯规划师，通过个别咨询指导、生涯倾向测试、组织职业体验等，促进学生的自我认知，优化学业规划与职业规划，尝试处理兴趣、特长、潜能、倾向与社会需要的关系。

（2）以学科教师为学业导师，通过引导学生对学科本质的思考和追问，以及学科对学生必备品格、关键能力与价值观念的培养，认清学科的独立价值及与未来专业和职业的关联。从狭义职业生涯规划的角度来看，大学阶段主要是职业的准备期，主要目的是为未来的就业和事业发展做好准备。客观而言，系统的学习和实践至关重要，而能够担此教育重任的人，应该具备丰富的职场经验，并接受过系统的职业生涯辅导训练。

（3）家长是学生生涯发展的引航人，通过家长委员会和家长学校，实现家长对学生职业生涯教育的认同。家长利用自身的特殊地位，给予学生职业生涯的切身指导，并提供贴近和走进职场的机会。以家长或社会职业人为职业导师，通过对社会行业的了解，明晰具体职业的准入要求、基本素养、发展前景等，明确未来的职业倾向与发展的可能性。家长们分布在各行各业，开发家长资源，能弥补学校教师难以兼顾生涯教育的遗憾。

（4）共同构建学生生涯教育体系。学业生涯教育与选课走班制度协同，构建推动学生选择的多样化的成长体系；探索中国特色的生涯教育理论与技术，为学生健康发展提供专业化、常态化指导。

（5）以高中生涯规划指导为主题，围绕生涯教育课程改革的政策背景、生涯教育课程建设的项目渊源、生涯课程改革的探索与体悟等，高效、简约地对生涯教育项目实验的相关指导路径和支撑体系的经验分享，尤其是相关配套措施与资源的搭建与应用，以及本土化测评工具的理性应用。

（6）教师引领。建立班主任和生涯成长导师的双导师制，帮助学生明确自己的学习能力和兴趣爱好，满足这些特点的生活方式类型，帮助学生了解自我并追求自我的改善与成长。

学校需要配备专兼职的生涯规划教师队伍，提高职业生涯规划教育的专业化水平。对从事职业生涯规划教育的专职教师要有一定的资质要求。加拿大要求从事就业指导的职业指导师必须具有教育学、心理学、咨询学或相应的人文社会科学的博士学位，并有一定工作经验，要求指导教师或管理员具有人文科学方面的硕士学位。对专职教师还要进行定期培训和考核。

（三）各关联方应做的工作

（1）学校。校方管理层需专人制定生涯教育开展的基本准则，并确保相关活动按照准则和设定有效推进。同时，针对校内不同年级学生，职业生涯教育培训需做到差异化介绍、引导。学校要帮助学生树立正确的择业观，明确职业定位、劳动价值与国家需要之间的关系，鼓励学生积极投身志愿服务与社会实践，在认识国情、了解社会的过程中，坚定理想与信念，培养为人民谋幸福、为民族谋复兴的责任意识。

（2）政府部门。首先，加强现有数字中介服务和相关平台的建设，以优化职业生涯教育的开展，提高效率并降低成本；其次，完善现有的指导方案并提供相应资源支持，如邀请职场人士进校演讲和开展参观活动等；最后，加强对不同年龄段职业生涯教育的研究，科学开展生涯教育。

（3）培训公司。早在21世纪初，国内某些公司便开始专注职业生涯教育的发展，推出系列的专业培训咨询服务。2002年，某生涯教育培训公司成立，2007年，新精英生涯平台成立，针对个人和企业推出不同产品，包括一对一的生涯咨询、系统的职业生涯培训等。

（4）研究机构。开创性地把握生涯教育发展战略的制高点，切实推进生涯教育发展战略的理论基础和实施方略的研究，指导生涯教育的实践。

（5）志愿服务。鼓励学生参与各类志愿者活动，在服务过程中提高社会责任感，在志愿服务的项目中得到职业体验。让学生在服务社会、了解社会的同时，提高处理问题、解决问题的能力，有助于提高学生的社会责任感。

（6）社会考察。参与各项社会考察活动，在考察中提高对社会的认知。在深入职业调研的基础上，思考和明确自己的发展方向，并通过生涯实践，结合具体岗位，切实体验和了解该职业的职业特点与要求。

（7）根据学生发展特点及劳动潜力，选准与自身劳动价值观及劳动能力相匹配的职业，为服务社会稳定发展、实现自身价值创造广阔空间，并真正使劳动情怀与劳动精神融入时代洪流，成为新时代指引青年不懈奋斗的驱动力。厚植尊重劳动、热爱劳动的真挚感情，充分考虑劳动偏好与工作目的，在增长才干与磨炼意志中体悟劳动光荣的深刻内涵，制定清晰完整的职业生涯规划。

（8）学长分享。针对自己感兴趣的职业方向，访谈相关职业人士，了解该职业的特点、要求和未来可能的发展趋势，了解他们对该职业的理解，招聘员工的资格条件，如何才能在该职业做出成绩等。借助生涯活动，请大学校友和学生进行面对面的交流，帮助学生适应高中生活，了解感兴趣的大学专业。依托生涯指导师等校外资源，了解各个行业的社会价值。

五、强化大学生职业生涯规划教育

针对大学生缺乏清晰职业规划、求职前准备不足、自我定位不清晰、对职场能力素质需求不了解等问题，建议采取系列措施强化大学生职业生涯规划的专业性。出台职业生涯规划教育分层指导框架，为不同年级的大学生提供"各取所需"的分层教育内容，提升职业生涯规划教育的质量。

设置生涯发展规划类课程，应依托课内课外相结合、课堂教学和实践活动项目共推进，促进学生核心素养的全面提升。建议形成系统化的生涯发展课程体系，学校要将"自选动作"与"必做动作"相结合，使每个大学生都能接受必需的就业教育。生涯课程建设应帮助学生掌握自我评估、学业管理和认识社会的方法与能力。根据学生的生涯测试情况，在学校的心理课堂上开设"生涯教育与发展"课程。让学生掌握自我评估、学业管理和认识社会的方法与能力。

大学生的见习实习应得到全社会的支持，要把"请进来"和"走出去"结合起来。瑞典、德国、瑞士、美国等国特别强调企业责任，各学校都与附近的企业有密切联系，使学生有更多的机会到企业学习和体验。瑞士约有三分之一的企业参与学徒培训，它们和学校一起确定教学和考试内容，向学生介绍企业情况，为学生提供实习岗位，还提供实习工资。部分企业还出资建立培训中心和实习车间。需要整合高校所在地的教育资源，为学生搭建共享的职业体验平台。

同时，高校还要给学生体验真实社会的机会。针对一些学校就业指导工作内容枯燥、形式单调、功能单一等问题，建议通过多种渠道、多种方式丰富大学生的就业指导工作，尽快建立和完善集教育、管理、指导和服务于一体的就业指导体系，从而积极引导和推进大学生就业。譬如，日本政府为了开展大学生就业指导工作，设立各种专门机构来协调大学生的就业体验，如成立"学生职业综合支援中心"、推广"就业体验制度"等。高校应将对大学生的就业指导渗透到日常教学中，充分用好社团组织优势，通过多姿多彩的活动、丰富的社会实践，提高大学生的职业规划素养和就业能力。

表1-1是中小学生涯教育的若干认知。

表1-1　中小学生涯教育的若干认知

学段	一级指标	二级指标
小学	学会感恩	怀揣七彩梦想，理解身边和社会的生涯角色
	学会生活	树立劳动光荣的观念，养成健康的生活方式
	学会学习	理解学习的幸苦和兴趣，养成良好的学习习惯
	学会发展	发展高雅的兴趣和爱好，能制订简单的计划并按计划实施
初中	学会感恩	心怀远大理想，理解和感恩历史与当代的生涯角色
	学会生活	养成自觉劳动的习惯，初步具备独立生活的能力
	学会学习	理解学习的目的和责任，掌握正确的学习方法
	学会发展	发展特长，弥补弱项，能制订具体计划并按计划实施
高中	学会感恩	明确人生目标，理解时代使命，具有家国情怀
	学会生活	理解人的社会价值，形成初步的社会适应力
	学会学习	具备学习的使命感与紧迫感，掌握恰当的选考和备考策略
	学会发展	拓展专长，弥补劣势，有明确的升学方向并有可实现的学习计划

第五节　生 计 教 育

今日的市场经济社会，学校对学生的教育是否在传统的声光化电、唐诗宋词之上，还能适应市场社会对培养人才的特殊需要，有意识地对学生大量开设有关职业指导、生计教育课程，以求将来能更好地适应社会，在社会中脱颖而出，非常必要。

一、生计教育的含义

生计教育（career education）又译为生存教育或职业生涯教育。生计的近义词是谋生办法、生活状况，指赖以谋生的产业或职业，或指维持生活的办法；又指资财、生活用度；还指保全生命的有效办法。

（一）生计教育

今日教育的目的，首先是为满足受教育者未来在社会中维持生存、满足生计的需要，然后才可能谈到顺利发展和有所成就，正可以将此称为生计教育，并应在今天的大学教育中特别地予以强调。大学教育的首要目标，是如何满足学子们顺利就业，并在社会中谋求基本生存和较好发展的需要，然后再论及其他。

需要考虑的是，大学生未来毕业进入社会后，对自身的生存与发展规划，是否已具有一定的意识、能力和才干。倘若很多大学毕业生找不到心仪的工作，毕业即失业，这种教育的方式、指导思想和教育内容，在相当层面上是和现实社会大大脱节的。

（二）生计教育的意义

生计教育即"职业前途教育"，是集普通教育和职业教育于一身，使每个学生从幼儿园阶段开始，在接受传统教育的同时，建立职业价值的观念，获得谋生能力，而非仅仅为学会某种实用技术。

生计教育强调普通课与职业课紧密结合，把学校开设的职业课与学生校外的工作经历结合起来，加强学校和企业间的联络，实现学校、企业、家庭相互间的密切合作。如学校聘请事业有成或熟悉职业情况的企业技术人员、营销人员和会计师到学校授课，向师生讲解什么是"劳动价值"，传授何谓"职业技能"，介绍各自的职业经历，同时回答学生有关职业选择的相关问题。

生计教育重视学生的实际工作经验，主张学生一面读书，一面参加实际职业活动。它认为"学校本身不可能培养出企业需要的劳动技能"，只有让学生从事实际工作，才能培养学生的劳动态度，提高对未来事业的认知，获得成就感。"成功起点"便是生计教育的成功事例。

（三）美国生计教育的提出

美国进入 20 世纪 70 年代后，各州都开展初等和中等教育的职业教育改革实验，逐渐形成一种生计教育运动。主张对学生进行"广泛的职业教育"，既为就业做准备，又为升学做准备。美国的《生计教育法》就是在此背景下出台的。其主要精神是把普通教育和职业教育相结合，并把这种教育形式贯彻到小学、中学甚至大学的所有年级。生计教育并非特殊的职业教育和职业指导，而是使普通学校的学生学习职业知识技能、了解职业生活。

随着美国政治、经济的发展，教育工作也面临许多新的情况和问题。美国中小学在教育改革之中，时而提高课程难度，造成学生负担过重；时而又强调学生个性发展，放松管理，导致教育质量的忽视。社会各界人士对美国学校职业教育的种种不满，直接促成了 20 世纪 70 年代生计教育运动的产生和流行。

20 世纪 70 年代初，美国为缓解当时教育与就业的矛盾，提出了"生计教育"理论，并在美国联邦政府鼓励下发展成一场教育改革运动。它把职业和劳动置于教育过程的中心，透过生计认知、生计安置、生计进展等步骤，引导和培养学生的职业能力，最终让每一个人都能过上适合自身特点的生活。其中的具体措施和许多经验，对我国当今的教育改革仍然很有借鉴价值。

生计教育的主要目的，是加强学校与社会的联系，使教育能更好地适应社会和个人发展的需要，使每个学生成就"自我认知、自我实现和自觉有用，过上富于创造、有生命价值的人生"。生计教育概念一经提出，就在美国掀起了一场热烈的教育改革运动，受到各主要教育组织及工商企业界和社区的广泛支持。美国国会于 1974 年通过了《生计教育法案》，提议由美国教育办公室领导生计教育并提供经费支持。目前，生计教育已在全美广泛展开，主要措施是对不同年龄段和不同专业的学生，实施相适应的职业前途教育。

二、美国生计教育的相关内容

（一）美国的职业生涯指导

在美国，比较能得到大家认可的对学生职业生涯指导的定义是："职业生涯指导是帮助个人发展和接纳统一而又适当的自我及在工作领域的角色印象，并使其在实现的过程中自我满足、造福社会的过程。"它包括了解信息、提供咨询和职业安置 3 个环节。生计指导拓宽了职业指导的领域，特别强调对学生提供以下方面的咨询和指导。

美国把上万种不同职业归纳为 15 个大的职业系列。在幼儿园，教师帮助儿童形成"有能力去工作"的意识。小学 1～6 年级属于"职业了解阶段"，让儿童通过活动树立各种职业的价值观念，培养儿童的职业意识和自我意识，扩大他们对不同职业的了解。

7～10 年级是"职业探索阶段"。学校通过对农业、商业、通信、建筑、家政、文艺、医药、旅游、制造业、航海、销售与分配、私人服务等门类的职业训练，引导学生按自己的兴趣爱好和特点尝试选择职业，其中 7～8 年级以校内学习为主，9～10 年级以社会实践为主。

11～12 年级属于"职业选择阶段"。学校除集中安排学生学习语文、文艺、社会科学和自然科学等基础课程之外，还开设了众多的职业课程，要求每个学生自选一门感兴趣的职业课。

（二）成功起点教育

普天之下，芸芸众生，谁不想实现自身的价值？谁不想拥有无穷无尽的财富？尤其是胸怀远大抱负的人，更加渴望轰轰烈烈的辉煌人生。然而，人生成功的起点在哪里？究竟什么才是做事成功的开端？"成功起点"设计的这套商业知识教育课程，分 3 个阶段实施。

（1）为 5～11 岁在校学生设计的课程，要求咨询人员向学生讲授经商要点，教他们如何组建公司、如何组织生产和销售，还向他们讲授金融、工业和商品贸易等方面的知识，与学生共同讨论经济怎样影响家庭和社会生活。

（2）为 12～14 岁的初中生设计的课程，需要商业专家每周向学生讲解一次经济知识，使学生了解经济生活中的供给与需求关系、国际贸易原理，教会学生如何安排自己的零用钱、如何支出购物等理财技能，学会成年后管理个人资财的好办法，如何在银行开户、用支票付款、避免透支等。

（3）为 15～18 岁学生设计商业实践课程，教师和志愿专家帮助学生组建、运作自己的公司。美国肯塔基州儒塞威尔的 25 名学生，成功组建一家电池动力生产、销售公司便是一例。它不仅让学生获得一定的生产技能，还锻炼他们的经营本领，学会如何赚钱，为未来走向商业领域奠定良好的基础。

心态即人的心理状态。没有谁能够决定整个世界，但人人都能决定自己的心态。每个人的心理、思想、感情、精神完全由自己的心态所决定。好的心态是做大事的资本。做事成功的起点就是积极的心态，做事成功的开端就是认识和调整心态。

任何人的心理状态都有积极和消极两方面，两种不同的心态各有什么作用呢？做事有"手腕"并渴望成功的人必须具备积极的心态，具有创造财富、创造健康和快乐、创造成功的惊人力量，还能获得朋友、消除烦恼，使人生充满辉煌。消极心态同样具有拒斥财富，拒斥健康和快乐，使人远离成功的惊人力量，它使朋友离去，使人愁上加愁、苦中添苦，使得人生黯然失色。

（三）青年必需的教育

在美国人看来，人在很小时就应受到科学的理财知识教育，如正确对待金钱和运用金钱。日常生活里从对金钱的接触、感受中，学习自尊、自立、责任是重要的，是每个做父母的都应当做的。这一点还表现在美国的学校教育之中。1994年，美国教育协会教育政策委员会首次发表关于教育需要的声明，提出对"青年必需的教育"并做出10条概要说明，并被多数公立学校视为该课程编制的基础，其中的两条如下。

（1）所有青年必须掌握有实用价值的技能，形成能使自己成为美国经济社会中有学问、富有创造性的参与者的意识和态度。为了实现上述目标，大多数青年需要得到职业技能和知识的教育，拥有在别人监督指导下的实践工作经验。

（2）所有青年必须了解如何明智地购买商品及善于利用各种服务性行业，了解消费者拥有的权利和购买商品行为所引致的经济后果。

道琼斯认为："教你的大学生如何给汽车换油，可能让他一年省下50美元。但如教会他们投资，也许能让他们一辈子都远离经济困境。"这种理念正是中国古语"授人以鱼，不如授人以渔""遗金一箧，不如留一技在身"的现代版本。道琼斯讲到的所谓"投资"，其实是指整个财商教育，即如何处理好个人经济生活和规划未来。

三、美国生计教育体系

（一）生涯教育从理念到法律的演化

美国作为较早开展生涯教育的国家，在多年生涯教育实践中形成了一整套颇具特色的机制。美国联邦政府是生涯教育地位凸显的重要推手，在推进生涯教育中主要发挥引领和保障作用。政府的推动主要是通过价值观念、政策法律、经费支持、组织领导和相应的政策工具等，多方面确保生涯教育获得足够重视并顺利实施。

1971年，美国教育专员西德尼·马兰提出生涯教育的主张。马兰认为："应当从学校低年级开始，在各个学段采取不同形式，设置为学生未来职业生活进行预备教育的课程。"将职业需求引入基础教育学段后，他进而提出"所有的教育都是或都将是生涯教育。我们的教育所应努力的，便是让青少年在中学不久后，能成为适当有用的受雇者，或继续接受更进一步的深造"。

1972年，美国总统尼克松在一次讲话中着重提出，生涯教育是由政府开办的最有前程的教育事业，并呼吁全国的学校及社会各领域人士的鼎力支持，通过政策引导和规范各级各类中小学的生涯教育发展。

1989年，美国政府发布《国家职业生涯发展指导方针》，明确从6岁到18岁的小学、初中和高中阶段的生涯规划教育的目标和能力标准，为全美的生涯教育提供了法律依据。据此，加利福尼亚州、纽约州、得克萨斯州等纷纷开发本州的中小学生涯教育课程。

生涯教育获得了理念上的重视，更得到法律的保障。2018 年，美国颁布的《加强 21 世纪的生涯与技术教育法案》，推进了职业教育向全民生涯教育的转变。这些法律规范了生涯教育，指导学生发展职业决策能力，以顺利实现从学校到职业工作的过渡，保障了生涯教育的顺利实施。

（二）学校的生涯教育课程

在美国的生涯教育体系中，学校是主要承担者，是给学生提供生涯教育的主要阵地。西德尼·马兰提出生涯教育的主张后，包括小学、初中、高中、大学和成人教育机构，都纷纷设置生涯教育课或培训活动。在美国高度分权的教育管理模式下，各州的教育行政部门、学区和学校都拥有很大的自主权，开展生涯教育的内容、形式和成效等，也有很大的差异。

美国中小学阶段生涯教育的共同特征，是生涯教育与学科课程的高度融合。纽约州的融合课程是设计相应的主题，将学科内容与生涯教育的要求、内容、标准和评价体系有机结合，并根据学生的身心状况，以问题为导向设定相应情境，为学生创设丰富的体验活动，提升整个生涯课程的教学成效。这一课程融合使生涯教育与学生所学的学科知识有机结合，既为学科知识的学习提供了生动背景，又为知识应用提供了具体的生活情景，加深了对学科知识的理解，拉进了理论与实践之间的距离。

美国中小学还提供大量实践活动，引导学生尽早开始自我认知和生涯探索。自我认知是指，让学生不断了解自身的兴趣、爱好、个性和其他各种重要特质，具体途径包括在各种体验活动中的自我评估、心理测评等。学校教师结合学生的表现，为他们开设专门的生涯教育课程，帮助学生实现自我认知和职业探索，还提供专业的咨询和指导，甚至带领学生一起从事更深入的生涯探索。

得克萨斯州的中学依该州法律规定，开设专门的生涯教育课程——生涯发展必备知识和技能。初中阶段侧重职业探索，高中阶段侧重职业拓展。2015 年，针对初中 7~8 年级的学生开设职业调查和大学与职业准备的生涯教育课。高中 11~12 年级开设 5 门生涯教育课程，包括项目研究、应用数学、职业准备Ⅰ、职业准备Ⅱ和职业准备拓展，学生修完每门课后获得相应学分。

美国高中阶段的生涯教育，对学生面临的课程选择、升学和专业选择的联系更加紧密，更加突出课程选择指导、不同大学的选拔要求、大学专业学习和未来职业的差异，充分体现了美国生涯教育注重针对性、时效性和实效性的特点。

（三）社区和企业为生涯教育提供了丰富资源

社区和企业基于工作与学习的联系，为学生提供"从学校到工作"的学习机会。加州地区职业中心是社区与企业合作的典范，主要为中学生和成年人，尤其是 16~18 岁的学生提供有质量的生涯技术教育课，为他们的升学或就业做准备。它通过地方与企业、行业的多方合作，联合联邦和州以有偿和无偿服务的方式，由有丰富经验的指导教师带领学生实地参观，或者用学徒制方式为学生提供工作体验、职业探索、职业咨询指导和百余种职业路径。课程内容会根据劳动力市场需求逐年更新。加州有 74 个地区职业中心与项目，有县级设立，也有单个或多个学区联合设立。

20 世纪 70 年代，纽约州先后建立"社区生涯教育联盟"和"生涯发展中心"，为学生走出课堂、接触社会实践提供了有力支持。具体包括工作培训、影子工作、在职训练、职场实习、学徒指导等，或者提供技术协助和相关服务。

不同机构在生涯教育课中发挥的作用不一样，但都是在学校引领下，依据各自优势提供多种服务。很多企业支持学校组织的职业活动。有的公司设定"带孩子上班日"，父母在这一天带孩子上班，让子女体验父母的工作，近距离感受生涯教育，加深对职业工作的真实体验。这些活动对企业的日常生产和经营管理会带来一定影响，但很少出现被拒绝的情形，很多企业将此视为自己应当承担的社会责任。

美国有大量的公益团体、基金会和行业协会，在从业标准、行业规划、课程开发、资格认定等多方面，提升了生涯教育的服务品质，保障了该行业的整体服务水平，对生涯教育起到很好的促进作用。

（四）专业机构测评服务为生涯教育精准把脉

生涯教育课程为普通高中学生的升学和就业指明了方向，重要程度不言而喻。在美国高中与大学的衔接中，第三方专业机构面向不同群体提供多样化服务，生涯教育测评服务是重要内容。最具公信力的是美国教育考试服务中心和美国大学入学考试（American College Test，ACT）公司。

ACT作为一个专业的测评机构，以帮助人们在教育和工作中获得成功为使命，构建了一套完善的生涯测评体系，并被人们普遍认为是一种考试。有趣的是，ACT的官网及在诸多重要场合都明确表示："除了分数，学生还有很多需要；除了考试，我们还有很多内容提供。"

2015年，ACT发布贯穿于学前教育到工作阶段的一个整体性能力框架，包括：核心认识技能、跨领域能力、社会和情感学习能力与教育和职业导向技能。职业导向技能的核心是培训学生规划自己的学业和职业。这些理念最终都体现在各种生涯测评工具上。其中最典型的是该公司开发的discover测评项目，它通过系列测评来促进学生的自我认知并实现生涯探索的体系，测评主要依据心理测量的方法和技术，对象包括与职业有关的兴趣、能力和工作价值观等。

研发者普遍认为，这些因素在学业个体的职业生涯发展过程中所起到的作用，远远超过了标准化考试的成绩。需要特别强调的是，ACT对学生在大学专业和职业选择的测试结果，集中体现在标准化考试后给考生提供的成绩报告单上。在成绩报告中，除了对成绩的详细分析，还有建立在上述测评基础上的学业和生涯规划的内容，给学生提供了职业兴趣的类型、建议从事的职业、专业与兴趣的匹配程度等多项信息，得到了本土学生和高校的极大欢迎。

ETS公司开发了名为SIGI-PLUS的生涯指导工具，这是面向在职成人和在校学生开发的、基于计算机技术的一个生涯指导系统。与标准化考试不同，它是有关非认知能力的低风险测评，主要用来帮助学生更好地了解自己，并做出报考大学和就读专业的理性和合适的选择。该系统包括自我评估、职业搜寻、职业信息、技能探索、技能准备、指导与帮助、职业决策、后续指导8个部分。其中的"自我评估"主要是对学生的工作价值观、兴趣及有关技能的测评，并在此基础上进行下一个阶段——职业搜寻，以此类推。学生通过测评找到与之相匹配的专业和未来职业发展方向。迄今为止，SIGI-PLUS依托专业化测评，累计给数千万学生和社会人士提供了生涯测评、指导和咨询服务。

（五）家庭和社会关心学生的人生发展

培养适应经济社会发展的人才，是全社会共同的责任。生涯教育课的实践性很强，学校不可能单独并完全承担整套教育的重任。故此，企业、家庭、社区、中介机构等，都应与学校、政府等共同构成教育保障体系，积极参与到生涯教育之中。它不仅是国家政策的客观要求，也是各类职业机构应负的社会责任。

父母远超过学校和企业，在学生职业选择的影响因素中排列首位，在生涯教育中发挥至关重要的作用。家长在专业人士帮助下，可通过多种途径对学生做广泛意义的生涯教育。具体包括提供多种生计规划和活动、实地参观家长工作场所，提供多种工作和生活相关的动手机会，通过言传身教和实际操作为孩子提供间接教育和直接体验。

过去，当孩子被问起"你长大后想做什么"时，多数人的回答是某个具体职业，如科学家、医生、教师、司机等。但当问如今的年轻人这个问题时，"为社会作贡献""做个对社会有用的人"等彰显个人理想信念的回答，替代了导向明确的具体工作。年轻人对未来职业和工作的期待，早已超出职称、地位和报酬，工作与生活的协调、趣味性、创造性等，比薪酬更具有吸引力。事实上，年轻人对未来职业的期待，又是对由此引致的某种生活方式的期待。

针对不同年龄段的学生，职业生涯教育需要体现差异化。它不是彼此孤立，而是互补的。尽早让学生形成职业和工作的概念，可使学生更好地适应从"象牙塔"向社会的转变，并帮助他们更早明白为什么要学习，学习什么内容，以提升学习的积极性。如某个孩子渴望建造摩天大楼，且知道数学、物理知识是从事该工作的基础，就更有可能积极投入相关知识的学习中去而非讨厌这些知识。让孩子接受适合其年龄段的生涯教育，拥抱更广泛的人生选择，正是每个家庭和教育工作者的初心。

职业生涯教育的专业性强，需要相关人员具备丰富的社会阅历，绝非一般年轻教师可以兼任。生涯教育宜早不宜迟，然而多方协作实现共赢，似乎只是一种美好愿景。现实中，用人企业更倾向于接受大学生、职校生的实践活动而非中小学生。职业启蒙教育、促进生涯教育，同普通教育的横向贯通需要多方协作。

（六）职业生涯教育困境的解决

青春易逝，人生短暂，人不能总停留在迷茫中，要趁年轻规划自己的人生。计划赶不上变化，规划也会应时而变，只说不做到头来只是一场空，更重要的是懂得如何具体实施并取得成效。为何年轻人毕业后很少能坚持最初的职业理想，难以走上自己梦想的职业之路？一是就业机会有限；二是激烈"内卷"下的学历危机；三是理论与应用错位的消极影响；四是年轻人向职场趋进的观念的脆弱性。成功不相信幻梦，不信任颓废，未来要靠自己的努力去打拼。当前职业生涯教育的困境，究竟该如何解决呢？

世界在快速变化，年轻人也在变化，职业生涯教育还能停留在原点吗？学生应该何时开始职业生涯教育呢？在没有任何外来强力刺激的环境中，即便是学龄前儿童也会自然而然地盘算未来的职业，并以"过家家"的形式体现出来。孩子们通过想象、探索和职业角色扮演等，会自主发掘其兴趣爱好。鼓励孩子扮演不同的职业角色，是很有益处的。

大学生锤炼个人的品德，自觉树立和践行社会主义核心价值观，自觉用中华优秀传统文化、社会主义先进文化培根铸魂、启智润心，加强道德修养，明辨是非曲直，增强自我定力，矢志追求更有高度、更有境界、更有品位的人生。

选拔优秀毕业生进入高校学习，牢固树立教学的中心地位，加大教学投入，创造良好的教学条件；注重孕育良好的育人环境，优美舒适的学习环境、严谨务实的教风、勤奋刻苦的学风、高品位的校园文化氛围，活跃的学术氛围建设，对提高教学质量都将产生重大影响。

创新是民族的灵魂，是一个民族不竭的动力。大学生不能闭门造车、墨守成规，应以开放和积极的姿态观察看待这些变化，要关心时政，关注中国与世界的互动交流，在引进国外先进科学知识的同时，注意对这些知识的消化吸收，刻苦进取、勇于探索、敢于挑战、善于创新。故步自封会导致逡巡不前，只有不断改革，着眼历史的高度，取其精华，去其糟粕，推陈出新，求实拓新，积极进取，才能不断保持年轻的生命力。

培根曾说过："读史使人明智，读诗使人灵秀，数学使人周密，科学使人深刻，伦理学使人庄重，逻辑修辞之学使人善辩：凡有所学，皆成性格。看不同的书能给人带来不同的东西，多方涉猎，才能让人博学多闻。"通过广泛学习，拓宽知识储备，增长才干，培养和磨炼自身的优良品质。用批判的眼光去观察、倾听、阅读、思考，培养问题意识和理论触觉。

本章小结

1. 生涯指一个人一生职业、生活、依存社会与人际关系的总称，即个人终身发展的历程。生涯又是人生自青春期至退休期间各种有薪酬或无薪酬职务的综合。生涯是指与个人终生从事工作或职业等有关的活动全过程。

2. 职业生涯指个体职业发展的历程，是个人一生连续从事和负担的职业、职务、职位的整个历程。职业生涯不仅包括个人过去、现在和未来可以观察到的职业活动，还包括个人职业生涯发展有关的行为、态度、见解和期望等内容。职业生涯的实质，是指个人一生的发展需要选择的职业道路。

3. 职业生涯规划是个人基于整个人生全过程的规划安排，要从长远广泛的角度为自己的职业生涯做出规划设计。职业生涯规划是个人结合自身状况、未来发展可能的机遇和制约因素等，为自己确立职业目标，正确选择职业发展的道路，并为此采取各类积极有效的举措和办法，为实现职业生涯目标确定行动方向、行动时间和行动方案等。

4. 选择职业就是选择人生，即选择何种职业步入社会。在今天价值多元化的背景下，职业生涯规划的意义，在于帮助自己寻找适合自身发展的职业，实现个人与职业的最佳匹配，体现个体价值的最大化。

5. 职业生涯教育是学习职业经验、课程或新的教学方式。它是在各个教育阶段为进入职业领域并不断取得进步而实施的综合性教育。教育目标不仅是指导学生毕业时的升学对策，明确就业方向，更是根据个人身心发展的不同阶段，实现有差异的职业生涯活动。

思考题

1. 今天我们为什么要大力开展有关大学生的职业生涯规划与教育工作，有什么必要性和价值意义？

2. 结合美国开展的生计教育或职业生涯教育的状况，谈谈对自己的启发和认知。

3. 你对自己未来的职业生涯有何打算和安排，尽量以框架设计和具体细节勾勒出来。

练习题

1. 请你在校园里，围绕大学生对职业生涯规划的意识、认知及具体工作开展事项，组织一个小型调研活动，观察同学们对此的思考和认知。

2. 请你走访与你专业相关的职场员工，请他们结合自身的工作体会，谈谈对职业生涯规划的重要性及具体工作开展等事项。

第一章补充资料

第二章

认 知 大 学

（一）本章学习目标

（1）掌握：

① 斯宾塞的"教育为完满生活做准备"和杜威的"教育适应生活论"两种观点。

② 认知大学教育与高中教育的差异。

③ 大学四年如何度过，学业规划的设立与实施。

（2）理解：大学教育目标和大学生的责任与使命；大学生应遵守的规则和具备的良好品质。

（3）了解：大学阶段的学业目标规划，大学里应当学什么，大学生应当拥有的能力。

（二）教学重点与难点

（1）教学重点：基本理论、基本概念的把握和理解。

（2）教学难点：理论与现实在大学校园生活中的结合与运用。

　　大学生职业生涯的规划和教育工作，首先应当从对大学和对教育的认知开始。什么是大学和大学教育，大学应当如何开展对大学生的教育工作，不仅仅是普通的学业教育，还应当包括对大学生未来走向社会之后的职业与工作知识技能的教育，完成学生从学校到社会和职业的顺利过渡和交接。

第一节　认 知 教 育

　　认知教育是一个宏大话题，涉猎不同的视角，并有多观点的激烈碰撞。本书契合写作职业生涯规划与教育的主旨，仅从斯宾塞和杜威两位教育家的教育思想谈起。斯宾塞认为，教育是为被教育对象的未来"完满生活做准备"；杜威则提出"教育即生活"和"教育适应生活"的观点。

一、斯宾塞"教育为完满生活做准备"

（一）斯宾塞的教育准备生活论

赫伯特·斯宾塞是英国19世纪后期著名的哲学家、社会学家和教育思想家。斯宾塞出生于教师家庭，从小耳濡目染，涉猎数学、拉丁文、经济学等多领域知识。其著作《综合哲学》体系的形成，使斯宾塞成为英国实证主义哲学的集大成者，被誉为"英国维多利亚时代的亚里士多德"。

斯宾塞指出，"为我们的完满生活做准备，是教育应尽的职责，批判一门课程的唯一合理办法，是看它对该职责尽到什么程度"，"我们有责任把完满的生活作为要达到的目的摆在我们面前，经常把它看清楚，以便我们在培养儿童时慎重地针对这个目的，来选择施教的科目和方法"。

（二）斯宾塞的"科学知识最有价值"论断

斯宾塞将知识价值的评判标准，定义为对生活、生产和个人可以发展的作用，认为知识对生活的作用越大，其蕴含的价值就越大。为此提出"科学知识最有价值"的论断。

（1）知识的实用价值。斯宾塞认为衡量知识的首要标准，是用其实用价值反对当时英国学校课程的非实用性。他认为随着社会生产和科技的发展，教育应让每个人学会怎么安排生活，只有科学才能为完满生活做好准备。

（2）知识的比较价值。斯宾塞赞成培根提出的知识比较价值论，认为在各门课程的地位中，应将学科对学生产生的价值进行比较，来确定其学术地位。

（3）知识的训练价值。斯宾塞认为应该研究知识在心智训练中的价值，认为学生应通过掌握知识来发展自己的心智。故此，斯宾塞被称为实质教育论的代表人物。

（4）知识的教育价值。斯宾塞认为科学能培养学生的独立性，学生在独立学习的情况下，可以锻炼坚毅和诚实的品质，故此科学知识最有价值。

（三）斯宾塞的课程理论

斯宾塞的《教育论》提到的教育目的，是为"完满生活做准备"。斯宾塞据此提出以科学为中心的门类众多的课程体系，其目的是重视个人和社会生活，教会人们怎么运用各种能力完美生活，最终目标是做到"对己对人有益"。斯宾塞反对不实用的知识和教育，力图冲破古典教育传统的束缚。根据人类活动的重要程度，斯宾塞把教育排列成以下次序，同时据此提出以下 5 类课程。

（1）"准备直接保全自己的教育"，需要学习生理学、卫生学等知识，这是对人的成长最重要的学科，在课程体系中具有首要位置。

（2）"准备间接保存自己的教育"，需要学习逻辑学、力学、物理、数学、生物学、天文学、地质学等，为交换和生产、间接维护生活而服务。

（3）"准备从事抚养和教育后代做父母的教育"，需要学习教育学和心理学等知识，为教育子女做准备。

（4）"准备做公民的教育"，需要学习历史学知识，了解国家的发展进程，进而调解自己的行为，履行公民的义务。

（5）"准备生活中各项文化活动的教育"，要学习美术、音乐等课程。斯宾塞崇尚科学，但也认可文学艺术的重要，应"在教育中占闲暇部分"。

斯宾塞倡导学生的自我教育，认为学校教学应调动学生的积极主动型，让学生参与其中，变成自己教育自己。斯宾塞主张"自然惩罚"，反对"人为惩罚"，认为教育"应该是养成一个能自治自主的人，而非让别人管理控制的人"。"生活本位论"把教育目的与受教育者的生活需要紧密联系在一起。

斯宾塞重视科学知识，也重视学生积极参与和能力的培养。斯宾塞的"教育准备说"，体现了当时的英国希望通过教育获取个人幸福的现实要求。长期以来，斯宾塞被认为过于看重实用知识和浓郁的个人功利主义，忽视能力培养，受到人们的质疑和批判。

二、杜威的教育适应生活论

（一）杜威观点的简说

约翰·杜威（1859—1952 年），美国著名哲学家、社会学家和教育家，美国实用主义教育理论和进步教育运动的主要代表人物，代表作有《民主主义与教育》《我的教育信条》《学校与社会》《儿童与课程》《我们怎样思维》《明日之学校》等。

杜威一生推崇民主，强调科学和民主的互补性，民主思想是他众多著作的主题。与此同时，他被视为 20 世纪最伟大的教育改革者之一。杜威曾到访过中国，见证了五四运动并与孙中山会面，参与培养了包括胡适、冯友兰、陶行知、郭秉文、张伯苓、蒋梦麟等在内的国学大师和学者。杜威的思想曾对 20 世纪前期的中国教育界和思想界产生了重大影响。

杜威不满意斯宾塞为完美的生活做准备的教育观，反对将教育视为为未来生活的准备，为此提出了"教育即生活""教育即生长""学校即社会"的著名观点。杜威说："生活就是发展，不断发展、不断生长就是生活。"杜威认为，教育就是儿童现在生活的过程，是要给儿童提供保证生长或充分生活的条件，而非将来生活的预备。

（二）教育即生活——从生活中学习、从经验中学习

杜威在《我的教育信条》中论述"什么是学校"时指出："学校主要是一种社会组织，教育是一种社会过程，学校便是社会生活的一种形式"；"生活就是生长，儿童的发展是原始本能生长的过程"；最好的教育就是"从生活中学习，从经验中学习"。这是杜威关于教育与生活关系的著名的"过程说"。

杜威强调说："生长是生活的特征，教育就是生长。教育不是把外面的东西强迫儿童去吸收，而是要使人类与生俱来的能力得以生长。"杜威反对把从外面强加的目的，作为儿童生长的正式目标，认为教育过程在它的自身以外没有目的，教育的目的就蕴含于教育过程之中。

杜威认为，教育要给儿童提供保证生长或充分生活的条件，就是社会生活本身，是个人经验的不断扩大和积累。杜威认为，一旦把教育视为儿童未来的生活做准备，必然要教以成人的经验、责任和权利，而忽视儿童此时此刻的兴趣与需要，把儿童置于被动地位。

（三）学校即社会

杜威主张把教育理解为教育生活，并提出"教育即生活，学校即社会"，学校是社会生活的一种形式。学校应成为一个小型的、雏形的社会。"在学校里，应该把现实的社会生活简化到一个雏形状态，呈现为儿童的社会生活"。具体而言，杜威提出，一是学校本身是一种社会生活，具有社会生活的全部含义；二是校内学习应与校外学习连接起来，两者之间应有自由的相互影响。

"学校即社会"，并不意味着社会生活在学校的简单重现。杜威认为，学校作为一种特殊的环境，应该具有 3 个重要功能，即：①简单和整理所要发展倾向的各种因素；②把现存的社会风俗纯化和理想化；③创造一个放任青少年自然成长时，可能接触的更广阔、更美好的环境。

基于教育即生长和生活，教育即经验不断改造的理论，杜威提出，教育是由儿童的本能、

冲动、兴趣所决定的具体活动过程。教育的目的即被教育对象的"成长"，除此之外，没有其他外在目的。杜威进一步指出，要从两个方面加强教育与生活的联系：一是"教育即成长"，从儿童成长的角度重视儿童的生活世界；二是"学校即社会"，从学校变革的角度重新考虑儿童的生活世界。儿童要适应眼前的生活环境，学校必须呈现现实的生活，学习的目的是培养能完全适应社会生活的人。要改变教育的状况，需要从改造学校做起。学校应当把现实的社会生活简化缩小到一种雏形状态，并应从家庭生活中逐渐发展出来，再随着儿童的成长，从家庭生活逐渐扩大到社会生活的各方面。

杜威认为个人的充分发展，是社会进步的必要条件，社会进步又为个人发展提供更好的基础。杜威认为，道德教育提倡人际间的合作，强调社会责任和理智作用，协调个人与社会的关系。杜威主张德育与生活紧密联系，重视合作，重视个体的社会责任，反对将社会与个人割裂开来的"个人至上论或社会至上论"，反对过分强调个人自由和竞争。

（四）从做中学

杜威在批判传统学校教育的基础上，提出"做中学"的原则。人们最初萌发的并牢固保持的知识，是关于怎样做（how to do）的知识。儿童生来就有要做事和要工作的愿望，对各项活动有强烈的兴趣。故此，教学过程应是"做"的过程，没有做的机会必然会阻碍儿童的自然成长。杜威认为，学校应对此给予特别重视，为学生准备好相应的环境，使学生由"做事而学习"，在实践中学习经验，从而掌握知识，发展思维能力。

杜威认为，"做中学"就是从"活动中学"、从经验中学，使在学校获得知识与生活过程联系起来。儿童从真正有教育意义和感兴趣的活动中学习，有助于儿童的生长和发展，对儿童的一生都有益。儿童参加的活动，并不同于职业教育。杜威指出，贯彻"做中学"的原则，会使学校施加于教育对象的影响，更加生动、持久并含有更多文化内涵。

综上所述，杜威的教育思想始终围绕着以儿童为中心、依次形成生长为教育目的，以活动为课程，以反省思维为基础，提倡教育的实用性，注重实践的"做中学"。

第二节　大学教育与高中教育

高中毕业进入大学，是人生的一大跨越。高中生和大学生因年龄导致的生理、心理差异，大学教育与高中教育的方式、方法、内容及达成目标等，都有很大差异。明晰这些差异并采取有效对策，对大学生尽快适应校园生活，顺利完成大学学业并走向职业生活，非常重要。这些差异大致有以下几方面。

一、培养宗旨比较

大学四年是人的一生中青春活力盛放的最好时光，如何顺利、高效地度过大学四年时光，不至于人生光阴虚度，是每个学子都需要仔细思考、认真把握的。

（一）培养目标不同

高中教育属于通才教育和基础教育，大学教育则属于全人教育和职业专才教育。中学教育的目的是提升学生的学习档次，能借此考个好大学，读个好专业，将来找个好工作；大学教育则是学生借此告别十多年的学业生涯，顺利走向社会和职业生涯，并力求在社会上有较好发展，同时建立自己的小家庭，开始真正的自我人生的最后一站。

中学是基础教育，为广大学生的继续深造和就业做基础文化知识的准备。它强调对学生的系列严格训练，使学生会用书本知识解题，顺利通过高考选拔进入大学学习。大学则不同，它通过对学生的"全人教育"，促进学生素质的全面发展，培养出不仅能独立于社会，且能担当大任，为国家经济文化建设作贡献的高素质人才。大学又是面向社会的一种专业教育，目的是从未来生产建设和社会经济发展的实际需要出发，尽可能照顾到学生未来职业生涯的特定要求。

大学的教育目标是多元化、多样化，学生除继续深造外，都会直接参与就业、择业或创业。未来走向社会应该了解和把握的一切，都需要也应该在大学四年中尽好地学习和把握，为将来的职业生涯发展和社会生活打好基础。自己目前所学的专业，未来就业最可能对应的产业部门对人才的需要，为此对相关专业知识技能的学习至为重要。这些都需要贯彻在大学教育的内容和方式上。

（二）培养方式不同

中学和大学的追求目标不同，对学生培养的方式也不同。中学是培养"考"生，大学是培养"学"生。在目前高等教育资源相对紧缺的情况下，高考竞争十分激烈。人们衡量一所中学教育质量高低的基本标准，是大学上线率和重点高校录取率。中学不得不实施以培养高分"考"生为主要目标的"应试教育"。大学则不同，社会需要的是能高效工作的优秀人士，要求工作者的学识、素质、能力俱佳。

在当今知识经济快速发展的时代，还要求劳动者具有自我提高、自我发展的能力。大学教育强调学生不仅要"学会"，更重要的是"会学"。大学的专业和学科设置众多，传授的知识技能各不相同。大学要培养大学生"选学何种专业知识技能，对自己的未来发展最好"的鉴别力，而非培养他们成为"任何知识技能都要学"的多面手。

（三）教育模式不同

中学是封闭式教育，教育内容是封闭的，学校按照教学大纲规定的教学内容和要求组织教学；教学模式也是封闭的，遵照的是"老师讲授—解题示范—课外练习"的思路。大学是开放式教育，除教师传授知识外，更重要的是学生的主动探索性学习，让学生懂得如何辨别真理、吸收知识、提升技能。大学生在创新性学习中，应学会如何收集知识、鉴别知识、综合知识、运用知识和创新知识。通过前瞻性、高效性、多维化和综合化的学习，使学生改变思想理念，开阔视野格局，使自身的知识、能力与素质均得以提高。

（四）教学方式不同

中学是老师"逼"着学生学习，大学则需要学生追着老师学习。中学老师既是学习指导者，又是学生学习和生活的"监工"。为能让学生们集中精力学习，教师天天围着学生转，时时逼着学生朝向大学的校门努力。大学老师则不一样，他们培养学生自主学习的能力，放手让学生学会独立思考，提高分析和解决问题的能力。

大学老师不是 teacher，而是 instructor，起的是辅助指导的作用，关键在于启发学生能自主吸收知识，主动发现解决问题。大学老师大都是放养式教育，讲课只是重点提示和描述，其他内容则多会提纲挈领地一笔带过，供学生课余自己思考，自己阅读书籍寻找确切方法和参考答案。老师只是一种解答器，想要得到答案，学生得自己点击，给"它"输入你的疑惑。大学教师一般还要承担科研与服务社会的重任，不可能集中全部精力于教学授课的单一方面。

大学老师不会天天围着学生转，与学生面对面接触的机会比中学要少得多。学生在学习或生活中碰到困难，需要主动寻找老师的支持和帮助。从这层意义上来讲，大学需要学生追着老师走。

（五）教学视野不同

英国著名的数学家、思想家怀特海说："学生在中学阶段是专心伏案学习；到了大学，他应该站起来向四面观望。"这就是说，在中学，学生只要管牢自己、认真学习就可以了；到了大学则必须明"目"扩"胸"，站起来朝四周观望探索，需要想"每一步我该怎么走"。在大学里什么都得靠自己，醒着还是睡着，人生轨迹是大不一样。不能等到四年大学读完时才去想这些道理，不能等到穿上学士服的那一刻再感叹："大学四年的宝贵时间真是浪费了太多，在如此美好的大学校园里，我似乎什么都没有学到。"

今天，大家进入同一个大学校门的同一个专业或班级，起点大致等同，起码高考的分数基本相同。入校时大致处在同一起跑线，到毕业离开校园时，差距已是显而易见。这种差距不仅是所掌握知识技能的差距，更是思想理念、视野格局和能力才干、生活自理能力及人际交往能力的巨大差距。经过数十年的社会和职业、生活的磨炼，最终面临退休之时，同学之间的差异又在大幅拉大，表现为各自的经济社会地位、把握与拥有各项资源与权力，乃至为国家为社会作出的业绩贡献等的巨大差距。

二、学习方式比较

（一）学习状态不同

中学教育管束严格，是以被动学习为主，学习压力主要来自外部，中学老师和家长发挥主导作用。大学则强调自主性学习，大学生思想独立活跃，管理宽松自由，学习方式以独立自主为主，学生纷纷寻求自主空间。

为了学生能有效利用时间，提高学习效率，中学生的学习计划、学习内容、时间都由老师安排，学习方式、解题步骤、书写格式也要按照老师的要求做。可以说，中学生就像是一只被牢牢控制、不断抽打下被动旋转的"陀螺"，被动学习的"机器"。在大学，学生必须自主自觉学习，自主合理安排学习计划，保证有足够时间投入课程学习。为此，大学生需要有自我加压的意识和自我控制的能力。当前的大学生并非缺乏理想和基础实力，更多的是缺乏学习的自觉主动性、坚韧不拔的精神和持之以恒的态度。

（二）学习方式不同

中学学习阶段是老师帮学生掌控，学生习惯于老师将知识"掰开揉碎一口一口地喂"，上课进度慢、解题示范多，所学知识基本能当堂消化，再加上阶段性的考试检查，同学学习的内容都一样，至于学得怎么样，考试成绩公布及与其他同学做比较，就会清晰知道。大学老师讲课是精、少、快，且抽象阐述多，一般只讲教材的重点难点、思路结构或某些关键问题，大多数课程内容要靠学生自学完成，或还要经常"反省"，不能自我放松。教师讲一节课，学生往往需要几倍时间才能消化和理解。即使有课堂作业，也不像中学那样有足够的强制性，不要求一定完成，多凭学生自觉。大学学习需要学生经常"反省"学习态度，提醒投入足够时间到课程学习，巩固所学的内容。

大学和中学不一样，对知识的理解不能处于表面，需要自己认真思考、系统全面地理解所学内容。这种自学能力和方法，在以后的工作中大有裨益。职业工作需要员工有自学能力，很多需要的知识技能，师傅不会全盘教给你。寻找适合自己的学习方法，学起来就事半功倍。

（三）学习内容不同

中学生大家一样忙，大学生则不一定同样忙。中学里，大家把所有的精力都围绕着高考的指挥棒忙碌，集中到高考要考的几门课。高考以外的东西不敢也不可能多多关注。即使大家对某一事项特感兴趣，如与高考内容准备有冲突，也只能暂时忍痛割爱。大学学习则不同，大学是职业教育，不同学科和专业都有各自的课程设置和学习要求，学习内容、教学模式和学习方法都有较大不同。特别是实行学分制后，学校允许学生根据自身的兴趣和能力自主选课。即使是同一专业的学生，所学课程也会有所不同。同样，大学不光要求课堂学习，还十分重视实践训练；不光学习理论知识，更重要的是提高实际工作需要的能力。

（四）学习要求不同

中学强调标准和统一，大学则鼓励多样和创新。大家在中学所学课程相同，统一教学大纲对教学内容和要求都有明确规定。老师为避免学生考试失误，甚至对学生的解题步骤、书写格式等，都会提出某些"规范"标准。中学生似乎成了学校工厂的"标准件"产品。殊不知这样做，学生在得到严格规范的思维训练的同时，也在很大程度上被抹杀了个性和创造性。

大学倡导学术自由，鼓励学术创新，不仅是知识传授的场所，也是产生新知识的地方，是发展科技生产力的"主战场"，需要满足社会对各种人才的需求。一所大学能否为学生发挥他们的优质秉性和天赋创造良好的环境与条件，成为评价办学是否成功的重要标志。大学教育不仅是给学生以"鱼"，更重要的是教会学生以"渔"。

（五）思维训练不同

中学的学习是越学问题越少，感觉越好；大学的学习则是越学问题越多、越复杂，感觉越好。中学教育为学生高考取得好成绩，老师的任务是带领学生想方设法攻克一道道难题，希望所教的学生越学问题越少。大学需要的是培养学生的创新能力和创造性思维，培养学生发现问题并分析解决问题的能力。从这一层意义上来讲，大学生学习应该是越学问题越多越好，这有利于学生和老师找到解决问题的突破口，观察到的问题越多，创新发展的机会就越多。大学生要把发现问题和解决问题的能力，放到重要位置认知，学习上要培养自己的怀疑精神，敢于向老师发问，乐于与同学讨论，勇于向权威挑战。

三、管理方式比较

（一）学生成长方式不同

中学要求学生服从，大学则倡导个性自由。学生在中学阶段一般就近读书，人身尚不独立，一切都有教师和家长的严格管制。大学教育则是离家求学，独立在外，放飞自我。中学生在许多方面都不够成熟，老师认为严格管理对学生的学习有益，才能保证学生有足够的学习时间。许多中学还采取"半军事化"的管理模式，学生很少能自主安排自己的时间和活动，久而久之学生习惯了服从。

大学气氛就大不相同，大学校园给了学生自我个性张扬的空间，以利于学生活跃思维，开发自身潜能。同时，校园里会积极开办各项有益活动，提高自身的多方面能力，促使学生快速健康地发展。正如许多同学所描述的，"大学里连落叶都带有灵性，空气都充满自由的清新气息"。这样的状况可帮助学生真正独立成长。但有许多被惯坏的同学不能正确理解大学"自由"的真正含义，使自己的这艘小船还没出海，就被"自由"之风吹得晕头转向、东倒西歪，反而感到不大自在。他们在失去外界强制约束的情况下，进入校园伊始就开始个性张扬、任意放松自我，最终只能走向人生的失败。

中小学阶段目前正在大力推进"减负"工作，这是必须的。大学阶段则必须利用人生最为美好的四年光阴，主动为自己"加负"，自己给自己定目标、自我增加压力、增强动力，度过充实的大学时光。

（二）承担责任不同

中学里，别人是把你当孩子看；在大学里，则是别人把你当成人看。中学生一般都未满十八岁，的确还没有完全长大，在法律上也是需要父母监护的孩子。但到了大学，虽然在父母眼里你仍然是孩子，但在法律范畴和他人的眼里，你已经成为大人了。18岁是法律责任认定的重要界线，到了这一年龄，就意味着你要独立承担作为一个公民的法律责任和义务，意味着你必须对他人和社会负责，特别是对自己的言行负责。

（三）生活方式不同

中学靠别人管自己，大学靠自己管自己。中学教育是在家门口读书，学生很少离开父母，即使是住校生，也不会离家很远，每周都会回家一趟或父母来看你。既没有独立感，也不会有孤独感，父母会帮你处理好一切生活杂事。一切有父母无微不至的关照，自己除了认真学习外，不需要在其他方面过多操心。

大学教育是远离父母的庇护，大学生千里迢迢来到一个陌生的新环境，校园中的一切事项，都需要自己操心料理并做出相应的决定。学习与生活上大大小小的事，都要依靠自己去做，碰到困难也要自己设法解决。要学会独立生活，学会在集体生活中与他人友好相处，更重要的是自己的人生选择该走哪一条"路"，这是大学生最重要的一门必修课。

（四）人生成长道路不同

中学靠别人帮助规划，大学则需要自己学会规划。中学阶段，学生更多的是依靠老师的帮助度过，上什么课，做什么作业，如何复习功课，每天干什么，考什么大学，甚至填报志愿等，都是在老师、家长的帮助指导下完成的。大多数情况下，中学生只能服从，没有太多的自主选择权。

大学阶段一切由自己做主说了算。如何规划自己的学习生涯，是每个人必须面对的问题。大学阶段里需要自己选择的内容非常多：上什么课？上多少课？选什么样的老师？怎么学习？参加何种社会活动？是否要参与考研？这些问题每个大学生都会遇到，怎么选择？关键看如何认识自我，自己的发展方向和人生目标是什么。做任何事之前，一定要对自己及周围的环境有深刻而清楚的了解。在此基础上，下决心选择自己要走的路。可以说，大学阶段走得顺不顺当，主要取决于有没有一份好的生涯规划书。个人职业生涯规划其实并不难，需要掌握"知己知彼、设定目标、切实行动"的大原则，就一定能顺利走上自己喜欢的道路。

（五）财务状况及运作不同

中学阶段的学生是经济不能独立自主，个人需要的一切都由父母无私供应，个人参与其中的权力极小。大学阶段学生的经济财务则呈现为半独立自主状态，即经济来源主要依赖父母供给，支出开销则在相当大的层面由大学生个人把握。但个人能否管理好自己在校园里的各种财务开支，避免各种不应当发生的事项发生，就是衡量和考验每个学生的自我管理能力和理财的才干如何了。如奢侈浪费、盲目花钱、提前支出、不当攀比，参与"校园贷"等，在今天的校园里也经常可以看到。某些学生前半个月钱财随意自由花销，后半个月则紧紧巴巴，要依赖借债度日。大学生对个人财务开支的技能学习和能力把握是非常重要的，是在今天市场经济社会里应当特别予以关注的，学生在学习期间就应当予以恰当地学习和把握，为未来进入社会做准备。

第三节　大学教育的目标和意义

一、大学教育的目标

大学教育的目标并非单一的，而是针对教育对象的层次和教育目的的不同，有多种层次和类型的划分，下面举例剖析一下。

（一）历史文化传承与创新

大学是什么？大学是以探索、追求、捍卫、传播真理和知识为目的，负有引导社会价值观、规范社会行为的使命，对人类素质改善和提高、社会文明和发展进步，具有不可替代的重大影响力、推动力的教育机构和学术组织。

教育培养人才的最高使命，莫如北宋张载所言"为天地立心，为生民立命，为往圣继绝学，为万世开太平"。《论语》中曾说"士不可以不弘毅，任重而道远"，倡导"穷则独善其身，达则兼济天下"。复旦大学校长杨玉良教授 2009 年 7 月 7 日在讲话中说道："我国优秀的大学生向来都是胸怀天下，有责任感和使命感的有志之士。"美国教育家德怀特·艾伦说道："如果我们使学生只变得聪明，而未使他们具备道德性的话，我们就是在为社会创造危害。"这从侧面说明"传授专业知识固然重要，培养人的精神更加重要"。

大学是充满理想主义的所在，师生在这里享有充分追求真理、激发思想、探索知识、发展能力的自由和空间。大学以其天然的庄重、理性、自律、智慧和担当，教会学生这样做。大学以理想主义的崇真、向善、求美、务实，教人并引导社会的崇真、向善、求美和务实。大学由此成为人们心之所往、情之所系、梦之所想的"心灵圣殿"。

大学教育的本质是传道授业解惑，是传统历史文化的传承，是传授知识技能，提升人的素质，延续人类文明。大学生是文化传承的主要载体。大学要做的是把思想和文化系统化、规范化，将其转变为课程，把它传授给学生，把包括华夏文明在内的人类所有文明、精神，通过学校教育的方式一代代地向下传递。

（二）满足经济社会发展对培养人才的需要

大学的特殊性在于承担人才培养的重任。大学教育除培养个人的思维方式和学习习惯外，还着重教授学生学习各种专门知识技能和科学方法。大学不仅是教师传授知识的地方，还是青年学子从学校走向社会的过渡。大学生不能做只会学习的书呆子，而应该像马克思谈到的"人的身心全面发展"，各项知识技能要掌握，与人交往要学习，更要懂得如何做人、如何从事各项职业活动，如何展开整个一生的生活。这就要求大学生的知识学习与职业社会实践紧密结合，学生不仅受限于课堂和书本知识学习，还要积极参加各项社会活动，如创新创业大赛，假期到公司实习，不断将书本知识与实践活动相结合，才能深刻地感受到知识带来的宏大力量。

20 世纪 80 年代，我国高校的录取率不到考生的 10%，每年能考入大学的幸运儿只有数十万人，高考录取原则是"好中选好"，能通过高考进入大学者，大都属于社会的精英人士；每年毕业的大学生，又都是在国家计划分配下，实现理想的就业和工作。这时的大学教育目标，是满足经济社会发展对人才的需求，满足学生全面、个性与终身发展的需要。为此，大学教育被认为是社会精英、领袖人才的培育，被称为精英教育。

今天的大学教育则倾向于普及教育，大学生必须学好专业知识，提高自身的技能，勇于创新，深刻理解和把握时代潮流和国家需要，敢为人先、敢于突破，以聪明才智贡献于国家，以开拓进取服务于社会。要实学实干，在攀登知识高峰中追求卓越，在肩负时代重任时行胜于言，在真刀真枪的实干中成就一番事业。

（三）职业生存技能培养

目前我国的高等教育事业发展，已进入大众教育阶段，每年通过高考进入大学深造者已高达上千万人之多，占据同龄人的70%以上。这就是说，所有希望受到高等教育的人士，都可以如愿以偿地进入高校的殿堂。大家担心的不是能否考上大学，而是能否考上一个好大学，选择一个好专业，将来借此找到一份好工作。故此，大学教育目标也随之发生改变。

今天，每年毕业的上千万大学生面临"找工作难"的大问题，这种大学教育只能称为"大众教育"或"生存技能教育"。今天的学子大学毕业后，进入社会部门与工作岗位，靠自己的勤奋劳动为自己"挣饭吃"。大学教育必须适应这种转变，教会学生进入社会后需要具备的各种知识技能和意识才干，使大学生到了社会后能有立足之地。

生存教育同精英教育不同，需要着重考虑：如何实现大学教育的内容和方式，与现实职业生活的紧密衔接，使得学子们临近毕业进入社会时，就已经较好地奠定了参与职业生活的资格和能力，且都能找到他们发挥作用、报效国家和社会的工作岗位。如果学生在学校里接受的众多"高大上"的知识，到了社会上完全无法发挥任何效用，而各种职业应当具备的知识、意识、技能才干等，又不大具备，这种教育是不合时宜的。

二、当代大学生的责任与使命

在经济全球化的今天，国家之间、地区之间的竞争，越来越表现为经济和科技实力的竞争，不论是经济、军事或科技的竞争，归根结底是人才的竞争。国家的荣辱兴衰与大学生休戚与共、息息相关。随着时间的推移，大学生成才与否对社会的影响将更加广泛、深刻，作为现代教育主体的大学生受到来自各界民众越来越多的关注。为此需要做到以下几方面。

（1）当代大学生肩负21世纪振兴中华的崇高使命，肩负促进社会发展与进步的责任，是祖国的未来和希望。大学生要树立正确的世界观、人生观和价值观，树立人生目标和崇高的使命感。要爱国爱民，从党史学习中激发信仰、获得启发、汲取力量，不断坚定"四个自信"。增强做中国人的志气、骨气、底气，树立为祖国为人民奋斗终身、赤诚奉献的坚定理想。

（2）关心祖国和民族的命运，是当代大学生首要的历史使命与责任。大学教育要把个人培养成才和社会需要紧密结合，为中华民族的伟大复兴而砥砺前行。国家和民族的命运，与当代大学生的命运紧紧联系在一起。大学生要有民族使命感、社会责任感、社会良知和健康的生活态度，有"苟利国家生死以，岂因祸福避趋之"的广阔胸怀。迎接中华民族和中华文化伟大复兴，勇于担当自身对国家建设和民族复兴的重任，主动投身于社会主义建设的伟大实践，为实现中华民族的伟大复兴建功立业。

（3）学习是大学生的首要任务，应保持求真务实的品性，做好理论和实际相结合，自觉接受实践的检验，确保理论知识的正确成熟。大学生要有足够的知识储备，良好的业务素质。大学生立志成才，不仅是学习知识，更着重于综合素质的发展和提高。努力学习科学文化知识，提高自己的综合素质，培养爱国、敬业、诚信、友善的思想品格，踏踏实实地打好基础，积极迎接科技和知识经济的挑战。

（4）大学生是推动社会发展进步的重要力量，要建设自由、平等、公正、法治的社会，单单靠学术能力远远不够，还需要端正态度，提高自身道德修养，做到学以致用，服务公众。作为社会中坚的大学生，应该树立并践行社会主义核心价值观，从自身做起，积极培养爱国、敬业、诚信、友善的良好风尚，切实维护自由、平等、公正、法治的社会秩序，为构建富强、民主、文明、和谐的社会主义国家而不懈努力。

（5）增强对中华民族的归属感——我是继承者；增强对中华文化的认同感——我是传播者；增强对伟大祖国的自豪感——我是捍卫者。在继承中发展，在发展中求变，在求变中升华。肩负教育责任，保障每个学生的"学习权"，培养符合时代需要的、和谐发展的"美丽中国人"。

（6）实现自己的理想和抱负，拓展自身专业特长和爱好，丰富文化知识，提高思想境界，开阔眼界，增长见识。增强建设祖国、保卫祖国的本领。明确未来人生奋斗的方向，坚定理想追求，实现人生价值。大学生的责任和使命不是纸上谈兵，应该从自身做起，从现在做起，从身边的小事一一做起。

（7）大学生作为新技术、新思想的前沿群体，国家培养的高级专门人才，代表着富有年轻活力的一族。要培养自己的创新意识和创新能力，积极投身经济社会文化的建设之中。树立为人民服务的思想理念，及时将科学技术转化为现实生产力，不断满足人民日益增长的物质文化需求。

（8）大学生要敢于挑战时代、挑战自我，以强者的姿态现于世；要实事求是地工作和学习，少说空话多干实事。大学生应该立足现在，展望未来，立志成才，为社会主义建设贡献自己的力量。加强自身心理修养，提升身体素质和心理素质，尽最大努力为社会、国家服务。传承文明，继往开来，造福公众，回报社会，报效国家是大学生义不容辞的责任，应积极肩负责任，牢记使命。

三、大学生应遵守的规则和应具有的良好品质

（一）大学生应遵守的规则

大学生应遵循的社会和学校的规则如下所述。

（1）热爱祖国，服务人民。培养同人民群众的深厚感情，正确处理国家、集体和个人三者的利益关系，增强社会责任感，甘愿为祖国为人民奉献。弘扬民族精神，维护国家利益和民族团结。

（2）遵纪守法，弘扬正气。遵守宪法、法律法规，遵守校纪校规；正确行使权利，依法履行义务；敬廉崇洁，公道正派；敢于并善于同各种违法违纪行为作斗争。

（3）志存高远，坚定信念，勤奋学习，自强不息。追求真理，崇尚科学；刻苦钻研，严谨求实；积极实践，勇于创新；珍惜时间，学业有成。

（4）明礼修身，团结友爱。弘扬传统美德，遵守社会公德，男女交往文明；关心集体，热心公益；尊敬师长，友爱同学，团结合作；仪表整洁，待人礼貌；豁达宽容，积极向上。

（5）诚实守信，严于律己。履约践诺，知行统一；遵从学术规范，恪守学术道德，不作弊，不剽窃；自尊自爱，自省自律；文明使用互联网；自觉抵制黄、赌、毒等不良诱惑。

（6）勤俭节约，艰苦奋斗。热爱劳动，珍惜他人和社会劳动成果；生活俭朴，爱护公物，杜绝浪费；不追求超越自身和家庭实际的物质享受。

（7）强健体魄，热爱生活。积极参加文体活动，提高身体素质，保持心理健康；磨砺意志，不怕挫折，提高适应能力；增强安全意识，防止意外事故；关爱自然，爱护环境，珍惜资源。

（二）大学生应具备的良好品质

（1）追逐梦想。不同的职业选择决定不同的人生，表现出不同的人生态度和人生观。人生就像无边无际的大海，即使面对巨浪也不害怕独自驾船的航行。个人必须拥有崇高的理想，才能为之努力工作。

（2）道德素质。当代大学生在接受高等教育学习知识的同时，应丰富自己的文化素质修养，提高道德素质，做一个有道德、有素质、对社会有用的人。

（3）努力工作。老一代人艰苦奋斗，创造了良好的生活条件。大学生应该继承发扬优良传统，抛弃浮华奢侈，努力为下一代创造更好的生活、工作环境。

（4）积极进取。大学生应追求高尚品格，树立积极进取、乐观向上、厚德载物、自强不息的人生态度。光阴转瞬即逝，人的生命也很短暂，对此不应无所事事，虚度光阴。大学是为未来打基础的好时机，应该以饱满的热情努力完成学习的使命。年轻就是最大的财富，大学生应该利用自身年轻的优势，为社会作出更大贡献。

（5）健康快乐。身体是革命的本钱，幸福是拥有健康身体的前提，应强身健体，积极锻炼身体，以乐观态度面对生活。我们如何对待生活，生活也会如何对待我们；我们面对生活微笑，生活也会对我们微笑。

（6）逆境奋进。百炼成钢，成就非凡的意志品质和能力，正如《孟子·告子下》所言"故天将降大任于斯人也，必先苦其心志，劳其筋骨，饿其体肤，空乏其身，行拂乱其所为，所以动心忍性，增益其所不能"。逆境不可怕，可怕的是把它看成结局而非必经过程。现在的种种不如意、逆境、挫折乃至苦难，正是人的成长中最好的大学。古今中外，凡成就大事业者，无一不是从苦难中走来。

（7）正确对待理想与现实。人的一生如潮起潮落、起伏难定，在潮头风光时要看到落到潮底的危险，在潮底时则要有向高峰冲击的信心和行动。现实世界是人得以生存和发展的基础，理想世界则是人生活的动力和价值取向。每个人都有其正当的物质利益追求，要反对的是唯利是图、损人利己，将个人利益置于社会利益之上。提倡将理想和现实、精神和物质统一起来，将个人利益和集体利益结合起来，把个人理想融入全体人民的共同理想，把个人奋斗融入到社会主义现代化建设之中。

四、上大学的意义

为什么要读大学？通过大学学习可以带来哪些收益？

（1）摆脱平庸，走向优秀和卓越。人的生命是短暂的，但能为国家、为社会作力所能及的贡献，为世人铭记。每个人都应当珍惜青春年华，不负韶华，积极投身社会主义现代化强国建设。大学生有担当有责任感，国家才有希望，民族才会有未来。

（2）青年时期正值头脑灵活、精力充沛，对外界新鲜事物备感兴趣。选择心仪的大学深造，激发青春活力，学习专业知识技能，增强能力和才干，为人生发展奠定雄厚基础。

（3）知识就是力量，利用大学良好的学习环境，深入接触自己感兴趣的知识领域，扎进浩瀚的知识海洋广览博取、精雕细研、取其精华，提高科研能力和水平。用知识改变命运，活出人生的精彩。

（4）大学教会学生将信息转化为洞察力，去理解知会，使得学生学会批判性地参与和大胆质疑，养成对高水平教育的永无止境的渴求，全面思考信息，增长知识，聪明度过一生。

（5）大学让学生以各种方式重新审视自己，明白世界上有很多优秀的人，分辨哪些人值得或不值得自己去交往。同时，让不成熟的心灵变得成熟，让浅薄的人变得厚重，让浮躁的心灵变得沉稳。

（6）大学像一张通行证，带领大学生穿越空间和时间，改变大学生的思维方式，从学习新语言到思考人类历史，再到深入解析物质构成。大学让大学生学会独立思考，开阔眼界，丰富人生视野，开拓观察事物的格局，视野决定行动的方向，行动方向决定以后的人生。

（7）大学的本质是营造相对宽松的环境，使学生构筑适应自己的学习方法。它不局限于课本知识学习，还能让人学会思考、推论、比较、辨识和分析。

（8）大学的组织功能独特，是文化传承、历史研究、人文融合和科技创新、学术探讨的高等学府。大学不仅是人类文化传承的产物，还是在长期办学的基础上，经过历史积淀、自身努力和外部环境影响，逐步形成的一种独特文化。

五、为何要读大学

随着大学扩招，大学生人数呈现爆炸式增长，就业难随之出现，"读书无用"论的声音也甚嚣尘上。读书真的无用吗？为何要读大学呢？下面分析一下。

（一）知识和前途

今天，草莽出英雄的时代已经过去了。每个人都希望找个好工作，提升工资待遇，这就需要掌握专业技能，而认真读大学四年，会学到不少实实在在的知识。当下知名的企业家和事业成功者，大部分都是大学毕业。只有见识广，才能登高望远。像华为、百度、腾讯等优秀企业，对员工的学历都非常重视。

（二）薪资待遇

不少大学生每日在校园里放纵自我混日子，整天逃课打游戏，未学到应有的知识，更难以提升自己的能力。这些学生自然很难找到满意的工作。这并非"文凭无用"，而是他们荒废大学四年的宝贵时光，知识技能没有跟上时代发展的步伐。我国大学生的综合能力在逐步提升，就业后的薪金待遇大幅增加，读不读大学者差距极大。名校毕业的学生薪资待遇更高、提升空间更大。

（三）社会规则意识

人是社会的动物，每个人都生活在社会群体之中，而非完全孤立。俗话说："没有规矩，不成方圆"，社会的运行需要各种规则制度，还需要每个社会中生存的人都能自觉地尊重并遵守这些规则制度。这既是个人有教养、有风度、讲道德、讲文明的表现，也是现代公民必备的优秀品格。

规则意识已在人们的头脑中根深蒂固，并成为自己的自觉行动，这就是一个人的社会责任感。敬畏规则，才会有公平正义；敬畏规则，其实就是敬畏人类自己。

（四）拓展人际交往能力

大学里，所有的人际关系都要自己亲自处理。学校虽说比社会单纯，但同学关系、室友关系、师生关系、男女关系、贫富关系，班干部还有上下级关系、干群关系等，各类人际关系也相当复杂。处理好这些关系，需要动脑筋和有很好的人际交往能力。在学校学到的处理人际关系的经验与教训，对将来走上社会有莫大的帮助。

（五）学历提升

学历高低并不等于人生成就的高低。但初次就业时，学历就是一块敲门砖，学历过低时，许多职场大门就是无法入内。大学给了大学生一张文凭，有了它，才有资格到大公司和政府机关应聘。学历高低决定了大学生大致能入职何种职业和岗位，从事哪个范围和层次的工作。学历不同，就业的工作、工资层级不同。高学历人员的平均工资，大多会大大高于低学历者。有位公司老板说，学历只在进入职场的半年内发挥功效，半年后公司对员工的评价和衡量，就完全取决于该员工的工作态度和业绩了。

（六）文明修养提升

大学四年，都是富有知识文化的人聚集在一起，共同参与各类音乐会、画展、社团活动，阅读各种书籍，每个人的文化艺术修养、人文道德修养等，都会在不经意之间逐步加深，更会远远超过未上过大学者。

（七）独立思考能力

大学学习环境相对宽松，有大量的自由时间可随意安排。一开始可能不适应校园生活，或者感觉整日无所事事、浪费光阴。但这是提高独立能力的必经之路和付出的代价，每个人会由此认识到光阴和青春年华的可贵。

大学生们上网浏览新闻，去图书馆读书，思考自己、观察社会，对各种社会问题给出自己的见解。他们开始拥有独立思考能力，不再人云亦云，会自己判断对与错，也了解了社会与人性的复杂性和多面性，变得更加理性。

（八）提升自身素质

大学教育环境相对宽松，可以做自己喜欢做的事情，而非像中学生那样只知道埋头学习。了解自己喜欢和讨厌什么，擅长与不擅长做什么，自己有哪些优点和缺点，优点该如何发扬光大，缺陷又应当如何弥补。大学四年里，对自己的了解逐渐接近真实，对社会的了解也大大加深，会明白"人外有人，天外有天"的道理。不再狂妄自大，也不再妄自菲薄，这就是人生逐渐走向成熟的鲜明标志。

个人活着不仅是为了自己，提高家庭生活品质也非常重要，读书是改变贫困家庭子女命运的捷径。只有多读书，上好大学才能有更多的发展机会，并通过聪明的头脑及勤劳的双手，让自己和家人过上舒适的生活，提高生活品质。生活品质提升，除金钱的基础作用外，学识素养和视野见识也在其中占据重要位置。在此方面，大学毕业生必然会远远超过中学生。

（九）同学友谊

通过上大学结识了众多来自五湖四海的同学，大家朝夕相处，增长了很多见识。农村学生见识到城市的繁华和世界的丰富多样；城市学生通过农村学生，了解到全国各地的风土人情。大家认识了很多优秀的同学和老师，并从他们身上学到很多，使得自己的眼界、视野、心胸和未来之路也变得开阔。

大学同学是人生中的宝贵财富。无论何时何地，都有可能获得来自同学的友情、帮助与安慰。有的人还会在大学里收获爱情，爱情是人生中与事业同等重要的大事。即使在大学时没有收获到爱情，大学经历也很重要。

（十）培养子女

培养子女看起来距离尚远，其实并不遥远。大学毕业后用不了几年，结婚成家、子女生育教育，都随之而来。一个人读大学与否，还会影响到子孙后代。先天遗传会给子女带来良好的基因，文化水平会在孩子的教育培养方面发挥基础功用，同时对其一生产生重大影响。没有文化的父母培养不出好大学生，是不确切的。但有文化的父母能给子女带来更多更大的帮助，则是肯定的。

第四节　大学学业规划

大学是个人从半成熟走向成熟，人生观、价值观、世界观逐渐形成，人格趋于完善的重要阶段。人生是个不断认识自我又不断成长成熟的过程。在大学四年的校园生活里，做好以下学业规划，是认知自我、完善自我的重要环节。

一、大学生学业规划的阶段性目标

（一）初入校园——大学生活适应阶段

此时大学生在角色上已是大学生，但初入校园，心理状态仍属于"高中后、大学前"。每个人刚接受完高考洗礼，乐享胜利的成果，踌躇满志，对大学生活充满憧憬与幻想。有的为自己确立了远大目标，制订了实现目标的宏伟计划。但此时的准大学生，对自我和环境的探索远远不足，对大学生活并不完全了解，对大学的认知仅仅停留在道听途说上。

该阶段的生涯目标确立，多来自自身的成长经历及外界对自身的影响，往往目标高远却显得空洞无物，职业生涯规划的任务如下。

（1）尽快适应大学生活，熟悉校园环境和校园周边的环境。

（2）自我认知和探索，分析高中时制定的职业生涯目标，发现问题并修正目标。

（3）了解各类职业和职位的设置，尤其是同自己的专业和学科对应的职业和职位。

（4）制订切实可行的大学四年的阶段性成长计划。

（5）积极参加校园的社团活动和各种社会实践，加入各种学生会或学术团体，广泛结交朋友、锻炼自己。

（6）接受专业的心理咨询和职业咨询。

（二）进入校园数月之后——自我探索阶段

此时对校园生活和学习已有数月体验，对大学生活有了初步理解，并对自我状况有了相应认知。随着对所学专业的了解及校园生活认知的深入，学业规划和目标逐渐变得具体细化。该阶段需要关注以下几方面。

（1）根据校园高年级同学的状况，制定大学四年的学业规划，同时修订自己的阶段性目标。

（2）制订实现学业生涯目标的计划和具体实施举措，并将其积极付诸于行动。

（3）参与个人心理、性格的相应测评，参与职业素质、技能、心理的各类测评。

（4）参加院校组织的各种社团活动、校园文化活动和社会实践，提升自身能力，增加人际交流技巧。

（5）参加职业能力与职业素质的提升和训练。

（三）整个大一学期——学业规划阶段

此时大学生对校园生活的亲身体验和专业课学习，已基本适应大学生活，各方面能力都有了极大提高，自我探索和职业发展方向探索逐渐深入。该阶段的生涯规划任务如下。

（1）继续进行自我和职业环境的探索，了解自己的职业发展方向，深入社会了解相关的职业资讯。

（2）对自己的大学生活做出进一步的合理规划。

（3）修订完善阶段性目标，并将该目标与自我性格、爱好和能力等紧密结合。

（4）积极行动实现该阶段性目标。

（5）积极参加校园文化活动和社会实践，参加职业成长训练。

（四）如何达成优秀生学业目标

假如你是一个各方面状况都属于中等的学生，希望能在未来三年里成长为一个优秀学生。怎样才能实现这一目标呢？能顺利回答以下问题，就知道自己该怎样做了。

（1）优秀学生的标准是什么样的？在头脑中确立一个基本的模板。

（2）我目前的状况怎么样，有哪些短板和不足，距离优秀生的差距还有多大？

（3）需要训练哪些科目、增加哪些技能培养，能使我在成为优秀学生的道路上更进一步？

（4）我该增加哪些书本知识和课外知识的学习？

（5）我需要排除哪些人际交往的障碍，如何采取措施排除这些障碍？

（6）父母、老师和同学们在这方面能给我提供多大的帮助？

（7）我最终成为优秀学生的可能性有多大？即使不是最优秀，至少也是前进了一大步。

认真回答这些问题，并尽可能地写下来，将会给你提供一份短期目标的清单，然后就是为实现目标而切实地努力。

二、大学生的心理需求

性格会影响个人处事过程的做事风格与态度，与职业有紧密关联。大学生的职业生涯规划，需要有相关的大学生心理习性的性格探索，探索的方法有行为评定、投射分析、问卷访谈、气质血型与性格测评等。学校开展生涯规划的性格探索，需要学生们准备些什么呢？评判和测定大学生的心理需求，是必要且又必须的。

（1）大学生无论是追求个人未来高质量的生活，或者实现社会价值和理想，都要以知识和能力为基础。强烈的求知欲望是知识经济时代的客观要求，也应成为大学生头脑中的内在需要。

（2）大学生要积极参与各项校园活动和社会事务，参与意识来自当代大学生日益强烈的社会责任感和历史使命感，标志着大学生的社会心理成熟和发展。

（3）人与社会的联系是通过人际间的系列交往实现的，人都有和他人交往并建立某种紧密关系的倾向。当代大学生随着年龄增长和生活环境变化，形成了自我意识和伦理情感的需要，渴望在人际交往中获得真挚的友谊和情感交流。

（4）大学生远离父母家乡，过着校园集体生活，失去了对父母的基于血缘关系的无条件依赖。大学期间能否适应新生活环境的需要，从"依赖于他人"进展为"独立自主的人"，并与他人建立良好的人际关系，对个人成长和学习十分重要。自主独立意识的形成并完善，是大学生真正成人的显著标志。

（5）在我国现行的教育体制下，学校的专业知识教育，与社会对学生的职业要求联系不大紧密。在大学生的学习和就业实践中，对所学专业的选择都有相当的盲目性和偶然性，对将要从事的工作不了解，经常见到专业不对口现象。为能尽快适应职业发展，大学生应积极主动地培养求职意识，明晰自己的知识结构和职业方向，调整完善自己的职业取向，多角度、多方位选择适合的职业。

（6）自信是个人自我价值的表达，是自身力量的认识和估价，是择业成功应具备的重要品质。大学生对自身所处的就业环境应有清醒认知，展现出坚定态度和从容风度，有勇气面对现实，从而自信豁达地面对择业困难。坚信自己有实力胜任某项工作，赢得用人单位的赏识和信任。充分了解用人单位要求后，只要自己符合条件，就要充满信心，大胆接受挑战。

（7）求职者初涉社会，既要有成功入职的准备，也要有面对落聘时的心理落差。落聘只是失去了一次择业机会，不等于失业，更不等于事业无望。没有人喜欢挫折，但漫长的人生路难免遭遇挫折。从我国改革开放到快速发展的今天，职业选择的机会很多。要学会从失败中寻找教训，从教训中学会"重新做人"，切实提高自己承受挫折的心理准备，强化自我的竞争力，再上征程。

（8）求职择业是大学生人生的重要转折，就业心理包括积极乐观的人生态度、艰苦奋斗的精神、主动适应环境、自觉调节情绪，具备良好的人际交往能力。面对竞争激烈的就业环境和愈益复杂的社会状况，大学生承受着巨大的就业心理压力。能否找到自己喜欢又擅长的工作，享受公平公正的福利待遇，为初涉社会的大学生十分关注。

（9）毕业生面对严峻的就业形势和众多竞争对手，要想获得就业成功，没有充分的心理准备和良好的心理素质是不行的。心理素质是个体在环境熏陶下，经过有意识修养逐渐内化的心理结果，是人在认知、情绪情感、意志、性格、自我意识、价值观及社会交往与适应能力等方面的素养。

三、学生在大学应当学些什么

大学是学子们长期充当学生角色、接受教育并即将走向社会的最后一站。在此之时，学子们在大学里应当学习什么内容，或者说大学应当对学子们传授何种教育内容呢？这里提出一个观点，就是"大学生将来走向社会，需要担负什么样的职业角色，为此需要具备什么样的知识和技能，大学就应当尽可能地向学生提供和传授这些知识和技能，作为即将走向社会的知识技能和观念的准备"。

大学生从校园毕业后，作为一名国家公民、家庭一员、单位员工和社会一员，都需要具备哪些方面的知识和技能呢？

（1）大学生毕业后，要走向社会，为此需要具备相应的专业知识技能的准备。但学子们就业、创业、择业的专业知识、竞争意识和生存能力是否具备，到社会上后能否尽快适应职业生涯环境，融入团队，迎接职场的激烈挑战？大学的专业知识技能教育已经做得较好，专业细分化、深层次化，达到了很高的程度。但面对职场错综复杂的人际竞争和关系处置等，其间的众多知识技能、意识学问，大学教育还是有较大缺欠的。

（2）大学生在上大学受教育期间，不仅要考虑就业求职，还要考虑未来长期的社会家庭生活。如结婚成家、生养教育子女、奉养年迈的父母；如作为一个家庭成员，担负为人子女、为人夫妻、为人父母的角色，家庭代际之间的繁多事项需要把握，家庭特殊的人际关系需要妥善处置。学校教育应予以关注。

（3）大学生毕业后，如何选择好心仪的"另一半"，对另一半有何要求和条件，从而共同走向婚姻的殿堂，并顺利结婚成家，履行人生的重要使命和责任。自己能否同心仪之人长期友好相处，发生情感及各类问题时如何矫正与协调，目前这方面出现的问题较多，离婚率居高不下，大学教育也应予以加强。

（4）大学生作为国家的一员，享有公民权利的同时还承担国家赋予公民应尽的义务和责任，也应在大学期间学习相关知识。

（5）大学生未来走向社会，要同各方面人士发生交往，要处置生活、工作中可能出现的多方面事项；面对人生的十字路口时，有太多的选择需要把握和决策；对未来工作与生活中极可能出现的种种挫折和逆境，需要有相应的面对意识和防范能力，以便于学子们走向社会后，能尽早地适应社会，尽可能地适应未来需要面对的一切，实现顺利度过一生并有较好的发展。

（6）世事洞明皆学问，人情练达即文章，古代先贤们对此均有很好的认知和经验的提炼总结。但在今天专注知识教育、专注考试成绩的氛围下，都被忽略了。因而出现了众多"两耳不闻窗外事，一心只读圣贤书"的学子，出现了众多"智商高、情商低"和"高分低能"人士。当然，还出现了一些只顾自己、罔顾他人和社会的"精致的利己主义"者。这都是今天的大学教育中应当予以矫正与避免的。

在大学教育期间，不仅要将求职就业必须具备的专业知识技能传授给学生，学生走向社会后的结婚成家、子女生育教养、人情世故、处置各类人际关系等的知识技能，也应在大学期间尽可能得到相关的强化培育。总之，学生未来走向社会需要把握和具备的各项知识技能，都应当也完全可以利用高等教育这种大规模、高质量、低成本、快速便捷的方式，传授给学生。

四、大学生应当拥有的能力

全球性经济危机爆发，国家产业结构和空间布局调整，我国大学的急剧扩招，以及近年来的新冠疫情暴发等，种种因素加剧了大学生的就业困难。在这种情况下，大学生只有树立正确的就业观，客观看待社会、正确看待自己，培养和提升自己应当具备的技能和能力，及时排除就业障碍，才能顺利实现就业，达成自己的人生理想。

（1）理论知识能力。任何工作无论是科学研究或具体的工作实践，都需要有丰富的理论知识指导。优秀大学生必须拥有扎实的文化知识，包括专业知识和非专业知识，最终形成适用于自己的理论知识体系。大学生应该把课堂知识学好，到图书馆博览群书，增强自己的理论素养，达到充实自己的目的。

（2）环境适应能力。适应环境的能力是个人综合素质的反映，与个人的思想品德、创造能力、知识技能等密切相关。大学生毕业后，面临就业工作、结婚生育、家庭安居等诸多事项，都处于不断变化之中。即使在艰苦的环境下，也要变不利因素为有利因素，为自己的事业成功奠定坚实基础。

（3）社会交际能力。人际交往是一门学问，广泛存在于社会的各个角落。人际交往又是人们实践经验的结晶，单单在课本上是学不到的。大学生必须具备很好的社会交往能力，它关系到以后找工作、谈恋爱、结婚成家等各种问题。大学生要大胆把握各种交流机会，培养自己与他人在心理层面上的交流。同时做到诚实守信、人格平等。

人际沟通是社会交往的关键，具有强沟通能力的人，才能把工作做得得心应手。大学生应该具备较强的人际沟通能力，具有自信心并学习人际沟通的技巧。应当注意以下几点：①注意沟通中双方的互利互惠和相互尊重；②了解对方的思想和观点，学会站在对方的立场思考问题；③在矛盾和冲突中积极寻找共同点，提高人际沟通的技巧。

（4）语言表达能力。社会竞争是人才的竞争，语言表达能力是大学生必须具备的重要能力。学习、工作和社会人际交往等，都需要用语言表达。只有具备很强的语言表达能力，才能在市场竞争中处于不败之地。若期望具备这一能力，就要敢于说且有话可说，这就需要练好口才并具有广博的知识面。另外，还要善于说话，注重语言的得体得当，注意在什么场合说什么话。大学生应该多抽时间阅读文学名著和口才范文，使自己的语言表达能力得到锻炼和提高。

（5）动手能力。动手是将理论知识转化为实践运作成绩的重要保证，动手能力强弱会极大地影响发展前途。大学生毕业后从事教学、科研、生产第一线的技术管理工作，都应有熟练的社会实践能力。为此要勤动手、重实践、多做实事，在扎实理论知识的指导下，提高自己的实际动手能力。

（6）竞争能力。竞争意识是人们顺利完成各项活动必备的心理特征，竞争能力是自身发展和社会发展的需要，是自身实力和掌握技能技巧的充分展示，是大学生应追求的能力品质。当前社会是激烈竞争的社会，竞争能力的培养尤为重要。大学生应善于抓住机会，勇于展示自己，才会在社会竞争中获胜。参与竞争还是对人格的考验，大学生必须在社会竞争中保持健康积极的心态才能立于不败之地。

五、大学四年如何度过

有的大学生大学四年生活过得漫无目的、无所事事，最终发现一事无成，留下一片苍白。希望每个学生毕业时都能自豪地说：大学四年我学会了很多，将对我的未来生活和工作产生积极而深远的影响。为此，作为一名大学新生，展望校园的学习生活，做出四年学业规划如下。

（一）一年级的打牢地基期——学好基础课，融入学校环境

学习是学生的天职，学生的根本任务是学习。端正学习态度，认真努力学习来充实自己，将"要我学"变为"我要学"，脚踏实地学好基础课，并坚定不移地坚持下去。改变高中固有的学习习惯，培养自主学习能力。根据自己的实际情况，考虑是否修读双学位或辅修第二专业，尽早做好准备。

（1）熟悉校园环境，了解大学生活，适应新生活，在探索中学习和发展。

（2）认知大学学习的内涵和外延，适应角色转变，明晰应掌握的知识技能，确定新的学习目标。

（3）初步了解专业知识，了解专业发展前景，把专业基础踏实地掌握好，强化英语和计算机的能力。

（4）初步了解自己未来有望从事的职业工作所需的专业技能和其他技能，初步设计职业生涯。

（5）积极学习英语，通过英语四级考试，争取拿到较高分数，学习计算机知识，辅助自己学习。

（6）和师哥师姐交流，询问就业情况；提高组织能力和交流技巧，为毕业求职面试练好兵。

（7）学好数学，为将来的专业课打好基础，通过计算机技术资格考核。

（8）大一学习任务相对轻松，尽可能多参加社团活动，担任一定的职务，增长见识，提高能力。

（9）加强与同学间的交流，提高人际交往沟通的能力，建立一个稳定且范围很广的朋友圈。

（二）二年级的本质转变期——学好专业课，提高个人能力

（1）了解自己的需要和爱好，确定自己的人生观、世界观、价值观。

（2）争取成功通过英语四级考试并取得较高分数，通过英语、计算机的相关考试并辅修其他专业的知识技能。

（3）充分利用好学习时间，增强英语口语表达能力和计算机应用能力，通过计算机一、二级考试，握有有分量的英语和计算机证书，考取跟自己专业相关的证书。

（4）积极参加学校组织的各类社会实践活动，如下乡、做义工、做社会调查等，提高自身的基本素质；从事与未来职业有关的工作，完成相应的实践论文。

（5）提前接触社会、了解社会，锻炼本事，尝试到与自己专业相关的单位兼职，多体验不同层面的生活；培养吃苦精神，提高社会责任感、主动性，提升工作能力和受挫能力。

（6）参加学生会或社团等组织，提升各种能力，不放过任何锻炼机会。

（7）继续深造，努力学好各门必修课和选修课。稳抓基础，做好由基础课向专业课过渡的准备，逐一浏览重要的高年级课程，向大三做平稳过渡。充分利用课余时间学点课外知识，适当选读其他专业课程，使知识体系多元化。

（8）熟悉掌握专业课知识及各门专业课的关联处；学好基础知识，为以后的专业外延打好基础。加深对专业深度和广度的学习，争取比书本知识积累得更多，能更好地驾驭书本知识。

（9）尽力参与各类有偿兼职活动，尽量脱离对父母的财务依赖，学会靠自己筹措生活费。当然，不能因此影响学习。

（三）三年级的奋起直追期——加强专业学习，为就业作好准备

（1）学好专业知识并且主动加深专业课程的学习，熟练掌握专业知识技能，撰写专业学术文章，提出自己的见解和观点。

（2）参加和专业有关的假期实习工作，积累经验，多和同学交流求职、工作的心得体会；提高求职技能，争取考取有关职业资格证书或相应的职业技能鉴定，为未来的就业寻职打好坚实的基础。

（3）锻炼自己的工作能力及应聘能力，开始为就业积极做准备，把所学的专业知识与现实相结合，理论联系实际。

（4）主动加强专业课学习，继续学好各门功课，通过英语四、六级考试并尽可能拿高分；尽量把大四课程挤入大三学期，以便大四有相对宽松的时间求职或考研。

（5）大三已到了把自己抛向社会的时候，多向大四的师兄师姐打听求职信息、面试技巧和职场需求状况，假期开始为自己心目中的职业进行实践。

（6）了解往年就业情况，学会撰写简历，掌握求职信的写法及技巧，搜集公司信息，利用网络和人才市场招聘启事等渠道。

（7）继续对目标完成的情况做出判断及总结，并及时修正目标计划，使得各项准备更加科学化。

（8）准备考研或出国留学的同学，关注考试资讯，做好考研复习准备，注意研究生考试资讯，尽可能多渠道地搜罗各种资料。

（四）四年级的扬帆千里期——作好冲刺准备，打拼美好未来

大四目标既已锁定，该出手时就要出手。考研和出国，此刻就是冲刺期，争取拿下目标。大学前三年如能认真践行计划，大四就是收获的季节。

（1）多看各种书籍，提升自我素养；修满需要的学分，顺利完成学业，拿到学士学位；养精蓄锐，复习专业知识，为考研打好基础。

（2）抓住社会实践的机会，积极准备实习，为正式上岗奠定良好基础；尽可能多地寻找实习单位，充实个人工作经验，填充丰富简历，开始毕业后工作的申请，在实践中检验自己的积累和准备。

（3）毕业论文是对大学四年的检验，要对自己负责，别期望"剪刀加糨糊"就能糊弄过去；做好毕业设计，完成毕业论文，论文中大胆提出自己的观点和见解，锻炼独立解决问题的能力和创造性。

（4）写好个人求职材料，进军招聘市场，多浏览各类求职网站和论坛，自然会享受到勤劳的果实；了解并搜集工作信息的渠道，并积极尝试；制作简历，预习或模拟面试，学习面试技巧，积极找工作。

（5）积极利用学校提供的条件，强化求职技巧，做好求职预备，参与模拟面试训练，积极参加招聘活动，为成功就业打好基础。

（6）尝试兼职和社会实践活动，在课余时间长时间从事与自己未来职业或本专业有关的工作，提高自己的兴趣和能力。

（7）提高自我的工作能力、人际交往能力、动手能力和环境适应能力，锻炼独立解决问题的能力和创造性思维。

（五）大学四年学习目标规划和措施

大学生在校期间的学业发展可分为5个阶段，各自的时间跨度和学涯任务如表2-1所示。

表2-1　大学生学涯任务一览表

阶段	时间跨度	学涯任务
适应	第一学期	向大学生角色转变，熟悉环境，明确目标与要求，把握资源，形成新的角色认同，养成新的生活习惯，结交新朋友
试探	第1～2学期	把握专业的特点与要求，探索新的学习和交往领域，学会利用更广泛的学习和社会资源

续表

阶段	时间跨度	学涯任务
转换	第1～3学期	形成新的或调整原有的目标与计划，调整学习方法和生活方式，寻求属于自己的学习和生活舞台
实习	第3～6学期	缩小学习和生活探索范围，确定重点学习与生活探究项目，奠定专业基础，并通过实验、社会实践、毕业实习等途径补充和强化自己的实际能力与经验
就业	第7～8学期	全面了解职业与劳动力市场，把握就业要求，进行一系列就业准备与尝试，最终获取就业岗位，开始学生角色向职业人角色的转变

值得注意的是，各阶段之间并非绝对严格的逻辑先后顺序，同一时期可能处于多个阶段，或出现迟迟未完成既定任务滞留于某初级阶段的情形。如第一学期同时属于适应、试探和转换3个阶段，若第三学期仍需要适应校园生活，就要怀疑该学生的适应能力是否过差了。

本章小结

1. 介绍斯宾塞"教育为完满生活做准备"和杜威的"教育适应生活论"，为实现职业生涯规划与教育的宗旨，奠定某种层面的理论基础。

2. 介绍大学与高中阶段教育，在培养宗旨、学习方式和管理方式等方面的差异，为大学生迅速完成高中教育向大学教育的转变，为适应大学教育和校园生活奠定基础。

3. 论证大学教育的目标是历史文化传承和对大学生生存技能的教育，为他们走上社会迅速适应职业生活；明确大学生应有的责任与使命，培养大学生遵守学校制度规则，以及培养具有良好品质的好习惯；知晓为何要读大学，上大学的意义和功用何在等。

4. 确立大学生的阶段目标规划，发掘大学生的心理需求和应当学习培养的各种能力，知晓在大学里应当学些什么，如何度过大学四年等，确立相应的目标规划。

思考题

1. 明确高中与大学在学习、心态和意识等方面的差异，并在大学学习和生活中有合理到位的认知和应有的举措。

2. 今天，我国的大学教育已经从精英教育走向大众教育，学校、学生围绕此项变革，在教育内容和方式等方面，应当有哪些思考和转变。

3. 大学教育应当是为受教育者的未来进入社会之后的生活、工作和家庭等事项的更好开展，提前准备相应的知识技能，如何认知这一观点？思考目前我国大学教育的内容和方式，还有哪些不相适应之处。

4. 大学生肩负的社会责任和使命何在，你准备如何很好地履行这一神圣职责。

练习题

1. 就自己大学的学习状况和既定目标，做一个时间段为四年的学业规划。

2. 思考我为什么要上大学，接受四年高等教育的意义何在，准备四年时间在校园里和社会中如何度过。

第二章补充资料

第三章

认 知 自 我

（一）本章学习目标

（1）把握：自我认知的缘由、方法与多视角的进行；把握个人作为经济主体的权利增进与角色转变；确知个人核心竞争力的含义与提出该概念的价值所在。

（2）理解：个人拥有优势特色资源及该资源在个人职业生涯规划中可发挥的功用。

（3）了解：自我意识的觉醒、自我拥有权利的发挥；认知自我对职业生涯规划的价值何在。

（二）教学重点与难点

（1）教学重点：自我认知、个人经济主体、个人核心竞争力等基本概念的含义、状况。

（2）教学难点：自我认知的理论与方法，在现实生活中的应用，用大量的案例加以说明。

在个人职业生涯规划中，首先需要客观地认识自我，再来评估社会经济发展和行业产业的发展，寻找职业机会，准确职业定位，再择优选择职业目标和达成目标的路径。这里首先从认知自我开始，进行全面深入的介绍和探讨。

第一节 认识你自己

人生充满了选择，客观认识自己是事业成功的第一步。每个人在面临职业选择时，首先而且必须要做的事情就是认识自己，这样才能正确地树立自己的职业目标，事半功倍。如个人的兴趣爱好、品质个性、动机、能力及优势和不足等，都需要认真思考和梳理。如果起步的方向搞错了，选择了不适合的职业，那就会抱憾终生。

一、如何认识你自己

（一）苏格拉底的"认识你自己"

"认识你自己"这个贯穿古今的哲学命题，开创性地作为哲学原则，是苏格拉底留给后世的一份珍贵的礼物，并借此实现了哲学主题由神到人、由自然到社会的重大转变。苏格拉底认为，每个人怯生生地来到这个世界，无知是唯一的所有。他说："我只知道一件事，那就是我什么都不知道。"为此，必须从无知开始认识这个世界，认识自己。

在古希腊人的意识中，政治平等和人的身心自由，使人们能最早认识到"自我"的存在。自我意识的觉醒导致怀疑主义和批评精神的出现。他们用"自我"的眼光来审视他们所看到和想到的一切，而不再是迷信传统、盲从权威。正是这种质疑和批评，成就了哲学家的苏格拉底，从此人们把质疑和批评视为哲学的起点。

近代哲学把"认识你自己"纳入认识论的层面，提升到主体性的高度，在此基础上确立了人的理性或精神本质。在人的生存困境随着工业化进程越发突出的今天，"认识你自己"的使命和命题，在现代社会依然没有终结。

禀赋优良、有所成就的人，如经过教育学会了怎样做人，就能做出极大的业绩，成为对社会有用的人；如不学无术，且狂傲、禀性倔强，不受约束，有可能做出很多坏事，成为对社会有害的人。

（二）为何要认知自我

自我认知是职业生涯规划的开端，是大学生个体对自我职业定位策划的重要手段，包括影响职业生涯的个人气质、性格、能力、职业兴趣、价值观等内容。学生通过该部分内容的学习，可以客观公正地认识和探索自我，对自我进行评价。为此设计的实践活动有气质类型调查、MBTI人格测验、能力测试、职业兴趣自我测验和职业价值观自测等。

只有认识自己、了解自己，才能找到自己身上的长处和劣势并扬长避短，才能对自己的职业做出正确选择，选择适合自己发展的生涯路线，并对职业生涯目标做出最佳抉择。目的是找到正确的搭配——能使自己感到非常满意，能很好地施展个人才华，符合个人的兴趣爱好和性格能力的各层面内容，以及价值取向的职业目标。

一个人要想有所成就，就必须全面完善自己的知识和技能，有适当而又现实的自我意识伴随一生。为此，必须能接受自己，并有健全的自尊心；必须信任自己，不断地强化和肯定自我价值；必须有创造性地表现自己，而非把自我隐藏起来；必须有与现实相适应的自我，以便在现实世界中有效地发挥作用。

无论自己将来期望干什么工作，做出决定之前都应该多想想这个问题，尽量想明白自己是一个什么样的人，虽然这对很多人来说很困难。有的人对天南海北、宇宙全球、声光化电等，谈论得头头是道，但对自己的客观评价，就难以做到。例如，你是什么样的人？你的能力和状况如何，是否像你自己描述得那样好？你对自己的评价客观吗？是远高于你的实际状况而趾高气扬；还是远低估自己，显得总是信心不足？你乐意享受创业成功的快感，还是追求小生活的安逸，你的心理状态和工作相匹配吗？在个人职业生涯规划之时，都需要将这些问题先搞清楚。

二、自我认知的视角

人贵有自知之明，就是要全方位地综合社会、生理、心理、观念和知识等，以此实现自我认知。自我认知是指人对自身各方面状况的全面认知，包括个人的身体状况、心理状态、文化教育程度和知识结构、人际关系和人际交往能力等。提升认识自我的能力，完善性格的自我塑造，对人格的发展和成长有重要影响。良好的自我认知可以形成良好的个性，让学习和工作效率变得更好，更有利于人们获取职业成就，实现自我价值。

1. 生理我

生理我指个体对自己的躯体、性别、形体、身高、体重、容貌、年龄、健康状况等生理特质和状况的意识。生理我是自我意识的原始形态，包括占有感、支配感和爱护感。如我的外貌、身材及与此密切联系的衣着、打扮等。如某人悦于接纳自我的身材和外貌，会凭空增添若干自信；如对自己的身材和外貌无法自我接纳，也必定会表现出自卑和缺乏自信。年轻的女孩围绕自己的容貌和身材，会不惜一切金钱、时间、心血的代价来保养和维护。"高富帅"和"白富美"，祛除其中"富"的经济因素外，正是对生理我的自我认知。

2. 心理我

心理我是指个体对自己心理属性和状态的意识、情感与评价。包括对自己的人格特征、心理状态及行为表现等的意识。自己的感知、记忆、智力、性格、气质、动机、需要、价值观和行为等心理过程、心理状态和心理特征的认知与评价。如对"心理我"缺乏认知，会失去心理调节能力，陷入心理疾病的深渊。心理我在情感体验上表现为自豪或自卑；在意向上表现为对身体健康、外表美的追求，物质欲望的满足，或者对自己拥有物质的支配和维护等；在人际交往上是如鱼得水，还是严重的内向。通俗来说，性格、特征、情感状态等心理我，如自我体验、成人感，自我反省和自我意识的矛盾等，就是"理想我"和"现实我"，或者"主体我"和"社会我"的矛盾。

3. 社会我

社会我是个体对自己在社会生活中担任各种社会角色的知觉，包括对各种角色关系、角色地位、角色技能和角色体验，乃至人际关系、家庭角色、社会义务和权力等的认知和评价。自己所处的地域环境是城市或乡下，所属的社会阶层是高或低，自己拥有的人际关系是丰富或匮乏，自己的人际交往能力是优或劣等，都属于社会我。如对社会我缺乏主观意识和客观评判，可能表现为人际关系糟糕、适应社会能力低下、自我价值完全无感等各种症状。

4. 观念我

观念决定意识，意识决定行为。个人自我价值和观念的状况如何，对人生的成长具有决定性的影响。社会在快速发展，个人的观念等能否追随社会的发展而同步发展。再如，个人的观念是大大提前于社会的现状，或是时刻在追寻社会发展的时髦，或是远远落后于今天的时代，就是价值评估的重要状态。具体包括有价值观、人生观、世界观、日常行为习惯，对事、对人的看法和观感，以及未来志向和目标的大小和有无等。

5. 知识我

个人的知识结构和专业的状况怎样，是否处于经济社会发展的前沿领地，或者已经与今天的市场经济时代远远脱节。再如，个人拥有众多的知识技能，但是否拥有能熟练地运用所学到的各类知识的能力与实践才干，或者只是一个"人形"的图书馆、资料库。大家同样刻苦攻读了十多年，是学到了一大堆"死"的书本知识，还是能很好地将其活学活用，并融会创造出新的知识；自己所学的专业与今天市场经济的距离感是远或近，未来最可能的就业方向是什么，该职业未来发展的前景是一片光明或已日落西山等。

对自己各方面的认知，首先是自我状况的深入揭示和发自内心的探索，或者借助各类心理测验来充分地展示和了解。就像鲁迅先生谈到的那样，是拿一把手术刀对自己加以解剖和评判。同时，兼听则明，偏听则暗，为更好地把握自己，还需要虚心地听取他人的意见，包括父母、亲友、老师、同学、领导和同事等对自己的评判。

三、自我意识

（一）自我意识的评判

自我意识是一个人对自己的认识、评价和期望，也就是对自己的心理体验。即自己属于哪一种人。具体来讲，自我意识首先需要回答下列问题：

（1）我是什么样的人？

（2）我会做什么样的事，且可以做得最好？

（3）我乐意做什么样的事，愿意为此"苦在其中，乐在其中"？

（4）我有什么样的个性？

（5）我有什么样的优点和缺点？

（6）我对社会、对他人有什么价值？

（7）我有无较大的潜能和潜质尚未得到发现和发掘？

（8）我期望自己成为什么样的人？

（9）我期望要达到什么样的目标？

（二）我的职业生涯认知

关于职业生涯规划，可以从以下几方面着重考虑。

（1）自己喜欢做什么（主要包括职业兴趣、职业价值观等）：我的兴趣是什么？我想成为什么样的人？我对哪些知识比较感兴趣，能够深入地探讨下去？如对自己的兴趣爱好还不大清楚，可以做个霍兰德职业倾向测评，对自己的兴趣爱好有个大致了解。

（2）自己能够做什么（主要包括自己掌握的专业知识和职业技能）：我的优势和特长是什么，有哪些拿得出手的能力？对自己欠缺的能力，应该怎样弥补或改善？

（3）自己适合做什么（主要包括职业特质、气质、天赋才干、智商、情商等）：不同工作适合不同性格的人来做，查看自己的性格适合做什么？认清自己的性格，是非常重要的一步。可以做个 DISC 性格测评，了解自己的性格特质再做决定。我的性格存在哪些弱点需要克服，不要让弱点成为我成长中的绊脚石。

（4）我擅长做什么（主要包括职业能力倾向，如言语表达、逻辑推理、数字运算、判断分析等）：需要了解自己的特色优势资源所在，我有无某种天赋异禀，如何对此做深入的认知、发掘和发扬光大。

（5）自己最看重的是什么，是金钱、权力、地位、名誉或其他等（职业价值观）：主要了解自己的核心价值观念、性格爱好、个性特点、天赋能力、尚存缺陷等。假如不能准确地为自己的职业定位，不清楚自己的强项、弱项，只是盲目跟风或跟着感觉走，是绝对不行的。

（三）认知自我应把握的原则

了解认知自己的方法很多，这里不一一列举，以下 3 个基本原则需要了解。

（1）自我认知与他人对自己的认知是否一致。自己对自己的评价，如与他人对自己的评价是一致的，说明自我认知比较客观，如自我评价与他人对自己的评价不一致，说明自我认知尚有偏差。抑或在某些方面掩饰得很好，给外界和他人造成了一种完全不一致的感觉。

（2）自我认知与社会作用是否一致，这是指对自我能力和作用的理解。如与自己在社会上的地位和作用相符合，自我认知是客观的；如果不一致，就是自我认知方面出现了某些偏差。自高自大、唯我独尊，或自暴自弃、自卑自贱，妄自菲薄或妄自尊大，都是经常会出现的问题。

（3）自我优点和缺点的认识。这是指对自身的优点和缺点的客观认识。明白自己的优势在哪里，这些优势是否足以帮助你在新的行业和岗位上站稳脚跟？自己的弱点在哪里，有什么方法可以尽快克服这些缺陷？除此之外，还可以通过长期自我观察或借助他人，逐步客观地认识自我，并积极现实地面对自己的优点和缺点，不断地激励自己。

只有自我认知符合以上 3 个原则，才说明比较客观地了解了自己。否则，就说明自我认知方面尚存在某些偏差，需要进一步发掘缘由并予以纠正。

（四）一个工科专业大学生的询问

一个工科专业的大学生，目标是成为机械或电子高级技师，应该问自己下列几个问题。

（1）我需要学习了解哪些课程，学习哪些操作技能？如何求得老师给自己更多的帮助？

（2）我需要参加哪些知识培训、技能培训、资格考核，才能有资格做一名高级技师？

（3）我在成为技师的发展路上，需要排除哪些来自内部和外部的障碍？

（4）如何求得我所在公司的上司和师傅、工友给自己所需要的帮助？

（5）如何在我所处的企业寻得有利于自己目标实现的机会？

其他各类专业的大学生，为求得自己的学业进步和职业拓展，同样需要询问自己若干个相关话题。

四、自我评估

（一）自我剖析

职业选择需要知己知彼，职业评估是"知己"，即全面分析自己，达到认识自己、了解自己的目的。只有全面客观地认识自己，才能做出准确到位的职业选择，选定适合自己的职业路线。自我剖析主要是分析自己的兴趣、性格技能、优势特长、思维方式，认清自己的优势和劣势。

常规分析着眼于性格、能力、兴趣和价值 4 个方面。一般规律是，一个人的性格越适应他的工作，他对自己的工作就越感到满意。可以根据一开始对自己的深刻认知及对将来职业变化的预测，决定选择一份长久稳定的工作。在做出影响深远的职业决策前，要最大限度地了解、认识自己。认识自己的途径，可以通过职业测量表验证自己的性格类型，以及长处和缺陷，同时对个人兴趣爱好和价值取向有真实的评估。

（二）自我评估

自我评估又称为自我评价，是心理健康的人对自我的思想、愿望、行为和个性特点的科学认知和判断定位。恰当评价个人的能力、性格、优缺点，明晰自己存在的价值，最终目的是对自己抱有正确的态度，不骄傲也不自卑。

自我评估的常用方法有：自我观察、自我反省、相互比较、咨询他人、科学鉴定等。要全面客观、实事求是地看待自己，用发展的眼光看待自己，确知自我认知的途径和方法。好的自我评估对自己、对用人单位都有很大的益处，采用方法要客观、公正、实事求是，尽可能消除主观色彩。

学习和工作能力的自我评估，包括内容有：①获取信息能力，包括感知、阅读和搜集资料的能力等；②应用创造信息的能力，包括记忆、思维、口头及文字表达、动手操作和创造力等；③学习调控能力，包括确定学习目的、制订和调整学习计划、培养学习兴趣、克服学习困难等；④自我意识和自我超越的能力；⑤业务能力，包括业务熟练程度、任务完成情况；⑥人际交往沟通能力，如工作生活中与人交往的顺利程度、人际关系好坏及人脉的广度等。

（三）如何做好自我评估

（1）以人为镜。他人就像一面镜子，借此更好地了解自己，找准自己的位置。这是评价自己的常用方法，但常附有主观色彩。要找与所处社会经济环境、社会阶层和心理条件相近的人做比较，才更符合自己的实际。

（2）兼听则明。来自他人的评价，往往比自己的主观评价有更大的客观性。如自我评价与周围人对自己的评价相差过大，表明自我判断有某些偏差，需要对自己的不足做出调整。但对来自别人的评价要有完整的认知，全面听取、综合分析、恰如其分，不以个人的心理需求爱好为导向，只注意听取某方面好的评价。

（3）身体力行。如无法肯定自己的切实状况，不妨从身体力行中得到验证。借助成功或失败的经验教训，重新发现自我、反思自我和检查自我，认识自己的长处和短处。当一个人能正确评价自己，接纳自我的不足和长处时，就会使自身变得更为完善。

（四）自我剖析的 SWOT 分析法

SWOT 分析法是最近多年来经常使用到的一种分析方法，广泛运用于对某个个人、组织或地域的分析评价。它具体包括了优势（strength）、劣势（weakness）、机会（opportunity）和威胁（threat）四大要素，将各自要素的英文字母的首字母排列，即称为 SWOT 分析法，见表 3-1。

表 3-1　SWOT 分析法

优势（strength）	劣势（weakness）
1. 我最擅长什么领域和技能 2. 我有什么创新的知识技能 3. 我能做的什么事是别人做不到的 4. 我和别人相比有什么特别不同之处 5. 我因什么事项取得今天的成功 6. 什么领域适合我去从事和开发	1. 我还有什么事，是无论如何也无法做到的 2. 我还缺乏什么必须具备的知识技能 3. 别人有什么事情总是比我做得好 4. 我不能适应或介入的是哪个学习领域 5. 最近我因为什么事总是失败
机会（opportunity）	威胁（threat）
1. 这个领域有什么适合我的新机会 2. 我可以在此中学到什么新的技术 3. 我可以对此提供什么新的知识和技能 4. 我可以吸引到什么样的新客户 5. 我怎样做才可以做到与众不同 6. 我在未来 5～10 年的发展将会如何	1. 最近我有什么事项或做法是要加以改变的 2. 我的竞争者最近在做什么事，可能会威胁到我 3. 我是否赶得上知识领域的进步，需要我去做出改变 4. 客观环境发生改变，是否影响到我的学习和进步 5. 有什么因素会影响到我的学习和进步

五、自我优势发掘

（一）自我优势的提出

自我优势的发掘与发挥，是每个人都应看重的，但很多人并不知道自己拥有的优势是什么。如现在问你"有什么事情是你天生就能做会做，且毫不费力就比其他人员都要做的好得多？"你能很快回答出来吗？就算是知道自身的优势何在，也有不少人并不喜欢它们。相反，他们还会羡慕别人身上哪些看似"含金量更高"的优势，期望通过各种努力"成为别人"，而非一心打造升华自己。如在某项全球性的员工调研中，仅有 20% 的员工认为他们每天都能充分发挥自己的优势。令人意外的是，员工在该公司供职时间越长，地位越高，就越不容易认为自己能在工作中充分发挥自身的优势。

让一个人做不擅长的事情，花费了很多时间和精力，最后还未必能把事情办好，可谓吃力不讨好。所以找到自己的优势并合理利用，就尤为重要，它能让我们在这个时代更具有竞争力。每个人从生下来就具有某些天生的优势，应该做那些自己更擅长的事情。当企业无法挖掘员工身上隐藏的巨大潜力，并将其最大化用于工作时，会大大降低组织的效率和利润。当员工无从发现自身优势并在工作中充分发挥时，就会对工作产生倦怠感，日复一日地感觉工作毫无意义，没有办法实现自我价值并获得成就感。

受到"木桶效应"的影响，人们习惯于改进自身的缺点，弥补自己的短板。总有人说，要努力克服困难，实现自己的目标，完成交付的任务。但时代在快速变化，每个人都有必要问问自己：自己是否一定要做不擅长的事情，若是找优势互补的人齐心合作，取长补短，结果是否会更好，远远超出"1+1>2"的功效。

（二）自我天赋和优势

盖洛普研究了成千上万的成功案例，提出优势特色理论。他认为每个人都拥有属于自己并贯穿自己一生的某种天赋，且无法对外传授分享，无法自我强求。人们无须为获取它付出任何代价，甚至即使付出再多的代价也难以得到。天赋并不等于优势，常被认为是"一种特殊的天生能力或悟性"。盖洛普将它定义为"个人所展现的自发而持久的并能产生效益的思维、感觉和行为模式。"然而人们对天赋的理解往往会陷入误区，认为只有正面积极的能力，才会被当作天赋，如好奇心、有魅力、做事持之以恒、责任心强等。

但在某些情境中，那些看起来消极的特点甚至是"弱点"，只要用得是地方，能对行为产生有益的结果，就是一种天赋才能。像销售大师或辩护律师，在强大的阻力面前仍能坚持己见，就是一种特殊才干。

不同的人在面对相同的情形时，可能会采用截然不同的方式来应对外部世界发生的各类事件。这种贯穿一生而与众不同的个性，不仅会影响人们的日常生活，对职业生涯与发展，同样是至关重要的。

每天，人们在工作中都要做出许多决定，而天赋决定了整个过程。如每个人每天都拥有 24 小时，不同时间段的工作潜力和能量是大不相同的，这就需要将 24 小时在不同复杂程度的事件处理中加以优化配置。面对一大堆工作，是先处理驾轻就熟的工作，还是优先解决需要花费很多时间的难题？再如，面对他人的质问，你会立刻打断他的发言，奋起自我辩护，还是会让他一吐为快，再逐一反击？人们无暇对每个细小的决定都予以理性思考，不得不对此做出下意识反应。久而久之，在面对相同的情形时，大脑会顺其自然地做出合理的应对，这就是运用天赋，快速找到最快最好的问题解决的方式和路径。

在缺乏必需才干的情况下，重复学习有很大隐患，一个人很可能在取得任何真正进步之前就面临崩溃。只有在真正了解自身具有的天赋才干后，才能通过长期地发掘培育和发扬光大，将其蜕变为自身的一种优势。

（三）了解自己的天赋和优势

天赋并非能力惊才绝艳，如果总能发现别人身上的优点，总是擅长安排好时间、完善制订好年度计划等，都是天赋的体现。当这些天赋被高效使用时，就能获取积极的成果和回报。天赋存在的意义是较快地构建自身的优势，并达成既定的目标。如何找到自己的天赋（潜能），并把它发展为自己的优势能力呢？

天赋是怎么来的呢？大家都认为天赋来自遗传，但这只是正确答案的一半，另一半则是早期的形成。天赋只是一种潜力，优势才是一种能力。遗传是指的基因遗传，据科学家的考证，天赋的形成是 16 岁之前通过与外界的不断交互，使大脑的某些突触链接被持续的强化和刺激，从而变得越来越强。16 岁以后的变化和影响就极为有限了。

（1）天赋是一种还未被唤醒的潜在力量。假如一个人有演讲的热情和潜力，但却从来没有真正做过公众演讲，周围的人也不会觉得他演讲能力很强。这只能说一个人具备演讲的潜力，而非真正的优势能力。例如，某位财经类专业学生毕业后到银行工作，每日工作首先从清点钞票开始，就发现他清点钞票的速度和准确度比同时来的其他人员，甚至比老职员都要快得多，这就是一种天赋。

（2）优势是积极表现背后隐含的，并被他人认可的某种稳定的能力。当我们说某个人在写作方面具备优势时，说明他在这方面已取得较多成果。如写作比赛获奖，作品得到周围人的认可，或者发表文章有很大阅读量和影响力，都说明他已具备取得写作成果的能力。

（3）从天赋到优势之间的差距是投入，即在实践练习、技能培养和扩充知识方面花费的时间与精力。形象的比喻是，天赋是种子，优势是结果。没有种子无法长成参天大树；没有阳光雨露的滋润和灌溉，只有种子最终也无法枝繁叶茂。如全红婵在跳水方面的优势是先天赋予，无人能及，但要真正在大赛中取得好成绩，同每日持续不懈地苦练技能动作是离不开的。"伤仲永"正是这方面的典型反例。

（4）每个人最大的成长空间在于其优势领域。天赋让人们更有信心、更有机会建立独特乃至傲视群雄的优势。天赋是独特的，优势也是独特的。基于天赋和优势找到的工作与事业，一定是顺应内心也更易于快速便捷地取得成功。曾经有个课题组测试了大约 1 000 名学员，训练精英快速阅读前后的结果，测试内容包含学员的阅读速度和理解能力。没有学习快速阅读前，差的读者、一般读者和优秀读者，每分钟分别阅读百字、二三百字到三五百字。经过 30 多个小时的快速阅读训练后，三类读者每分钟阅读的字数分别增加到三五百字、两三千字甚至是七八千字。这个实验并非百分之百的严谨，但也说明优秀读者即有阅读天赋的人，从专业、强化训练中受益最大，进步也最大。

（四）将天赋转化为优势

1. 发现

首先要发现自己身上独有的天赋之才，并有效地运作它们。我们可能对有些潜能"当局者迷"，为更好地了解自己，可借助熟悉自己的他人来发现自己的潜能。寻找天赋、潜能有个 SIGN 模型：① success——当看到某件事，觉得自己也能做得很好；② instinct——当看到某件新生事物，就迫不及待地想亲身尝试一番；③ grow——发现自己学习某项新鲜事物学得很快；④ need——做完某件事后有强烈的满足感、自豪感和快乐感。要想更好地寻找自己的天赋潜能，就要打开眼界、多尝试、多体验。

2. 融合

发现自己的天赋后，围绕这一天赋之才寻找相应的职业。同时，尽可能把相关特定领域的知识、技能与自身的天赋相结合，构建起自己的独特优势，并获得积极的结果。就像在工作中，只有选择那些更有可能帮助我们发挥天赋的领域，或者是我们更有热情为之坚持努力的领域，才更有机会获得成功。如丁俊晖的天赋在于打台球，但如果丁俊晖放弃了这一行当，而选择其他工作时，这份花钱也买不到的天赋，就只能是英雄无用武之地了。再如，有幅漫画描写猛李逵绣花和林黛玉劈柴。李逵拿着绣花针，大眼瞪小眼，就是难以如愿；林黛玉颤颤巍巍，大板斧举不动也劈不下。这正是天赋资源配置错位的典型事例。

3. 觉察和悦纳

天赋的运作是个持续发展的过程，人们只有不断地觉察，尤其是乐于接纳自己对天赋的运用和运用后的效益，才能达到持续且有效的投入。大家对自己拥有天赋的认知、发现乃至发掘的运作，需要一个长期过程；天赋的运作到最终的发扬光大，也需要一个长期过程。如某人天生就很喜欢小孩子，将同小孩一起玩耍视为自己最为快乐之事，去幼儿园当个孩子王，是个很好的职业选择；如看到小孩子的哭闹就厌恶反感，对此束手无措，或者只喜欢自己的孩子，却无法对他人的孩子也保持同样的态度，去幼儿园工作就不是合理的选择了。

4. 强化

即结合自己的知识和技能，广泛获得支持，持续地向外获得反馈，向内自我反思，始终如一地打造自己的优势，最终取得积极的成果。天赋能帮助个人快速成长，这一过程中需要两个要素：一是能力天赋，又称为潜力；二是意愿天赋，即努力程度，是由性格、动机、价值观等决定。一个天生有同理心的人能很好地与他人沟通，但如他不喜欢与别人沟通，也没有动力开发自己的沟通能力，就难以比一般人成长得更快。如丁俊晖对打台球拥有天赋，但如果没有后天持续不懈的刻苦努力、顽强拼搏等，同样无法进入世界冠军的行列。

六、工作优势与劣势

（一）工作优势

（1）考虑各种事项能做到周到细致，且能集中注意力深入某个问题或观点。

（2）渴望打破常规思考，并考虑新情况的可能发生。

（3）积极投身于自己信仰的事业，为之辛苦操劳也在所不惜。

（4）必要时单个人也能很好地独立开展工作。

（5）对收集各类需要的信息，有一种天生的好奇与技巧。

（6）能统观全局并看到意识与行为之间的紧密联系。

（7）能细致深入地洞察自己与别人的需要与动机。

（8）适应能力强，能很快改变自己的做事速度及目标。

（9）在一对一的基础上，能很好地与同事一起工作。

（二）工作劣势

（1）必须把握既定方案和计划的继续进行，否则可能会对此失去兴趣。

（2）日常工作有变得无秩序性的倾向，很难区分和把握当前亟待处理和可缓后处理的事项。

（3）不愿违背自己的内心，去做某些与自己价值观相冲突的工作。

（4）讨厌以传统的或惯常的方式行事，喜欢别开生面，弄出新章程。

（5）天生的理想主义，使自己在现实生活中得不到应有的期望和认同。

（6）很难在竞争激烈、气氛紧张的环境中一直工作下去。

（7）不愿惩戒直接肇事者，不愿批评别人。

第二节 自我属性

在计划经济时代里，"一切听从党召唤"是当时的经典语录和行动指南，个人的自由选择很少。在今天的市场经济体制下，一切都发生了较大变革。

一、个人经济属性的重大变化

（一）个人作为经济主体的四大属性

个人职业生涯规划的推出，依存于私有财产制度完善的市场经济和成熟的金融环境，依存于公众中蕴含的个人主体意识、浓郁价值观念和知识技能。个人的经济属性及在国民经济生活中可以发挥的地位功用，在今日的市场经济时代已经发生了重大变化。具体表现为今天的个人，以如下4种身份出现于经济社会生活之中，并由此发挥4个功用。

（1）个人作为劳动者，运用其拥有的劳动力资源，或从事社会化的职业劳动，或以个体经营劳动、自由职业者的形式为社会创造财富，自己也从中得到相应的报酬收益。

（2）个人作为消费者，通过对其拥有生活资料的消费运用来实现生活消费，组织个人劳动力的再生产，并为物质资料的生产提供生产的对象、动力和内容。

（3）个人作为投资者，运用拥有的各种财力资源，投资办企业、办公司，参与股票债券投资，已成为国民经济生活的一种新的动向和主体力量。个人拥有的经济资源已有相当部分用于生产经营、实业投资和证券投资，以增进家庭对财富的拥有和积累。前者是用劳动力赚钱，后者则是用钱来赚钱。

（4）个人作为经营者，是运用自己的经营能力和才干，对自身拥有的人力、财力、物力及其他资源，通过自主运营、配置、抉择与运用耗费等手段，优化配备与完善运用，组织营运核算，以取得最大的经济效益。如个人拥有人身和劳动力资源的妥善配置，生活消费资料的完好运用，钱财投资的状况及效益如何，都需要在经营、谋划决策上下大功夫。经营功能既体现为家庭成员的经济属性——劳动者、消费者和投资者之间，又对家庭资源配置效率及效益的高低和强弱等，起到关键性功用。

个人在经济运行中的角色转换和身份变更，只是个人运用自己拥有资源从事不同经济活动的表现。个人作为经营者，既有对自己大脑的经营筹划，也即人生的演变历程应如何在既定轨道上健康顺利发展；也有对自己拥有并运用的各类劳动、消费的物质性资源的经营筹划，以使在同等资源约束和配置安排下，得到更多的经济效益和非经济效用。

（二）个人作为经济主体的意义

在市场经济条件下，公民个人已具有经营、消费、劳动、投资等各种经济身份和权利，从而将其具体区分为劳动者个人、消费者个人、投资者个人和经营者个人。个人经济属性及在国民经济生活中地位功用的变化，标志着个人经济职能功用发挥等，已发生显著改变。个人享有经济权利及为此承担的经济义务和责任等，也随之大为增多。从理性上看，个人从事经济行为的目的，已从工资收入最大化、消费效用最大化、投资收益最大化等，转而追求个人效用的长期持续稳定的最大化。

个人以经营者和投资者的身份出面，不仅表现于个体工商户、农户、私营企业的生产经营活动与管理之中，还表现于城市职工参与股票、债券投资及其他各类事项的投资。即个人将自身拥有的各类人力、物力和财力资源，按照利益最大化原则向各方面事项的有机配置。更重要的是，它还表现为经济主体权利资格的取得和利益机制的运用。

在个人多身份的职业分工定位和角色运作中，劳动投入得到工资报酬，资本投入得到投资利润，自身人力资本的投入则应享有剩余索取权，经营资本的投入则应获取企业家才能。这是对个人应得权益的维护与尊重。

个人经济利益独立，并通过利益调适对其参与各种经济行为的最终结果全面负责，是个人参与经济行为的直接动力。从"经济人"的角度衡量时，经济主体必然是自身利益最大化的追求者。人们从事经济活动的目的，就是谋求自身利益的最大化，绝不可能存在没有自身经济利益或不以利益最大化为市场活动最终目标的经济主体。

随着以上因素的转型与转变，个人不仅担负传统的劳动者和消费者的角色，还担当了以往不曾具备的投资者和经营者的角色。即使劳动者和消费者的角色依旧，其实质内容也有较大不同，是遵循个人效用最大化的原则，服务于各个工作岗位和部门，自主选择就业形式，自主安排个人家庭的生活用费，自主配置自己拥有的劳动力资源和物质财产，以满足自身的多方面需要。这同计划经济时代的分配制有着本质的区别。

二、职业选择与时代要求

早期封建社会的小农经济发展固化，个人职业选择通常是"工之子恒为工，农之子恒为农"，且是"一次定终身"，中途难有更改。子女的学习、工作、生活、婚嫁、生育等的一切事项，都要听从父母的悉心安排，自己没有任何自主选择和抉择的权利。

在新中国成立初期的计划经济时代，崇尚的是"我是革命一块砖，东南西北任党搬"。个人时时、事事、处处的一切，只能听从国家的计划安排，没有规划自己人生的应有权利和资格，也不必要规划自己的人生。

今天的市场经济时代，是个人重新作为经济运作主体，有权利对自己的人生和命运，按照自己的需要自主安排。个人职业生涯规划重新焕发出巨大的生命力，引起人们的极大关注。

在已经发生重大变化的经济行为面前，公民作为经济主体是否对其应当拥有的权利和义务机制等，有充分的认识与觉醒，并运用好这些权利从事就业、创业、劳动、经营、投资融资、收支消费等种种经济行为，使自身拥有的各种人力、物力、财力资源得到较合理配置，并使其得以保值增值，实现个人利益最大化，值得认真探索。

计划经济与市场经济的个人经济权利的差异，可见表3-2。

表3-2　计划经济与市场经济的个人经济权利的差异

属性	计划经济时代	市场经济时代
劳动者	一切听国家计划安排，个人不能自主就业择业，不能就工资待遇同用人单位讲价钱	劳动者有自主就业、择业、创业的权利，可以同用人单位就职业运作、职业发展、工资报酬等协商谈判
消费者	在短缺经济状态下，居民收入及能购买的消费品有限，资源短缺，受国家计划配给影响较大	居民收入水平提高，市场消费品丰富，可供自主随意选择，消费观念多元化

属性	计划经济时代	市场经济时代
投资者	居民有少量储蓄存款,其他投资形式基本不存在	投资渠道、平台和手段、产品大大增多,居民有权利将拥有钱财物资自主随意予以配置,取得较大投资收益
经营者	有极少量个体工商户,农户有少许自留地	个人有权安排自身拥有的人力、物力、财力资源的自主运营,实现个人经营效用的最大化

三、个人独立自主选择权利

个人能依法成为一个经济主体,必须是市场经济活动中的权利拥有者、自主决策者与利益享有者。市场交易表面上是物与物的交换,究其实质则是交易双方将其拥有的交易资格与权利的相互交换,即交易双方对所要交换的物品,拥有明晰和专一的可供自由转让的权利。今日,公众已真正成为经济活动的运行主体并切实地发挥功用,独立承担民事责任,并独立享有民事权利。

可以提出反问的是,若某个经济组织或个人若在市场交易活动中,完全缺乏自主决策权,即"自己的脑袋不能由自己把握","自己的钱袋不能由自己支配",不能自主组织生产经营、融资投资、劳动择业、消费选购等活动,那它就只能是其他经济主体的附庸,而非独立的经济主体。

个人职业生涯规划在今日的兴起,是个人依法拥有自己的经济权利,并凭借这种权利自主支配、合理配置自己拥有的人力与物力、财力等经济资源,不必担心任何外来的干预和种种清规戒律的限制。个人有了这种经济权利,才可能在自身及参与社会的各种经济活动中自主决策,实现自己希望达到的结果。

今天的市场经济社会,是个人自主选择并参与个人行为决策的社会,个人享有主体权利资格并充分发挥其作用,是奠定市场经济社会的基石。正如江春教授认为,"个人部门拥有的财产及个人为追求利益最大化或财产增值最大化,进行的财产借贷活动,是市场微观金融活动的源泉,个人部门是市场微观金融活动中的重要主体,个人部门的储蓄、投资或资产选择的活动,构成市场金融活动的重要内容"。

在个人拥有经济自主权利的同时,开始拥有相应独立的利益机制。大家为何热衷于投资理财,正在于参与这一事项给人带来的极大利益。个人拥有金融资产和由此运作获取的收益完全归由自己拥有,对此的支配完全由个人做主。简单而言,就是个人的钱袋鼓起来了,金钱使用由自己把握支配,由此得到的好处归由自己享用。这是与计划经济时代大不相同的。

第三节　自　我　竞　争

竞争是今天谈论得最多的,物竞天择,适者生存,是自然界万物竞争的普遍规律。个人要参与社会竞争,首先面临竞争的意识、勇气、能力、才干的具备问题,即自我竞争。为此,又首先需要谈到个人核心竞争力的打造和运营。

一、个人核心竞争力的含义

（一）竞争

竞争既是一种激励机制，又是一种淘汰机制。竞争有利于发现、造就人才，并择优使用人才。竞争推动了经济的迅猛发展，成为实现政治民主化的前提；竞争还是科学发达、文艺繁荣的温床，并由此产生一种社会标准化效应，推动社会的进步。

竞争的表现形式多种多样，不仅存在于"大鱼吃小鱼，小鱼吃虾米"的自然界，使物种得以进化和发展，也存在于人类社会。从人类社会诞生那天起，每个人都希望能出人头地，谋取自身的顺利生存和较快发展，但社会拥有的资源总是有限的，故人际之间一直存在竞争。

随着社会生产力水平的提高，人们对竞争的认知在不断提升。从自然界的"物竞天择、适者生存"到当代人类社会倡导的"文明竞争、理性竞争、秩序竞争、合作竞争"，人们越来越坦然地接受了社会竞争的残酷性和必然性，并促使人类社会形成了许多竞争的规则。故此，人类社会史又是一部残酷的竞争史，并由此推动社会的前进。国家之间因资源占有与掠夺而带来的竞争乃至对抗，以及由此而来的残酷战争，基本缘由正在于此。

（二）个人核心竞争力的提出

今天的社会是一个激烈竞争的社会，万事万物无不处于激烈的竞争之中，大家都期望在这种激烈竞争中崭露头角乃至出人头地，并永远立于不败之地，获取最后的胜利，就必须要有可赖以稳操胜券的竞争的资本，即凭借什么资格、资源、资本和别人展开这种竞争。

一个个人、单位、团体乃至地区、国家，能够在社会中顺利生存，并实现较快发展的重要缘由之一，就在于个人、单位、团体甚至是地区或国家，是否拥有某种相当雄厚或最好是独特的，为其他个人、单位、团体、地区、国家等不大具备，但对社会又是很重要的特色优势资源。拥有了这种别人很希望得到但又没有的资源，就能够在社会资源的优化配置与等价交换中具有特别的优势，并由此而走在时代的前列。这种特别优势正可以称为个人、单位、团体乃至地区和国家所拥有的核心竞争力。

一个国家要想在国际政治舞台中拥有较强的话语权，至少是重要的一席之地，必须拥有国家的核心竞争力；一个企业、单位要想在市场经济的大潮中站稳脚跟并得到较快发展，必须拥有企业、单位的核心竞争力；一个人要想在优胜劣汰的社会和职场上顺利生存并有所发展，也必须拥有个人核心竞争力。在职业生涯的设定和规划中，应该首先发掘自己的优势，并以此为基础形成自己的核心竞争力。谁能在竞争中找到适合自己发展且别人不易模仿的实力，谁就是竞争的最后胜利者。

（三）个人核心竞争力的含义

个人核心竞争力是指某个人特别具备而其他人无从模仿的，据以应对外部社会激烈的变革与竞争，并取胜于竞争对手的能力。核心竞争力不易被竞争对手模仿，且为一个人所独有，如其他人也有这种本领且更高强，它就不再是核心竞争力。大家都拥有该项资源，但有人在其间做得最好、最大、最强，优势发挥得最为突出，也即人无我有，人有我多，人多我精，人精我优。简单而言，每个人都明白自己有什么东西值得朋友、同事、上级领导等称道，这个"东西"就是核心竞争力。

个人是否拥有核心竞争力，首先需要观测是否拥有某种特殊的资源、实力或资本与其他人展开竞争。一切人和事物都在不断发展变化之中，今天在做技术，明天有可能从头开始要学做销售或管理。个人要在社会中顺利生存并期望有较好的发展，应根据职业和事业活动的特点，充分运用自己拥有的各项资源，找准自己在社会中的职业定位，并根据该定位对自己特别要求，探查自身拥有各类资源的状况及对资源需求状况的差异，随时予以拾遗补缺。

个人具有的核心竞争力体现在以下各个方面：①对某项技能（泛指覆盖于生产运作、生活消费、体育、文艺、机械操作等各种层面的某一种专业技能）的精准把握、运用发挥，乃至走在全国或世界的前列；②对某个地区拥有核心竞争优势的发掘并发扬光大，经济社会发展的抓手寻找，对该地区未来经济社会发展的大趋势和存在问题的综合判断与精准把握；③对国家乃至天下大事的深刻洞察、独到思想或见解、精准到位的分析判断等。

（四）今天为何要关注个人核心竞争力

个人对自己拥有的特色优势资源是什么，是否具备核心竞争力，一般不大关注。但个人所处行业不分优劣、职业不分高低、工作不分好坏。只要是有心人，能在本职工作中潜心工作，努力摸索十年八年，最终都会形成自己的核心竞争力。最终目的是增强个人在单位和社会中的竞争优势和独特地位，成为该领域的排头兵，使得别人无法取代。

核心竞争力的存在并发挥功用，在今日的社会中诚然非常重要，却又为大家论之甚少。如该项资源能否在社会具有相当特色和优势，拥有某种新型资源并不为大家关注。缘由包括：运作营销力度不足，或过于超前，或同现实社会脱节过大，或该项资源已经明显过时，不具有任何市场等。

今天为什么要关注个人的核心竞争力？例如，20世纪的六七十年代，大家吃饭仅是为着填饱肚子，并将此视为生活的基本目标；到了八九十年代，大家讲求吃饱穿暖；到了21世纪初期，大家讲求饮食营养与体质健康；今天大家在此基础上还要讲究特色和风味。

自己拥有具备强烈竞争优势的特色资源，且该项资源对自己事业经营十分重要，能在当今社会里发挥最大的价值和效用，是否就一切万事大吉了呢？当然不是。"好酒也怕巷子深"。还需要对该资源进行优化配置与推介宣传、营销运作、合理整合，简单而言，就是下一章谈到的"自我经营"。

二、个人核心竞争力的内容

（一）个人拥有资源解读

核心竞争力和个人拥有资源的状况及资源运作的成效有紧密关联。个人期望提升自己的核心竞争力，首先就需要"清仓查库"，即检查盘点自己拥有的各项资源，尤其是其中的特色优势资源的状况、结构和运作功效等，并努力经营好这些资源，以求得最大限度的价值实现。通俗地说，就是将自己的劳动力商品在今天的市场经济社会里出售个"好价钱"。

人们拥有的各项资源可如下所述。

（1）实物资源。个人拥有的生活器具、住房、家用电器设备、车辆、林木、宅基地等实物形态的资源。

（2）货币资源。个人拥有的储蓄存款、股票债券、期货基金、还本寿险产品等货币金融资产，实物资源和货币资源都可以称为身外之物。

（3）知识资源。个人超高的教育经历、专业文化知识水平、文化素养等知识资源。

（4）生理资源。个人的年龄、性别、体力、精力、魅力、容貌、身高、身心健康状态等，为身内之物的生理资源。

（5）人际关系资源。个人家庭拥有的各种可资联络、援引的人际关系，或者强大的人际交往沟通的能力等。

（6）能力资源。个人为人处世的风格、能力才干，对外界所表现出来的人格魅力和威信；个人具有的为普通人所不具备的特殊经历，特别是掌握周围人不具备的相关特长、能力。

（7）社会资源。个人家庭居处的地域环境，如一线大城市、二三线城市、市郊、边远落后地域的乡村等；个人所属的社会阶层等；个人的职业、职务、职称等社会经济资源。

个人拥有的各种资源应当构成一个有机整体，并围绕自己既定的人生目标，保持一种合理的内容结构和体系格局。这就需要了解自己拥有资源的总况，如自身的知识结构、精神面貌、身体康健、创新意识、交往能力等，这些资源具备何种特点，可发挥的特长如何，哪些资源为自己特别拥有，或者自己对此方面的事项是否做得最好等。

（二）个人核心竞争力的具体内容

按照一般状况的认知，个人的核心竞争力，具体包括语言表达能力、信息处理能力、协调解决问题能力、组织管理能力、领导能力、公众演说能力等众多方面，具体包括以下内容。

（1）学习力：是个人学习态度、学习能力和终身学习状况的总和，可动态衡量人才质量的高低。学习还包括个人离开学校后的继续学习，如学习时间安排、学习方法运用、学习内容选取等。尤其是所学知识用于社会经济生活实践，知识资源转化为知识资本，以获取和保持持续竞争的优势。

（2）实践能力：即动手操作能力、干实事大事的能力，是已确定任务的完成能力、已规划目标的实现能力。再如发现问题、提出问题、研究问题、解决问题的能力等，俗话说的真功夫和真本事。

（3）创新能力：是指能创造性地提出他人没有做到的某种设想、理念，某种设计和产品，某种商业运行模式等。

（4）目标动力：即个人坚定理想信念、明确奋斗目标，是个人拥有学习能力、实践能力、创新能力的动力源。

（5）天赋力：充分运用自己拥有的先天禀赋，积极发挥出来的某种特色能力，就是天赋力。

（6）自制力：是指能完全自觉、灵活控制自己的情绪，较好地调节、支配自己的思想和行为的能力。

个人能力还包括语言表达能力、信息处理能力、解决问题能力、人际交往能力、组织管理能力、领导能力和公众演说能力等。个人较好适应社会和顺利生存于社会的能力，个人创造创新和发展的能力等，都是个人在社会中安家立命且不可复制的资本。

三、个人核心竞争力的提升

核心竞争力与职业生涯的定位、资源和行动的三大要素间的关系是：人生定位是否准确，直接制约个人核心竞争力的发展；拥有特色资源越丰富，可体现的个人核心竞争能力就越强；只有持续采取各类行动，才能提升个人核心竞争力。如人生定位不准确，资源与能力被白白浪费掉，据此组织的行动也是徒劳无益。资源与能力是实现人生定位的基础与前提，足以制约自我的行动力；行动能帮助个人获得资源、提升能力，是实现人生定位的强大推动力。没有相关的行动，定位再准确，资源拥有再多，能力再强大，也是徒劳无功的。

每个人拥有知识及运用知识的能力，是个人最有价值的资产。当一个人学会了如何整合自己的独特资源，使其效用发挥达到最大化，就拥有了核心竞争力。发掘核心竞争力，就是借此能最大限度地发挥该特色资源的突出优势，放大自己的影响力。尽管大部分人都是普通一员，一旦能把握好以下事项，就能最大限度地发挥自己的优势。具体做法如下。

（1）准确的人生定位。人生定位的六大策略包括：①价值观导向；②兴趣与天赋相结合；③市场细分；④差异化（个性化）；⑤数一数二；⑥终点思考。具体事项后文将谈及，不再赘述。

（2）强化知识储备。知识储备是指个人所掌握的知识和信息总量，所达到的学历水平。扩大知识储备的方法很多，资讯每日都在更新，要与时俱进，养成持续的学习能力，努力不懈地学习，随时更新大脑知识，让自己的能力变得更强，进步更快。

（3）扩大人脉资源。人脉即个人拥有的各种人际关系，如确认人脉资源，有效管理时间；随身携带名片结交新朋友并持续交往；建立守信用形象，增加自己被利用的价值；学习关怀别人，把握帮助别人的机会，成就乐于与他人分享。

（4）超强执行力。在自我思考和自我超越的基础上，把个人既定规划目标转化为效益、成果的行动。打造核心竞争力，目的是增强让别人无法取代的竞争优势，以成就自身的职业生涯。个人一旦具有强大的执行力，在面对职场裁员和各类职业危机时，就拥有主动选择或"择良木而栖"的资本，职业生涯不会因此发生重大危机。

（5）成为所在领域的专家。目前的工作可能普通，但要眼光长远，想办法成为各领域的专家。目的达到后，金钱、事业只会越来越多越好。如相比对手更具职场竞争的优势，可通过个人占有资源来体现，不仅是财力占有，而是更深层次的智力资源、情商资源或知识资源、工作经验、市场感觉等能力资源的占有。必要时还可以提升自己跨领域的知识技能。

（6）专注自省、持之以恒。做事需要有所为有所不为，目标不要太多，重点打磨两三个就可以了。免得想做的事太多，每件事都无法做好。在打造自己优势特色竞争力的道路上，需要持之以恒和随时反省，不断完善自我目标。

（7）由被动竞争转向主动竞争。要在竞争中赢得先机，就必须将适应环境为主的被动竞争，转换为主动预测环境变化，积极应变，提前采取措施。

（8）适应环境变化。不同环境会使个人的人生定位、资源与能力、行动与执行力有所不同。但主要还是取决于个人的心态环境。顺境可使人激情奋斗，也可使人沉沦享乐；逆境会使人一蹶不振或激发人的自强不息。

本章小结

1. 每个人在面临职业选择时，首先而且必须要做的事情就是认识自己，这样才能正确地树立自己的职业目标，事半功倍。如个人的兴趣爱好、品质个性、动机、能力及自己的优势和不足等，都需要认真思考和梳理。

2. 自我认知是职业生涯规划的开端，是大学生个体对自我职业定位策划的重要手段，包括影响职业生涯的个人气质、性格、能力、职业兴趣、价值观等内容。

3. 个人职业生涯规划的推出，依存于私有财产制度完善的市场经济和成熟的金融环境，依存于公众中蕴含的个人主体意识、浓郁价值观念和知识技能。

4. 个人作为经营者，运用自己的经营能力和才干，对自身拥有的人力、财力、物力及其他资源，通过自主运营、配置、抉择与运用耗费等给予完好的优化配备与完善运用，组织营运核算，取得最大经济效益。

5. 个人能在社会中顺利生存并实现较快发展的缘由之一，在于他是否拥有某种相当雄厚且独特的，为其他人不大具备，但对社会又是很重要的特色优势资源。借此就能够在社会资源的优化配置与等价交换中具有特别优势，并由此走在时代前列。这种特别优势正是一个人拥有的核心竞争力。

思考题

1. 你如何认知你自己，从不同的视角对自己的各个方面加以分析和评价。

2. 检查你个人所具备的特色优势资源何在，是否能构成你的核心竞争力。

3. 思考"自己的钱袋自己支配""自己的脑袋自己把握""自己的命运自己把握，我命由我不由天"的含义。

练习题

1. 将你对自己的多项认知，明确地写到一个笔记本里，时刻对照检查，分析自己有无进步或落伍。

2. 将你可能拥有的特色优势资源一一分析对照，应如何发扬光大，实现价值运用发挥的最大化。

3. 你的优势和劣势的发掘和具体运作，应是"扬长避短"或是"抑长补短"，结合实例加以说明。

第三章补充资料

第四章

自 我 运 营

（一）本章学习目标

（1）把握：自我管理、自我经营和自我投资等概念的基本含义及提出缘由，以及其基本运作的状况和方法。

（2）理解：成功者必具的要素；自我激励、自我约束、自我控制等概念的认知和明晰。

（3）了解：自我管理、自我投资、自我经营的能力等，都涵盖哪些内容，如何培养和提升这些方面的能力。

（二）教学重点与难点

（1）教学重点：自我管理、自我经营和自我投资等基本概念的认知与理解。

（2）教学难点：自我管理、自我经营和自我投资的具体运作，相关理论与现实社会和个人职业生涯规划实践的结合。

职业生涯规划不仅需要考虑明晰自我，对自身拥有的优势特色资源清仓查库，还需要考虑如何实现自我运营，以使有限的资源结合社会发展的需要发挥出最大的效用。在今天的市场经济条件下，包括自我管理（self-management）、自我经营和自我投资在内的自我运营，必须提上个人职业生涯规划运作的议事日程，并给予特别的关注。

第一节　自 我 管 理

管理无处不在，无时不有。大到国家，中到城市，小到企业、家庭都离不开管理活动。具体到个人，也需要有自我管理。自我管理建立在自我认知基础之上，包括自我激励、自我约束、自我组织、自我完善、自我评估、自我控制等系列事项。

一、自我管理的含义

大学时代是年轻人学知识、长才干的重要阶段，又是学会为人处世、人生成长的重要阶段，要想在大学期间和毕业后的社会工作中有所成就，就需要对自己的校园生活和学习有前瞻的人生规划和有效的自我管理，为未来的职业生活打好基础。这不仅对大学生自身的发展有积极影响，也是高校面临的重大问题。

（一）什么是自我管理

"管理他人之前，必先懂得管理自己"，学会并实现由内而外即由自身而外界的管理，才是最好的管理。

自我管理是个人主动调节自己的心理与行为，以实现人生目标、思想、心理和行为表现等的管理。自我管理又是指人们按照社会对人才培养目标和成人社会的行事规则，依靠个人的主观能动性，有意识、有目的地对自己的思想认知、行为予以控制的行为。自我管理能力则是受教育者依靠主观能动性，按照社会目标，有意识、有目的地对自己的思想、行为进行转化控制的能力。

自我管理又是意志力水平的体现，控制自己的欲望，具备遵从规范的能力，识大体、严格律己，善于采纳社会公认的标准，规范自己的行为。自己既是管理者，又是被管理者，管理的首要任务是与他人工作、生活在一起。自我管理能力强的人，在团队中往往是受欢迎的人。如能实现自我目标并将其排列优先顺序，就可以将自己的思想感受和意志力充分发挥出来，保持最佳工作状况并求得顺利发展。

没有人愿意独立于世，人们以各种方式参与自我管理，并为之投入心力，也会影响到身边的人。只求自己发展而不顾他人，甚或踩在他人头顶使得自己更好发展，这是不可取的；将注意力只放在自己身上，而不顾及他人者，则是自我的纵容或过度自恋。

（二）为什么要有自我管理

今天生活的时代，充满前所未有的成功机会。作为一个具有雄心壮志、期盼成功的人士，不管是从何处起步，都不妨了解自我管理的重要。当身处事业的巅峰时，再回首当年，会发现在前进的道路上，自我管理扮演着不可或缺的角色。李嘉诚曾说过，要做一个成功的管理者，首先要明了何谓自我管理。自我管理能激发人们的工作积极性，改进工作满意度，提高工作效率，借此对自己的工作有更多的控制权，并担负更多的责任。

每个人的心目中都有个"现实我"和"理想我"，了解前者并接受和悦纳它，就会认可自己，并抓住机遇尽早地实现后者。否则就无法正确评价自己，如对自己的现状处处不满、对他人的累累排斥，乃至行为处事中存在的种种心理障碍等，使两者间出现巨大差距。

爱默生说："你怎样思想，就有怎样的生活。"个人要发展自己，首先需要管好自己，只有良好的自我管理和运作，才能保证顺利发展，并在激烈的竞争中具有不可超越的优势。

（三）自我管理的价值

态度决定一切。一个人怎样对待人生，人生就会怎样对待他。人的最大敌人是自己。每个人都想成功，个人取得成功的前提之一，是在充满诱惑的社会中管好自己。自我管理就是对自己的目标、时间、健康、金钱、情绪、学习、习惯、语言、行为等种种事项的管理，管好自己，约束自己，激励自己，最终实现既定目标。很多人虽然整日勤奋努力，渴望实现既定目标，但因缺乏生涯规划和自我管理意识，总是付出很多却收获很少。

人是身处社会群居的动物，并不期望在繁闹的社会里自我孤独地生活，人际关系的自我调节十分重要。人不同于自然界的其他生物，是人有思维、有主观能动性。人们通过自我管理对所采取的行为、手段及结果，做出理性的分析和判断，然后发挥自己更大的潜能、热情和积极性。俗话说"物以类聚"，优秀的人会跟优秀的人相处，相互学习、检视和帮助，有益于互相学习与共同成长。

在生活中想要成为一个怎样的人，要通过自我管理树立目标，对自己产生更大的激励效应，并贯穿于生活的整个环节。拿破仑、达芬奇、莫扎特等历史伟人，有异于常人的天资，且天生就能自我管理，最终取得不同于常人的非凡成就。不论是身处事业发展的高潮还是低谷，我们都必须学会自我管理，才能取得成功。看到期望的结果，会产生更多的满足和自豪感，以后生活中会有更大的热情和信心迎接更多的挑战。

二、自我管理的方法

（一）日常行为管理和个人心理素质的管理

自我管理分为日常行为管理和心理素质管理两部分。

（1）日常行为管理是合理安排好生活和工作，不会任性妄为，否则会导致工作、生活一团糟。

把日常生活和工作事项列出清单，生活清单可事先在头脑中列好，知道自己下一步要做什么，有计划地过日子会使得生活更有趣味。日常需要处理的工作事情较多，全装进脑子里会比较凌乱，可写出工作清单或工作列表，在工作时处理完一件事，再进入另一件事的时候，能迅速找到目标，避免丢三落四的情况发生。

（2）心理素质管理是对生活、工作有乐观、积极向上的态度。遇到事情少抱怨，对现状不满意时就努力去改进它，而非一味地抱怨。抱怨是一种负能量，并不会改变糟糕处境。

再如接到一项任务时，首先把该项任务理解透彻，思考每个步骤是否合理，搞清楚这样做会达到何种结果及结果的优劣，做这件事对公司、个人的意义何在，深刻理解其中的价值。同时，与这项任务的相关者做好沟通，多向优秀的人请教。

（二）变自我管理的"条件导向"为"目标导向"

在自我管理时，每个人既是问题的提出者，又是问题的解决者。每当问题出现时，首先想到的是"怎样才能妥善解决问题"，而非逃避问题。这里有"条件导向"和"目标导向"两种工作导向。条件导向即根据现有条件来决定自己的工作，决定完成怎样的任务、实现怎样的目标；目标导向即首先确立较高的目标，不管面临何种问题和困难，都绝不后退，有"一定要达成"的决心。

目标导向是由强烈动机产生的，它强调达成任何一个目标都必须通过目标导向。坚持条件导向的员工，在各项条件不具备时，会轻易放弃任务。但目标导向的员工不管遇到任何困难，都有"不完成任务决不罢休"的信心和决心。事在人为，事情是人做出来的，不是被规划和安排出来的。努力的目的就是把一切看起来不大可能的事情，最终变得可能。将条件导向改为目标导向时，就有了不懈的斗志和迎难而上的勇气。

如成功人士和普通人的差距，就在于前者总是在自我创造行动的条件；普通人则总是在等待各方面条件的具备完善。前者基于目标而勇于行动，普通人则热衷于完善所有条件后才行动。普通人往往几十年待在某个岗位上默默努力，等待有一天得到领导赏识，升职加薪；成功人士则是主动出击，没有条件就自己创造条件，没有需求就自己创造需求。成功人士始终在寻找 51%会赢的机会，并努力让它接近 100%；普通人很多时候都在做接近 100%会输的事，却始终相信自己有一天会赢。或者是，某件事情成功的把握不足 50%时，成功人士很希望一试，普通人则是不看到有 90%的成功希望时，是坚决不会插手该事项，这就无形中浪费了众多发展的机会。

三、自我管理能力的培育

每个人都渴望看到自身的事业成功，可真正能获得成功者总是少数。其实，常常被忽视的自我管理能力的强弱或优劣，制约了自身的成功。现代戏剧之父易卜生告诫后人：你的最大责任就是把自己这块材料铸造成器。每个人都应该学会把自己造就为成功的人。为此，就必须注重提升以下各项自我管理的能力。

（一）自我反省能力

反省是成功的加速器，只有经常反省自己，理性认识自己，不断完善自己，祛除心中杂念，才能对事物有清晰的判断，随时提醒自己改正过失。人只有全面反省自己，才能真正认识自己并付出相应的行动。每日反省自己不可或缺，不断检查自己行为的不足，及时反思失误的原因，就一定能不断地完善自我。

当在择业中遇到困难和挫折时，找个自己能接受的理由，促成心态平衡，把成功归因于客观条件和现实，有勇气承认和接受现实，缓解心理矛盾而产生的悲观、失望等负面情绪，努力恢复自信。消除负面情绪的最简单方法，就是向亲友、老师和顾问进行情绪的有效释放和宣泄，既能获得更多的情感支持和理解，又能正确理解和解决问题的新思路，增强战胜困难的信心。

（二）自我心智调适能力

每个人都有自己的心智模式，但各人的心智都会存有某种障碍或偏见。主观偏见是禁锢心灵的罪魁祸首，人的见识、行为总是受制于它。心智模式是人们在成长的过程中受环境、教育、经历的影响，而逐渐形成的一套思维和行为模式。要善于突破自我，善于审视自我心智，善于塑造正确的心智模式。

思考出现负面情绪的原因，再找到排解的方法，如听音乐、去户外运动、找人倾诉、转移注意力等，放松自己的心情。做自己喜欢做的事情，不要在意别人的看法，不过分计较名利，遇事少抱怨，多发现别人的长处，学会反思自己，换个角度思考，或许是另一种心情。如面对择业中的心理矛盾，完成心理整合的关键，就在于调整心态，疏导不良情绪，促进人格完善，以沉着冷静的心态面对择业和职业发展事项。

（三）自我形象管理能力

每个人都具有多种角色，夹插于上级、同级、部属、客户乃至家庭个人之间。若无一套正确的认知定位的能力，往往会落到"上下难做人、里外不是人"的地步。正确认知自己的角色，是走向成功的重要环节。作为社会人士，身上会吸引众多的目光，为此自我形象的改善管理就很重要。人需要适应社会对商务礼仪的要求，懂得得体的着装，到位的妆容打扮，会让自己更有魅力。加强自身的形象和修养，注重言谈举止等的改善，是每个人都应该重视的。

再者，人们看人首先是看人的外在，然后再逐步了解其内在的实质内容。能给别人第一眼留个好印象，自然是很好的。如选择服装也是对自己的一种投资，在购买服装鞋帽时，注意选择质地较好、价格不妨稍昂贵的，衣服可以少买，但质地一定要好。

（四）自我行为激励能力

每个人的心里都隐藏着一种神秘有趣的力量，就是健康的心理并善于自我激励。自我激励是个人事业成功的推动力，实质是个人把握自己命运。人的一切行为都因激励而产生，善于自我激励的人，会不断地借此使自己永葆前进的动力。如走自己的路，选择哪些别人还没走过的路，勇于做哪些别人做不好的事，只有与众不同才能出类拔萃。

牢记"适者生存、优胜劣汰"的自然法则，永远对成功保持饥饿感和口渴感，今天也没有过时。养成勤奋、勇敢、吃苦耐劳的习惯，用比别人更严格的标准要求自己。树立"行动第一"的理念，勇敢地迎接变化，努力改变命运的不公。需求和正激励是心理潜能形成的动机因素，负激励有负面影响，但对于个性很强的主体来说，更能起到动机的作用。

自我管理可提高自我激励能力，对工作产生强大的内驱力。有时日常工作可能经常处于紧张状态，但"张弛有度"的节奏，才有持续竞争力。成功的自我管理可激发潜能，使人们身心愉悦地主动开展工作并完成工作。通过自我管理保持正确的心态，本着按时、保质完成任务的目标，积极规划工作，包括时间进度安排、节奏控制和次序调整等。

（五）自我行为约束能力

只有实践锻炼才能真正获得自制力，只有依靠惯性和反复训练，才可能实现自我完全控制。从训练意志而言，自制力培养就是形成一种良好习惯。马克·吐温如此解释如何做到克己自制："关键在于每天做一点自己心里并不愿意做的事情，这样，你便不会为那些真正需要你完成的义务感到痛苦，这是养成自觉习惯的黄金定律。"

释迦牟尼说过："降伏百万大军并不伟大，降伏自己才是世界上最伟大的。"事实证明，个人成功不是击败别人，而是改变自己。当遇到无法改变的事情时，只要学会先改变自己，就会发现许多事没有想象得那么复杂，很多问题会因个人改变而迎刃而解。有人说"改变自己是神，改变别人是神经病"，缘由在于自我改变比改变别人容易得多。学会自律才能变成自己想要的样子，生活中唯有自律，才是解决人生问题的重要手段。自律可以助人走出迷茫、获得成功。强大自己的最好方法，就是个人的高度自律。

只有找到未来的目标才有压力，并由压力而产生动力，才能不知不觉地约束好自己。确定好目标，多问几个为什么，多想为什么希望事业成功，成功有什么好处，对培养"克己自制"的品质至关重要。可从每天强迫做自己不喜欢或原本认为做不好的事情开始，开发更强的意志力和自制力。

（六）自我意志管理能力

个体意志力为心理潜能的形成和开发，提供强大的动力基础。良好的自我调控能力，是心理潜能形成的必要条件。在个人一生的不断发展中，自我意识起着教育导向和监督控制的作用。如微笑面对生活，树立快乐工作的理念；如克服困难的过程中砥砺自我、不断超越自我；如拥有坚定的信念，绝不轻言放弃，不达目的誓不罢休；如学会拒绝诱惑，把大部分精力用在适合自己的领域；如善于把握机遇，学会忍耐和坚持，在孤独的时候忍耐，在迷茫的时候坚持，在困厄的日子里善待自己，在黑暗的深夜为自己点亮一盏心灯。

个性作为一种潜质，在心理潜能形成过程中起着重要的作用。性格、气质是个性中的稳定因素，对大学生的职业选择乃至事业成功，持续发挥着作用。在个人心理潜能的形成过程中，坚定信念起着类似"精神支柱"的作用。

（七）自我行为管理能力

根据社会伦理和组织行为规范，个人行为有正确和错误之分。人的职业行为，就是坚守正确的行事规范，摒弃错误的行事规范。美国著名成功学大师拿破仑·希尔说过，只要我们掌握正确的思想，养成正确的习惯，就可以掌握自己的命运。要做最好的自己，应从养成自我管理的好习惯开始。人们的职业行为应当如何运作，如何管理好自我行为达到职业化的要求，是每个职场人士都应该重视的。只有从小养成良好的工作和学习、生活习惯，坚守职业行为和道德规范，才是个人职业化素质的成熟和表现。

（八）自我心态调整能力

人们在不断认知自我、塑造自我、完善自我的过程中，最大的影响莫过于加强自我心态调整能力，调节自己心态的积极或消极。自我心态管理是个人适时调整自己的心态和行为，以达到实现人生目标、实现优化自我的目的。成功的人擅于自我心态管理，随时调整自我心态，持续保持积极心态。在别人怀疑时依然能坚持不懈，在怀疑自己的时候找到力量，养成正面思维的习惯，善于把握机遇，有积极上进心，做人群中最阳光、积极乐观的那种人。

保持好的心态，必须做到心胸开阔，大肚有容。要有平常心，学会淡泊名利，笑对世间纷纷扰扰、起落沉浮，不管世界多么乱，心中总是气定神闲、稳如泰山。

（九）自我情绪调节能力

每个人在学习、生活、工作中，不免会遭遇各种压力，导致心烦气躁、情绪低落。在成功的道路上，最大的敌人不是缺少机会或资历浅薄，而是缺乏对自我情绪的控制。成功人士要善于自我情绪管理，愤怒时不能遏制自己的火气，使合作者望而却步；消沉时沉迷于自己的萎靡，许多稍纵即逝的机会白白浪费。

"理性情绪疗法"认为，如果一个人能突破非理性的心理定势，坚持理性思维，情绪痛苦就会大幅消除。如把非理性想法变成理性思考，得出更现实的想法和积极情绪，就会减少择业的挫折感，消除非理性信念对情绪的负面影响。情绪升华是负面情绪高水平的宣泄，将其引向对他人和对自己有利的方向。通过参与感兴趣的活动，增强积极情绪的体验，并逐渐升华情绪达到心理平衡。

四、自我激励

（一）拥有希望，你认为自己行你就行

我们常常听过这样一句话：你认为自己行，你就一定能行！自我激励是增强自信心的好办法。亨利·德特丁爵士认为："未来属于那些热爱生活、乐于创造和通过向他人学习来增强自己聪明才智的人。"承认自己做的事是有价值的，会得到社会认可，如此才能产生自信心，做事才会成功。每个人生活在社会里，得到公众的肯定，被社会大家庭所认可，所做事情才是有意义的。

希望是某个人怀抱的美好愿望，盼望获得所希望得到的东西，并相信自己一定能获得它。某个人对自己希望的东西能有意识地做出反应，他的下意识就会主动暗示他，使内在的驱动力产生行动。这就是希望的作用。

每个人都有创造的潜能，不论遇到何种困难或危机，只要冷静、正确地思考，就能产生有效的行动并创造奇迹。应该相信自己的能力，怎样努力，向何处努力，事情就会相应地变成怎样。所以，把"不"字从生活中抹去，从心中铲除，谈话中不提它，想法中排除它，态度中去掉它，所谓的不可能最终都可以变为可能。

（二）发挥长处，不纠结缺点

充分发挥自己的优势和长处，而非时时处处耿耿于怀自己的缺陷和不足。任何成功者都不是天生的，其成功缘由就在于努力开发自己的无尽潜能，并使之转化为自己的优势。只有

充分发挥优势才会取得人生的成功。

（三）寻找人生导师，超越自我

有的人会陷入情绪的低落且反复无常，一旦该负面情绪控制了生活，就会感到无所适从，甚至不想再做任何有价值的尝试。人们还习惯把自己和他人做比较，结果会出现一种几乎要发疯的感觉。在现实生活中，如某些时候自己心理不能超脱，遇事更不能自拔，能激励自己的就是内心中的导师了。最佳方式是遵循自己内心的指引和直觉，寻求生命的真谛，得到有价值的信息和帮助，并在更深层次上分享彼此的成长，不断超越自我、挑战自我。

真正成功的人，总能自己解脱自己，自己激励自己。拿破仑·希尔说，人的一切行为都是受自我激励而产生，不断地自我激励，会使你有一种内在的动力朝着期望目标前进，最终达到成功的顶峰。为此，需要询问自己以下问题。

问题1：你能干这份工作吗？或有可能问：你的优势在哪里？（优势何处寻觅）

第一个答案：请举出3个有关态势/行动/成效的例子，说明你在面试官最关心的领域里，具备什么样的优势。

问题2：你热爱这份工作吗？或者你希望具体做什么工作呢？（动机何在）

答案：根据你的价值和喜好做好职业定位，明确你打算申请的岗位。

问题3：我能忍受和你一起共事吗？或有可能问：你属于哪种类型的人员？（匹配度为何）

答案：根据你的价值观及你喜欢与之共事的人，定位你正在面试的组织。

五、自我约束

（一）自我约束的含义

自我约束又称为自律，出自《左传·哀公十六年》，指在无人现场监督时，仍能遵循法纪，约束自己的一言一行。自律还指根据自己的善良意志，遵照道德准则行事，而不受外界约束和情感支配。自我约束并非让大堆规章制度层层束缚自己，而是用自己的行动创造井然的社会秩序，为自己的学习和生活争取更大的自由和自主。

毕达哥拉斯说："不能约束自己的人，不能称为自由的人。"自我约束是一种不可或缺的人格力量，没有自律，一切纪律都会形同虚设。真正的自我约束是信仰觉悟、自省和自警、自爱。它让一个人淡定从容、内心强大，永远充满积极向上的力量。

（二）如何自我约束

纪律和规则在平日工作、学习和生活中不可缺少。如买票要排队，行走马路要遵守交通规则，一举一动受到各种要求和约束，否则任何事情都会变得毫无秩序可言。大学生正处于从学校向社会迈进的重要时期，更有数不清的校园纪律和社会规则，告诉我们该怎么做和不该怎么做。

大学生要提高自身素质，确立自尊自爱、自强自律的意识，并落实到具体的行动上。如对学校、班级和个人有强烈的责任感，正确处理日常学习生活中的人际关系和矛盾冲突；如自觉做好预复习、上课专心听讲、按时完成作业；以学生日常行为守则规范自己的言行举止，做到文明礼貌、爱护公物；衣着简单大方、干净整洁、生活朴素等。

假设总是在被强迫的环境下学习和生活，很难有所进步，应学会自己约束自己，变被动为主动，自觉遵守日常行为规范。加入自律者行列之后，会发现身边的事物、环境大有不同。自律是为目前的学习创造好环境，为今后的工作和生活养成好习惯。它不仅对校园的学习和生活有益，当结束学业生涯走上社会时，还会发现它对今后的社会工作和生活也有很大影响。

（三）自律行动

1. 制订做事的优先顺序，按顺序做事

一个人如果只依照自己的心情和方便行事，率性而为，很难受到别人的尊重。有句话说得好："完成重要任务有两项不可缺少的伙伴：一是计划，二是不大够用的时间。"时间紧凑就要做计划，确知哪些事项最为重要或不大重要，从不重要的事项中抽身而出，让自己有足够精力先完成重要的任务。

2. 把自我约束当成生活方式

自我约束不是偶尔为之，而是成为日常生活方式的一部分。养成自律的最佳方式，是向高度自律的成功人士学习，为自己制定规则，将其视为长期成长及追求成功的基本事项。如为了持续写作及演讲，每天将所读资料固定存档，用作日后参考。

3. 向一切借口挑战

培养自律意识，首要的是不寻找借口。正如法国文学作家佛朗哥所说："我们所犯的过错，几乎都比用来掩饰的方法更值得原谅。"诸多无法自律的理由，不过是一些借口。想成为有成就的人，就必须对这些借口发起挑战。著名作家麦克·狄朗尼曾经说过："任何一个企业或机构，如给予怠惰者和贡献者同等的待遇，将会发现前者越来越多，后者越来越少。"

4. 把目光注视在结果上

自律方能对自己的人生收放自如。任何时候，都应把注意力放到工作难度的本身，而非一味考虑结果和奖赏，否则易于灰心丧气；如沉迷其中太久，还会养成顾影自怜的弊端。面对一件不得不做的任务，企图抄捷径而非按规矩踏实完成时，一定要打消这种盘算，把目光转回目标。

六、自我控制

（一）自我控制的含义

自我控制是利用个人的内在力量改变自我行为的策略，普遍用于减少不良行为与增加优秀行为的出现。自我控制涉及对自我的把握和控制，注重个人的自我教导及约束，而非传统的一味依赖与教师和家长的外部监管。科学认知自我，学会掌控自我，找到适合自我的自控法则，才能充分实现自我目标并达到更高层次。

自我控制又是指个体为了达到预定目标，将自身正在进行的实践活动作为监控对象，是个体对自身活动的自我体验、自我观察、自我监督、自我控制和自我调节。做到洞察世事、了解自我、精准方向、合适方法、求得高效成功。

（二）自我控制的特征

（1）能动性。个体自主、独立、自觉地从事自我管理的实践活动，最终目的是保证个体主观意志的确切实现。

（2）反馈性。自我控制建立在信息反馈的基础之上，反馈主体与客体为同一个体，表现出很强的连续性和循环性。

（3）调节性。根据反馈回来的信息和预期目的，主动修正、调整自身的实践活动。

（4）迁移性。从某个领域获得的知识和技能可适用于其他领域。个体监控和调节的内容，在任何状况中都具有广泛迁移的可能性。

（5）有效性。采取各种调控措施，使自己的实践活动得以优化。除表现为实践活动的即时效应外，还表现出长时效应，即对自我控制的知识、技能和经验的发展与完善。

第二节 自 我 投 资

人生最重要的投资莫过于投资自己本身。自我投资是人整个一生需要关注的重要课程，只有持续不间断地投资自我，才能变得越来越好，成为最好的自己。只有把学到的东西真正转化为自己的经验与资历，才算学有所成。

一、自我投资的解说

（一）自我投资的提出

人生最好的投资是什么？巴菲特曾在一次演讲中说，最好的投资就是投资你自己。人生就是一个不断投资的过程，投资什么就会收获什么。投资自己看似很简单，但细思量，所有的投资都是要考虑回报的，投资自己就是让自己拥有更多财富，或借此避免跌入人生的谷底。那么，怎么做才算是投资自己呢？

人们每天的吃穿住行用、文化娱乐、保健护理等，都需要花钱消费；人情世故、人际交往也都需要用金钱来打理。用自己赚来的钱买漂亮衣服、名贵化妆品，或自己喜欢的任何东西，只要觉得它能带来某种身心的满足和帮助，觉得这笔钱花得"值"，它就不仅仅是一种消费，还是一种自我投资。

在今天这个快节奏的时代，许多人开始变得浮躁，出名要趁早，赚钱要趁早，已成为若干人的信条。很多人20多岁便渴望获得30多岁的成功，梦想到40岁就能赚够整个一生需要赚取的钱财，然后就可以退休周游各国或安居养老了。然而事实上大部分人迟迟未能过上理想的生活，每日依旧要为柴米油盐而奋斗。这就需要抚平急躁的心灵，明晰成功都有个过程，这个过程便是各种知识技能的累积，总有一天，这些长期累积的知识与内在精神的强大，会厚积薄发，使自己变得闪闪发光。

（二）自我投资的含义

什么是自我投资？自我投资是指花费一定数额的金钱、时间、心血乃至情感等，做一些能在未来带来更多回报的事情。它需要付出大量金钱，更需要为之花费掉巨额的时间精力与心血情感。自我投资作为一种广义的投资，同样符合投资的一般规律，即以目前较少的付出，得到未来较多的回报。这类投资付出与回报的内涵，包括金钱、时间、精力、心血与情感的收获或增进等。

自我投资又是指自己为实现和提升人生的自我价值而选择的一种行为，是年轻时代随时关注自己的未来成长，包括财富增长、社会贡献度增加、个人经济社会地位的增进等。自我投资还需要认知自己和把握自己，认知社会和把握社会，做好自我的职业定位，明晰投资的方向和途径。

一个人长时间没有着眼于自我投资，或长期停止学习，大脑就会陷入退化状态。这时，就能称得上是真正地停止了"成长"。也就是说，一个人能不能自我投资，大脑能不能保持学习的状态，会决定他接下来的人生，是持续获得成长，还是快速通往死亡。如果每天都能抽出固定的时间，做一些投资自己的事情，不仅可以给自己的未来职业发展打造某种竞争优势，且对未来的生活还会有更多选择的资本。

（三）自我投资与社会环境要求

个人自我投资离不开时代大背景。想要正确地自我投资，就必须对身处的时代有个起码的认知与把握，顺应时代潮流的自我投资，才是卓有成效的。当下的时代特点与趋势如下。

（1）目前，员工与企业的关系已从"公司+雇员"到"平台+个人"。随着互联网的发展壮大，传统的公司模式逐渐消退，平台模式已经快速达到如今的规模、内涵和影响力。顺应平台模式的公司逐渐壮大，无法顺应新模式的公司，则会逐渐萎靡直至消亡。

（2）个人迎来自身发展的黄金时代，将成为越发重要的经济主体。在传统模式下，每个人都只是公司价值链的微不足道的一环，员工难以感知自己的劳动如何创造价值及创造了多少价值。在互联网环境里，基于小众的共同兴趣、共同价值观、共同梦想和爱好，实现内部协同和与外部客户的深度沟通，将成为新的潮流与趋势。个人借助网络平台，将会拥有前所未有的力量，打造个人品牌走向全球。

工作单位并不负有为员工个人进行职业生涯规划的义务。在充满变数的今天，自我投资是一项重要能力。懂得自我投资的人，往往会获得成长加速度，成为更优秀的自己。

二、自我投资的意义

懂得自我投资很重要。目前已不是时势造英雄的时代了，只要努力就可以成就一个属于自己的时代。如何进行自我投资，买过哪些很值却很贵的东西？也许很多人认为自我投资就是表面的自我包装，这确实也是自我投资的一种。外在的投资有必要，内在的投资更为重要，提高软实力会带来更多意想不到的回报，不仅仅是物质上的回报，更是精神上的满足。大家曾经一味地相信"是金子总会发光的"，怎知在如今的世道里，"酒香也怕巷子深"。

自我投资的根本目的，是在有限的生命旅程中，能集中优势资源与时间、精力，博取在某个领域获得成功的最大概率。基于这一共识，如果想要达成卓越有效的自我投资，首先要明确自身的目标，其次是学会自我投资的方法，再次是有针对性地进行投资，最后还要巧妙地运用某些投资技巧，获得个人的加速度成长，最终迅速崛起成就一番事业。

个人自我投资的最终结果，如凭借个人拥有的各项知识技能、聪明才智和特长爱好，并结合社会对人才的需要，使自己为社会作出最大贡献，也使自身的价值得到最充分实现。

投资自我是我们能做到的最为划算、成本最低的投资。它不仅会产生"未来的回报"，有时候还能产生"当前的回报"。李嘉诚说过，"学习改变命运"，每个成功的商人都在不断地向各自领域的行家学习。生活就是一场人生的历练，我们要不断地学习，让自己变得强大。未来的某一天会感谢现在努力的自己，现在的每一次自我投资，都会在某个不经意的瞬间，以不曾想过的形式回馈自己。不为价格低头，只为价值折腰，想要未来有无限的可能，就要时刻保持清醒的头脑，时刻提醒自己进行自我投资。

投资是面向未来的，真正对自己有要求的人，为了更大的目标情愿舍弃当前的安逸与享受，换取未来更好的自己。自我投资的背后，是"居安思危、未雨绸缪"的高瞻远瞩，是延迟满足感的心理成熟。自我投资就像春耕秋收一样，注定需要一个过程，需要面对与处理一系列未知的风险。

美好人生来自我们对世界本源的思考，更来自我们对生命的定义。把自我的人生和现实社会充分融合，才能充分发挥自我价值，实现生命的持续突破。投资自我就是活出生命最好的"范"来，我们越懂得生命的成长路径，就越能超越自我，发挥自我的潜能。

在这个世界上，投资任何东西都有极大风险，唯独最为靠谱且无风险的一项投资，就是自我投资。只有当一个人自己变得更为美好，才会遇到更好的他人，遇到更为心仪的"另一半"。在这个现实的社会里，自己永远是自己最大的依靠，靠谁都不如靠自己。与其投资没有保障的各类事项，不如用来提升自己本身。不管外界如何变化，自我投资只会让一个人有足够的底气安逸生活，不会出现贬值。

三、大学阶段如何自我投资

大学生自我投资的内容较多，自己的能力增进、知识学习、身心成长、情绪调适、时间安排、人际交往的能量增强等，都是自我投资的主要内容。

（一）剖析自我，选准自我投资的方向

自我投资，首先需要经常对自己予以某种深层次的全方位剖析，认清自己所处的社会位置和自己的真正需要，选准投资的方向和目标。无论为生活设置什么样的目标，都需要有对生活的自我设计，把自己的时间和金钱都用于真正需要之处，而非浪费在不相关的方面。自我投资的关键，在于有权决定将以何种方式来度过和选择自己的人生。这种时间和精力的决定权，就像决定在何时、何地花费自己的金钱一样，完全属于自己。个人财富管理和创造可以分为几个阶段，并非人人都必须一步一步阶梯式遵循。只要拥有激情和创造，每个人都可以创造出丰厚的人生财富。大学生总感觉自己毕业后会找到很好的工作，或自己创业，其实唯有学习才是成长最快，痛苦最少，弯路也最少的。

一个人所处的环境会影响每一个选择，决定所能看到的各种风景。大学快毕业之际，大家为了顺利毕业，忙着写论文、考证书，但都未能认真考虑如何更好地就业，结果只能是"毕业即失业"。或者毕业后经过求职的种种蹉跎和沮丧，无奈回到父母的身旁后，只恨自己明白得太晚，白白错过很多宝贵机遇却浑然不知，这才认真开始考虑就业大计和人生的长远规划。或者到了社会上后，才发现自己太普通，专业不够精，涉猎不够广，一切的源头正是自我完全没有人生规划的意识。

（二）学生阶段的努力学习是最好的自我投资

大学阶段需要努力学习，且勿被"上大学就轻松了"的言论迷惑。动脑筋想一下就行，读大学要拼命学习才行，财富榜上的富豪们依然很拼，为什么上了大学就应该轻松呢？当然，高学历不一定代表收入高，但高学历是一块不错的敲门砖，能进入到好公司、研究院、高校工作，进而迈入中产行列。

即使大学期间不打算考研，也必须努力学习。校外做兼职赚钱，增加自己的阅历，早点了解社会，思考自己未来的职业动向，为毕业后的顺利求职做铺垫。但是做兼职不能本末倒置、松懈学业，没有公司愿意接受大学毕业都成问题的学生。

大学读书期间，最为重要的事项就是学习，学知识，长才干，广交朋友，增加见识，开阔视野和眼界，学会发现问题、分析问题、解决问题的眼光和能力。年轻人投资回报率最高的，不是股票和基金、贵金属，而是懂得如何投资自我。

（三）投资自己的大脑

只有不遗余力地投资自我，才能在未来看到回报。人放纵自己很容易，要克制自己的欲望就会难受。别人打游戏时你认真看书、健身、学习，这不是所有人都能做到的。想要达成何种生活的境界，就得付出何种努力，花费何种代价。在任何情况下，自我投资都是最正确的。人生从来没有白走的路，没有白白花费掉的钱财。自我投资意味着要保持良好的成长角度，不断绽放成为最好的自己。事实上，每个人最大的财富就是自己的头脑，花时间和精力投资自己的大脑，才是最重要的。

人的最大资本是自己在大脑和智慧上投资了多少，投资大脑并不需要付出过多的金钱和背景关系。智慧并非有多少关系和背景就可以获得，而是要靠自己的努力学习和深入思考将其激发出来的。没有智慧的人很难有大格局，没有大格局肯定不能做大事，更难以达成既定的目标。

第三节　自　我　经　营

一、自我经营的认知

（一）自我经营的含义

自我经营是科学认识自己，经常对自己拥有的各项资源作深刻的检查剖析，认清自己在社会中所处的位置，明晰自己目前和未来的真正需要是什么，确立自己的发展目标和志向，以及为实现这一目标，目前尚存在的短板是什么，为此应该采取何种有效举措来开发潜能和长处，弥补自身的短板，对个人的一生发展历程预先筹划。最终是凭借个人拥有的知识技能、特长爱好，并结合社会对人才的需要，充分运用自己的聪明才智，为社会作出最大贡献。

自我经营还是自己知道自己想要什么，人生目标为何及如何实现目标。一个人只有知道自己是谁，能做什么，要做什么，想做什么，会做什么，想过何种生活及目标如何实现后，精神、行为、状态都会和之前大不相同。自我经营是个人走向成功的前提，是成功人士必备的素质，纵观成功人士，做得最好的就是自我经营。

个人之所以能作为经济主体，并在社会经济生活中现实地发挥功用，自我经营必须放在首要位置加以提出。"物"的经营和"人"的经营之间，后者无疑更为重要，但又具有更大难度。个人在这里不仅是组织经营活动的主体，也是自我经营的对象，就某种程度而言，还是个人作为经济主体实施其权利的真实体现。

法国作家亚兰在《幸福语录》中提到："会赚钱的人，即使身无分文，也还有自身这个财产。"阿匹斯•克劳迪乌斯认为"人人都是他自身命运的设计师"。美国著名经济学家舒尔茨教授在《人力资本》中谈到，不管个人拥有现实财富的多寡，每个人都是自己人生企业经营的"董事长"。遵循先贤的教导，就要学会把握自身这个特别的"财产"，紧紧把握住自身的命运，将自己的人生像经营企业一样予以合理规划安排，最终获取预期的最好结果。

（二）自我经营的内容

随着个人生涯规划的提出并日益引起社会的关注，与此连带的自我经营，理应引起社会的积极关注。个人拥有的体力、知识、时间、技能、头脑等，确实都有妥善经营的必要。

个人作为经营者，经营内容绝不只是钱财物质，经营收益也不局限于物质钱财收益，还包括经营者自身素质提高、潜能发掘、人生价值实现等。即如何将经营者自身视为一种待经营开发的对象，充分认识和评价自己，包括特性、长处、缺陷及待开发的潜能、现有知识结构及评价，有何需要完善补充之处。还有个人拥有的职业活动而外的自由发展时间是否充裕，精力是否充沛，心智是否健全，身心是否健康等，都需要对此做全面剖析与评价。个人对社会关系，各种可资利用的人际关系网络、职业、社会地位、所处行业及发展趋向等，都是个人作为待经营开发的对象，需要全面洞察、精细地考虑、做好各项工作。

人们拥有的各类资源，应当根据自己的职业与拥有资源的特性，设置合理的结构配置并协调完善。虽然因各人的身心爱好、受教育程度及人际交往能力的差异，各有侧重不同，各种职业及社会活动对资源需求的程度不同，也不必强求一致。如数学家、社会学家与社会活动家拥有知识技能、社会交往、活动能力等，自有较大不同。但作为一个公民既然都要在社会中生存，并期望能有较好发展，就应当充分运用自己拥有的各项资源，并根据职业和事业活动特点，以及对资源需求程度的不同，随时拾遗补缺，找准自己在社会中的位置。

正确认识自己，大力开发自己的潜能，对个人的一生发展历程进行筹划，正是自我经营的要旨。自我经营有两种思路：一是从"品、性、能、价"四方面经营自我；二是像经营企业那样经营自我，包括产品研发能力、战略能力、营销能力和运营能力。

二、自我经营的意义

（一）自我经营观点

根据西方经济学的基本观点，一个国家、社会乃至个人的经济活动的状况、效率高低及资源配置的合理与否，莫不以个人内在的经济动力为基础和原动力。这种原动力的存在并发挥作用，来自个人经济利益的最大化。追求个人利益是人们经济行为的根本动机，是导致经济繁荣和社会利益最大化的原动力。可以说，整个西方经济理论都是建立在这一基础之上，又是同个人拥有经济资源的充裕度及对资源的配置运营等分离不开的。

在个人职业生涯规划中，经营好自己的劳动力资本十分重要。一般谈到经营，总是指企业的生产经营行为，要投资、要管理并获取相应效益。这种经营也只是被视为企业家、管理者的专利，或降格一点是个体户的日常经营与管理核算，似乎和一般工薪阶层不大相关。其实不然，不论是简单低级劳动力或高级复杂劳动力，至少都有对自己拥有劳动力、时间、精力及知识技能等人力资源的有效合理配置，并作为一种特殊商品，在劳动力人才市场组织相应的营销活动。

每个人都应该学会自我经营，如果自己都不为自己做打算，又能指望依靠谁呢？另外，最了解自己的人只有自己，才能为自己做出最好的规划安排。无论是为了家人或为自己的未来，都应该给自己的人生一份理想的答卷，经营出自己精彩的人生。只有自己变得强大，才有可能获得所想要的成功。

（二）自我经营的价值

人生需要经营，经营人生重要的是经营好自己的大脑。在资本经营中，大家关注的是资本的最大价值和获益实现；人生的经营目标则是人的价值最大化，或如马克思所讲"人的身心全面发展"。选择自身的价值升值，但该升值的标志应如何体现呢？简单办法是每一年度乃至延续至整个人生的收入报酬的最大化。当然，人的价值最大化，在多数情况下，是无法完全用金钱指标加以衡量和评价的。

　　人生的价值，首先在于他为整个社会创造的价值和效用达到多大；其次，在于他本人在其创造的总体价值中分润比例有多高。如袁隆平通过培育杂交水稻，解决了整个世界70多亿人口的吃饭问题。这一划时代的贡献不可谓不大，袁隆平自身在其作出贡献中获取的报酬并不很高。许多人员并未为社会作出应有贡献，甚或该贡献值完全是个负数，但却通过种种巧取豪夺的手段，为自己积累了太多的财富。

三、自我经营成功的要素

　　个人是否拥有了某种优势特色资源，就肯定能在社会中取得成功？并非一定如此。它只是个人具备了初步成功的基础和前提，而非成功的全部必具要素。这些必具要素包括以下几个。

　　（1）是否认识或发现自己的特殊资源，并对该项资源的价值做准确定位。许多人经过各种努力才能取得成功，关键就在于对自身拥有的独特资源没有认知。

　　（2）对自己拥有的特色资源，是否有意予以开发利用、整合、配置并有效运营，实现其最大价值。若未能做到这一点，则很难成功。

　　（3）分析自己拥有的特色资源是否为社会所需要。社会需要的东西，才可能有市场开发和效益支持。如该资源和资源开发后的成果，完全不为社会接受，该资源的状况再好再尊贵，也是无用的。如某人花费三年光阴学到了天下无敌的尖端技术"屠龙技"，但因世界上本来就没有龙，这项技术只能一钱不值，若将该项技术转向屠猪宰牛等，则大有可为。

　　（4）拥有资源是否为社会认知并名重一时。个人拥有资源首先自己要有足够认识，但这一认识并非深藏闺中"孤芳自赏"，而是要想方设法将其推向社会。只有如此，这一资源连同资源的拥有者，才能为社会公众至少是同自身资源开发利用直接相关的人士认识并注重。

　　（5）对自身拥有资源的状况、开发特点和方式，由谁来开发等，应对自身、对市场有足够了解和把握。

　　总之，特色优势资源发现、发掘到拥有—自我的科学明晰认知—有限资源的大力整合—整合成果推向社会、宣传营销—自我价值与职业定位—换取新的资源。这一过程正如W—G、L、M、……。W代表自身拥有资源，G代表货币，L、M则代表资源交换之后所取得的金钱外的收益。这一过程看似复杂，实质内容很是简单，只是将自己作为一种资源，尽可能地发掘自己的闪光点，通过各类经营、宣传、推介等，最终在商品社会里出售个好价钱。

四、如何自我经营

（一）明晰自我的生存状态

　　每个人都有自己的生存状态，或许正在做一份自己并不喜欢的工作，整日愁眉苦脸、一筹莫展、疲于奔命、浑浑噩噩，可为了维持生活，不得不逼迫自己硬着头皮去做它；或许正和一位完全无感的人一起生活，整日鸡飞狗跳，一地鸡毛，可为了维护家庭稳定，还得忍受一潭死水的婚姻。他不知晓自己想要什么，也不知道如何才能经营好自己的事业与家庭。这正是自我经营在婚姻家庭层面的失败。

　　个人在发现真实的自我之前，会有个迷茫期和探索期。受到某些外在评价的影响，不同人的眼中会形成不同的自我：如父母眼中的你、爱人眼中的你、孩子眼中的你、上司眼中的你、员工眼中的你，等等。各人看你的视角不同，会看到不同的你。其实每个人看到的你，都不是最真实的你。别人对你的认知只是停留在感知与价值判断之中，并非内心真正的你。

想要经营好自我，首先要拨开层层迷雾，认识到哪一个才是最真实的自己。是安于现状、一辈子平平淡淡，还是不甘平庸、想要做出一番丰功伟绩。只有充分认知到自己到底想要什么，自己是什么样的人，才可能知道自己要走什么样的路。个人只有从内心深处真正了解自己和发现自己的长处，才能充分发挥自己的优势。

（二）找准自我经营的模式

人们将意志力、利他心和盈利能力，合称为人生自我经营的三大要素。同时认为自我经营的结果，取决于自己能整合多少资源，又如何运用这些资源以期发挥最大价值。前者取决于自己前期积累了多少人脉关系和钱财资源，取决于个人拥有人力财力资源的多寡强弱；后者则取决于自我经营的能力、才干和自身状态。同时，外部经济社会环境的状况和个人的运气、机遇等，也是极为重要的。

经营含有筹划、计划、组织、管理、协调等内容，侧重于动态性谋划；管理则侧重于使其正常合理地运转。经营方式的依次排序是，投资自己，整理时间，找准目标，懂得放弃，懂得拒绝，然后一步步做下去；管理方式依次排序是，管理自己，影响他人，读书培养智商，交友培养情商，学习别人的理财方式，整理自己的为人处世之道。

（三）借鉴企业经营模式

个人的自我经营模式是什么呢？可以借鉴企业经营模式来探讨个人自我经营模式。何种经营模式适合自己，就像寻找适合自己穿的鞋子一样，要不停尝试直至感觉满意为止。具体状况则因各人情况而异，成功者的经验可参考借鉴，至少会不走或少走弯路。选择适合的经营模式比选鞋的因素要多出许多，需要外在感觉更需要用心寻找。如依据各人的优势特色，可分为营销、研发、设计、工程、管理等岗位。寻找自己适合的岗位容易做到，难的是能否坚持和深入下去。

个人职业素养是基本功，就像盖大楼先建造地基一样，地基打不牢就会成为高楼建造的瓶颈，无法成就大业。要使自己进入自我经营的状态，找到适合自己的经营模式是必须的。别人能给予你各种帮助，能在你关键时刻为你指路，主动拉你一把，却绝不能直接取代你。无论选择何种经营模式，体现职业素养的基本技能，都是必不可少的。

（四）盘点资源投入的状况和结构

人生拥有的时间有限，多少时间用于赚钱，多少时间用于学习知识和技能，可视为一种时间投资结构的配置决策。人们提到投资会想到用钱来生钱，即用多少本钱投入到某个项目会赚到多少利润。似乎投资的出发点就是手中拥有的本钱，投资目的是用钱尽可能地多生钱。自我经营的宗旨却非仅仅如此。它投入的不仅是金钱，更重要的是时间、精力、心血和情感的投入。投资获益也非简单地用金钱来衡量，而可能是贡献成就、社会声望和名誉的大幅提升等。

（五）合理开发资源

人们如欲在既定的环境和条件下，充分运用自己的知识技能、特长爱好、聪明才智，合理配置拥有的劳动力资源，尤其是其中的特色优势资源，并根据社会对人才的需要而改换和自我重新包装，并向市场推销获得个"好价钱"。为社会作贡献的同时，也使自身的价值得到充分实现。这在今日的社会里诚然是非常需要的，却同样为大家论之甚少，不甚关注。

好酒也怕巷子深，个人拥有特色优势资源的价值，是否为社会认识并注重，并名重一时，还需要经过某种有意识地特别开发、利用和包装，使其效用发挥达到最大、最高。如某人天生下来就是三条腿（耻骨尾端因返祖现象额外长出一条尾巴，又因该尾巴特长，下端几乎直垂地面形似一条腿）。一般人士遇到这种状况，或大呼倒霉、难堪，一辈子躲在家中不出门，或是愤而自杀等。但该人碰到这一状况，却将其视为上天的"特别恩赐"。他学会用这"第三条腿"踢足球、踢毽子、玩各种绝活，在一个杂技团中大行其道，为该杂技团带来滚滚财源的同时，也使自己成为公众特别欢迎的人士和百万富翁。

（六）注重人际关系资源

许多人或许具有精湛博深的知识技能或出色的才华，却因人际关系资源不足，得不到有力援引，或阴差阳错处于社会较低层次，始终难以找到充分展现自身价值的社会舞台，无法施展远大抱负，可谓怀才不遇、抱恨终生。在历史和现实社会中，这种状况应是举不胜举。有的人并无多少真才实学，却凭借其八面玲珑的处事技巧，精心布局的人际关系，在社会生活中如鱼得水，混得舒心适意。真才实学是做人的根本，事业成功的基础，但却不能保证在此基础上事业必定成功。它还需要种种际遇、关系、条件的具备，人际关系、处世经验等，都是重要资源。后者虽缺乏真才实学的知识技能资源，却是人际交往的资源具备多，联络广，并将其淋漓尽致地发挥到极限。

（七）注重资源结构，援引外来资源

人们拥有的各类资源，应当有合理的结构配置与协调完善。虽然因各人的身心爱好、受教育程度及人际交往能力的差异，各有侧重不同。各种职业工作及社会活动，对各种资源需求的程度不同。个人拥有的人力、物力资源总是有限，但可援引支配的资源并非局限于所拥有资源的狭小范围。必要时还可借鉴运用他人或社会资源来达到自己的目的。大家遇到好的投资经营项目，囊中乏物无法达到目的时，会想到找银行贷款、亲朋告借，以期在短时间内大量筹措可运用资金。在日常生活和工作中遇到困难，也总会想找同事、亲友帮助渡过难关。这种人际社会交往资源的援引和借用，是经常出现并卓有成效的。

五、成功人士应具备的要素

（1）富有创新精神，能多角度地提出问题、分析问题，并能创造性地解决各类疑难问题。

（2）有较强的事业心，渴望将自己的工作完成得更为出色。

（3）知识面广阔，每天有广泛阅读和浏览各类财经、时政新闻的习惯。

（4）能很好地调处人际关系间的各类矛盾冲突，复杂的人际关系处理得心应手、如鱼得水。

（5）对各类事物有较好的洞察和判断力，明晰经济社会的发展变化，并很好地调整自己的状况以适应职业变化。

（6）了解会计、金融、理财及营销、法律等现代社会生活的公民，必应具备的基本知识和技能。

（7）掌握并很好地加工处理有关软件程序和计算机操作技术，如文字、工作表、数据库、网络搜索和图形工具等。

（8）富有团队合作精神，能在各种环境下与他人和谐共事，带动大家共同做好各项工作。

（9）有较好的书面表达、口头交流和公共场合演讲的能力。

拥有这些能力之后，就可以使人们在寻求职业方面拥有较大的自由，且能很方便、成功地从一个行当转换到另一个行当，并在职业发展中得到较大进步。

本章小结

1. 自我管理是个体对自己的人生目标、思想、心理和行为表现等的管理。自我管理又是指员工通过主动影响和调节自己的心理与行为，以实现工作目标。如能实现自我目标并对此排列优先顺序，就可以将自己的思想感受和意志力充分发挥出来，保持最佳工作状况并求得顺利发展。

2. 自我约束指在无人现场监督时，仍能遵循法纪，约束自己的一言一行，还指遵照道德准则行事，而不受外界约束和情感支配。它并非让大堆规章制度层层束缚自己，而是用自己的行动创造井然的社会秩序，为自己的学习和生活争取更大的自由和自主。

3. 自我投资是指花费一定数额的金钱、时间、心血乃至情感等，做一些能在未来带给我们更多回报的事情。它需要付出大量金钱，更需要为之花费掉巨额的时间精力与心血情感。自我投资作为一种广义的投资，同样符合投资的一般规律，即以目前较少的付出，得到未来较多的回报。这类投资付出与回报的内涵，包括金钱、时间、精力、心血与情感的收获或增进等。

4. 自我经营是科学认识自己，经常对自己拥有的各项资源作出某种深刻的检查剖析，认清自己在社会中居处的位置，明晰自己目前和未来的真正需要是什么，确立自己的发展目标和志向，以及为实现这一目标，目前尚存在的短板是什么，为此采取各种有效举措弥补短板，开发潜能和长处，对个人的一生发展历程进行筹划。最终是凭借个人拥有的知识技能、特长爱好，并结合社会对人才的需要，充分运用自己的聪明才智，为社会作出最大贡献。

5. 为认知职业并把握职业，首先需要了解社会和把握社会、了解自己和把握自己。不仅是了解和把握自己的现状，更应了解自己尚未发挥的潜质是什么，将来准备在哪些方面发展，以便探知如何将这些潜质得以更好的发挥。既要了解社会的目前状况，以更好地适应社会，更应把握社会未来发展的大趋向是什么。最终将自己和合适的职业紧密连接在一起，将对职业的自我认知和整个社会发展对人才的需要等，紧密联结在一起。

思考题

1. 思考你自己在自我管理方面还有哪些欠缺，如何予以弥补和矫正。

2. 你对自我投资和自我经营的事项做何理解，以你自己为例说明你的自我投资与自我经营，主要应当运用于哪些方面？

3. 你对"躺平"现象的大量出现有何理解，从客观社会环境和个人主观心理方面，如参与社会竞争的勇气的丧失等，加以评价。

练习题

1. 你对本章补充资料所列如陶华碧、伍继红、周浩、孟伟等人的典型案例，有何感想和评价，对此试举一例认真剖析之。

2. 你对自我经营的方法和举措等，以目前的"网红"为例，对此做出评价，对其间发生的好的和鱼目混珠等现象，如何予以识别和防范。

第四章补充资料

第五章

认 知 职 业

（一）学习目标

（1）把握：认知社会的现状和未来发展趋向对个人职业生涯规划的影响。

（2）理解：霍兰德职业兴趣测试和MBTI人格测评的基本操作方法。

（3）了解：职业的门类及其他各种分类方式。

（二）教学重点与难点

（1）教学重点：

① 认知社会和认知职业；认知职业兴趣测试的两种基本方法。

② 认知职业的概念、特性、分类方法。

（2）教学难点：

① 职业兴趣爱好测试的相关理论与实际操作方法的应用。

② 对目前社会现状和发展趋向的认知和把握。

认知职业是对职业世界的初步探索，需要介绍职业的概念、构成要素、职业信息搜集的方法和途径。为此设计的实践活动有职业描述、职业环境分析、职业声望调查、职业锚问卷调查及评定、职业生涯彩虹图的绘制。这里从宏观和微观两方面介绍职业环境分析的要求和内容，并从宏观和微观两方面结合实例阐述职业环境分析方法的运用，为职业决策提供更多的信息和依据。

第一节 认 知 社 会

一、对社会的解读

欲认知行业、职业、职位、岗位等系列事项，首先需要从认知和把握与此紧密相关并依存的"社会"开始。

（一）如何认知今天的社会

这里结合整个社会的发展大趋向，尤其是结合社会的人口发展态势、科技发展态势、经济发展态势，来说明职业的发展趋向。

今天的社会表现出以下特点：①是大工业生产、高度社会分工的商品经济社会，是市场经济在资源配置中居于决定性作用的社会；②是以人为本、创建人际和谐的社会，是国家倡导法制建设、依法治国的法治社会；③是计算机普及、互联网盛行、大数据和云计算方兴未艾的高科技社会；④是个人作为经济主体、拥有高度文明和自主决策权利的社会；⑤是教育高度发达、人才辈出、人才竞争激烈、内卷严重的社会；⑥是生活方式进步、生活质量提升、医疗科技和护理保健服务加强、人均寿命大幅延长、老龄化日益严重的社会。

今天的社会还是资源稀缺和激烈竞争的社会，人们要经营运用好自己拥有的资源，除明晰自我、熟知自己所掌握资源的详情外，还应了解社会，尤其是各种职业活动与事业发展对各种资源的需求状况和程度，以便使自己能主动地适应社会，勇敢地面对人生，接受社会对自己的选择。大家是否有参与竞争的勇气与意识，在社会中出人头地，为社会作出贡献，也为自己争取到较好的社会经济地位和发展机遇，这就需要考虑大家据以参与激烈竞争的实力和资本何在，自己将凭借自身拥有的何种知识和技能参与社会竞争。

社会的这些特点和发展态势必然决定了各类职业在今天的现状和未来发展的大趋势。如在老龄化日益严重的状况下，围绕养老保健护理诊疗服务、养老产业开发、养老生活服务等的职业，就是未来发展的重点所在。如高科技的快速发展，各类高科技职业活动对人才的需要必然呈现迅猛增长态势。对今日社会的现状和发展趋向的如上界定和描述，将会对个人职业生涯规划目标和方案的设定、实施等，起到关键性的主体性影响，对此将在后文相关处明确评述。

（二）把握社会，适应社会

为认知职业并把握职业，首先需要了解社会和把握社会、了解自己和把握自己。不仅要了解和把握自己的现状，更应了解自己尚未发挥的潜质在哪里，将来准备在哪些方面发展，以便探知如何将这些潜质发挥出来。同时，既要了解社会目前的状况，以便更好地适应社会，更应把握社会未来发展的大趋向，目的是将自己和合适的职业紧密结合在一起，将对职业的自我认知和整个社会发展对人才的需要等紧密结合在一起。

明晰自身的现状及未来发展的大趋向，以及最终期望达到何种结果，以使自己能紧紧追随经济社会的发展，充实完善自己的知识结构和能力才干，在长远的目标上发展和变革调整自己，寻求个人与社会的最佳结合点。同时，时刻关注社会的变化，根据社会需要及发展趋向不断学习新知识、补充新能量，调整知识结构，将自己塑造成型。跟上时代前进的步伐，尽可能走在社会前面，做时代的弄潮儿，至少是不被社会淘汰，沦落为弱势群体或边缘群体。

合理到位地认知社会，自觉主动地把握社会，并适应经济社会的发展，是重要的。个人相较社会而言力量总是渺小的，不能要求社会适应和迁就自己，而只能紧密地追踪社会的发展趋向。这就需要了解自己的优势资源及未来发展潜力所在，使自己得到最好的拓展。

二、社会外部环境分析

外部社会环境的考察和把握，所包括的事项和内容较多，同职业选择相挂钩的主要有区域和行业两大层面。不同区域的发展有快有慢，不同行业的发展也非齐步走，主动选择到发展速度快的区域就业，可以谋取较好的发展结果。同样，有意识地选择筹划自己的专业和知识结构，到有较好发展前景的行业部门就业，对人生的成功也是事半功倍。

自我认知之后，接着就是对相关的外部社会环境进行分析。影响个人职业生涯规划的外部环境因素，主要有社会、环境、组织单位和岗位四个方面。每个人都是社会人，不可能孤立于外部条件单一地存在，做好外部环境分析，是职业生涯规划的重要部分，为此需要注意以下内容。

（一）社会因素分析

影响职业生涯的社会因素包括社会阶层、经济发展水平、文化环境、政治制度等，这些都对个人职业生涯的发展有重大影响。分析社会大环境，了解所在国家或地区的经济、法制建设发展方向，寻求各种发展机会。职业评价对大学生职业选择的影响，是潜移默化、不自觉发挥作用的。尤其是在大学生对某种职业缺乏深入了解与切身感受时，社会评价作用会格外突出。必须考虑到行业特性与个人的优缺点，才能制定合理、有指导意义的职业规划。

（二）环境因素分析

环境对个人的职业有直接或间接的影响，它左右每个人所从事的行业、改变人生的发展轨迹。环境又有地理环境、行业环境、企业内部环境和家庭环境之分。毕业后是到北京、上海一线大城市就业，还是到东北或西藏、海南就业。各地的经济发展水平不一样，文化环境各不相同，人才储备、使用的政策、市场竞争等，都大不一样。自己现在学习的专业为何，今后最可能进入哪个行业和部门。该行业是属于蒸蒸日上、大踏步发展的朝阳行业，还是属于逐渐没落的夕阳行业。同时，询问该行业对人才的基本要求、储备和竞争的状况等。

（三）组织因素分析

每个公司经营的理念跟其他公司肯定不一样。考察一个公司或单位，要分析四个要素：第一是"人"，老板怎么样，领导和员工怎么样；第二是"财"，公司有多大的经济实力，每年的产值和利润如何；第三是"物"，公司拥有哪些设备设施，在何地办公；第四是经营理念、价值观等公司的文化氛围如何。

（四）岗位因素分析

任何工作岗位都有共同要求和特殊要求。前者如敬业精神、遵守纪律、团队合作精神等，这是各种岗位的共同要求；后者如某些组织、专业和工作岗位的特殊要求，如特定的专业知识与技能等。

将四个因素分析清楚后，就知道自己该往哪个方向走，识时务者为俊杰，对所处的外部环境和职业生涯规划的编制，就不再盲目。

三、行业发展与差异

俗话说，三百六十行，行行出状元。但是否每个行业的进展，都是"一二三，齐步走"呢？当然不是。百余年前的三百六十行，同今天的三百六十行，在构成、状况、规模等方面，绝对有极大区别。同时，历史和现实都说明，科技越发达，脑力劳动在社会职业中的重要地位越明显，在社会职位中所占的比重也就越大。

1978 年，恢复高考进入大学的天之骄子们，毕业至今已 40 余年，各类毕业庆祝活动相继召开。40 多年前，各种专业的大学生从各类高校毕业，意气风发进入不同的社会岗位。时至今日，各人的职业发展状况会是如何呢？大家是否表现得"齐步走"，在社会中做出同等的成就，也获得同等的事业发展际遇呢？答案自然是否定的。

以某综合性知名高校而言，当时学校设有中文系、数学系、历史系、哲学系、政法系、经济系等各个系别，经济系又有统计、会计、金融等不同专业。当时，大家在哪个学校哪个专业读书，并未有太多的感觉；大学毕业后被国家分配到何处工作，反正，"我是革命一块砖，东南西北任党搬"，也持完全无所谓的态度。

但时至今日，大学毕业后的 40 多年，正是我国以经济建设为中心，大力推行经济体制改革、对外开放的 40 年，故经济社会发展是多多益善，经济增长对人才的需要也是多多益善。经济系毕业的学生，40 年来的工作状况乃至取得的成就，也就远远超出其他各个系别。其间的差距之大，几乎不可同日而语。这种差异并非当时经济系毕业的学生，特别优秀于其他各系，而是时代发展对经济类人才的特别需要，时势造英雄所致。

再以经济系属下的统计和金融两大专业而言，当时的国家是一个统计部门，现在仍旧是一个统计部门，除调查统计的指标、内容，所使用的工具、方法有大的改变外，其机构形式及部门组成等，几乎没有任何大的改观。金融的发展状况则是大不相同。当时全国只有一个银行，目前已达到数千家银行。现在社会上常见的保险、基金、股票、债券、期货、期权、租赁等行当，当时是几乎一概没有出现，都是后来相继从银行分化而来的。当时的银行只有储蓄、信贷、结算三大业务部门，目前却是业务众多，部门林立，金融产品琳琅满目。1977年末，全国城乡居民储蓄存款只有 232 亿元，目前的城乡居民储蓄存款加上居民拥有的其他货币金融资产，则已超过 200 万亿元之多。如此的飞速发展，所需要人才从何而来呢，正是从当时的金融专业人才分化而来。

再如，当时国家的部委林立，仅工业方面就有一机部、二机部一直到八机部，此外还有纺织、煤炭及冶金、电力、纺织等工业部门。时至现在，这些部门到何处去了呢？早已随着国家历年来的机构改革而合并，当年毕业分配到这些部门的大学生，也就只能是随之而走。而分配到财政、金融部门工作的人员，则发展势头强劲，人生没有太多波折。

再如中国邮政和中国电信，两者最初是合二为一，且以邮政为主业，电信初始起家且远落于后，只能是作为一种副业看待。两者于 20 世纪 90 年代中期一分为二时，众多行内人员开始考虑自己的出路，是选择到电信部门工作或是留在邮政部门，前者发展速度快却是新型行当，未来发展状况如何难以预期，进展也不够稳定；后者却是老本行，路径依赖，稳定可靠。时至今日，传统邮政如书信、报刊、电报、邮递等，已是日落西山，难以东山再起，最近多年有幸依赖于快递行业的兴起，并在国家政策的优惠下分了一大杯羹，得以重新兴旺；电信却是一直蒸蒸日上，发展迅猛，前景难以估量。两个行业职员的发展前景和薪酬待遇的差异，更是有目共睹的。

选行业就是选未来。

小米创始人雷军说过：站在风口上，猪也会飞起来。形势比人强，选行业要选对方向、顺势而为。行业高速发展，从业者也会水涨船高，收入远好于其他行业。如互联网、房地产业、金融业的高速发展，造就了众多明星企业和无数富豪。选择这几个行业，就是搭上了顺风车，事半功倍。当然现在再进入房地产行业，就只能感叹风光不再。

选择有风险，入行需谨慎。工作多年仍劳苦奔波、疲于奔命者，很大可能是选错了行业。在夕阳行业、落后产能行业就业，苦苦挣扎多年依旧难逃下岗的厄运，当初的选择决定了今天的命运。时来天地皆同力，运去英雄不自由。当年知名外资企业招人，无数名校大学生趋之若鹜。落选的人只能黯然走进阿里，十多年过去了，进外资企业者或已下岗，留守阿里巴巴者因踏准行业快速发展的节拍，已是身价过亿，成为职场的佼佼者。

行业选择会直接影响个人未来乃至终身的收入水平。如身处日渐没落的行业，整体经济发展速度缓慢，个人想要达成收入的爆发难比登天；但如进入蒸蒸日上、发展速度极快的朝阳行业，个人收入呈现爆发式的增长，也很容易期许。

四、职业发展趋势

（一）职业的历史演进

职业是社会生产和社会生活发展的必然结果。劳动创造了人，也创造了职业。从某种意义上讲，社会就是各种职业和职业活动的集合体。职业又是人类社会发展到一定阶段的产物。如原始社会末期，随着生产力的逐步发展，人类征服自然的能力不断提高，农耕与畜牧分离，原始农业和畜牧业产生。生产力的进一步发展，手工业从农业中分离，出现了专门经营物品交换的商业。可知社会分工是生产力发展的必然结果，生产力越发展，社会分工越复杂细致。"三百六十行"正是人们对各种职业的形象概括。

职业发展是科技进步的主要标志，新技术、新工艺和新产品不断出现，必然导致职业的新旧更替，新职业大举出现，老职业逐渐消亡。如汽车的出现，就产生了汽车制造、汽车运输和汽车修理多个行业，涌现出汽车司机、修车工、制造工程师、汽车设计师、汽车驾驶培训、交通警察等多种职业。

再如，五笔字型输入法和汉字激光照排技术的出现和广泛应用，印刷业告别了铅与火的时代，铅字铸造业宣告消亡，取而代之的是计算机在汉字录入、编排和印刷的广泛应用。科技进步引起的职业发展，包括新产品开发、新设备应用和新工艺的出现，科技进步的本身也在增加新的职业种类，或使原有职业数量门类发生变化。

经济领域是集中职业种类和职位数量最多的社会生活领域，人们的主要就业领域也是经济领域。经济社会发展的形势如何，是大举扩张或是急剧衰退，就成为决定人们就业机会多寡的主要因素。当经济大举发展时，会创造出更多的就业机会；当经济状况呈现急剧衰退时，情形则正好相反。

新学科的出现，往往会产生新的专业和职业。环保科学的出现需要专门的环境保护和环境科技工作者，形成环境保护和环境科技职业。经济社会发展的需要，已有科技的突破性发展，该类专门职业的职位数也在大幅增加，造成不同职位比例的变化，甚至是其社会地位的变化。

（二）新兴职业的运营特点

2019年4月1日，国家人力资源和社会保障部、市场监督管理总局、统计局，向社会发布了新职业信息。具体包括人工智能工程、物联网工程、大数据工程、云计算工程、数字化管理师、建筑信息模型技术员、电子竞技运营师、电子竞技员、无人机驾驶员等13个新职业。新职业主要集中在高新技术领域，具有以下特点。

（1）产业结构升级，催生高端专业技术类新职业。当前，我国经济已由高速增长转向高质量发展，对劳动者的科学文化素质和能力水平提出新的要求。随着人工智能、物联网、大数据和云计算的广泛运用，与此相关的高新技术产业，成为我国新的经济增长点，对从业人员的需求大幅增长，形成相对稳定的从业人群。人工智能工程、物联网工程、大数据工程和云计算工程等职业应运而生，这些新职业属于高新技术产业，以较高的专业技术和能力为支撑，从业技术人员普遍具有较高学历。

（2）科技提升引发传统职业变迁。随着新兴技术的采用，传统的第一、二产业越发智能化。机器人大量使用并替代生产流水线得以较快推广，与机器人相关的生产、服务和培训行业蓬勃发展，系统操作员和系统运维员的需求剧增，成为现代工业生产的新兴职业。无人机技术的成熟，利用无人机完成人类难以完成的高难险和有毒有害工作成为可能。无人机植保、测绘、摄影、高压线缆和农林巡视、物流等领域，拥有广阔的应用空间。

（3）信息化的广泛应用不断衍生新职业。信息化如同催化剂，使传统职业的工作内容发生了巨大变革，从而衍生出新职业，如数字化管理师、建筑信息模型技术员等。随着物联网在办公、住宅等领域的广泛应用，信息化与现代制造业深度结合，物联网安装调试人员的需求量激增。近几年，在国际赛事的推动下，基于计算机的竞技项目发展迅猛，电子竞技已成为一个新兴产业，电子竞技运营师和电子竞技员的职业化势在必行。农业领域的农民专业合作社等组织发展迅猛，农业生产组织、农机设备作业、技术支持、产品加工与销售人员等需求旺盛。

（4）互联网 IT。阿里巴巴、腾讯、百度等，都是当代的行业巨头，淘宝、微博、微信等深切进入人们的日常生活。IT 技术无处不在，传统行业市场正在被侵蚀或替代。数据表明，未来 5 年之内，我国每年需培养 150 万名 IT 人才以满足社会需求。但传统教育培养的毕业生中，可直接上岗者面临巨大缺口。IT 行业的从业者是在写字楼工作，运用创意、动动手指就能创造财富。他们接触的行业和交际群体不同，未来职业前景将更为广阔。与墨守成规的传统行业相比，这是个不断超越和创新的行业，自然能创造更多的价值，IT 从业者的薪资水平连续多年稳居榜首。

（5）大数据相关专业。大学四年学习大容量数据的捕捉、收集和加工处理，毕业后到各大互联网公司工作。虽然大学期间较为辛苦，但该专业毕业后前途光明，有很好出路。人工智能行业模拟和扩展了人的智能方法和技术，发展前景更好。

科技进步与经济建设的根本目的，是促进社会生产力的大幅健康增长，以满足人们对物质文化生活不断增长的需要。随着科学技术的不断进步，经济和社会的快速发展，社会职业亦在不停顿地变迁着。某些职业新兴起来，诸多职业在衰退乃至消亡。科技进步与经济建设的紧密结合，将使社会职业的种类、数量等发生较大变化。近年来的广告业、租赁业、电子商务等是大举兴起，旅游、度假、康养、养老业等迅速发展，理财、会计和金融服务业的社会地位大幅提升，都是经济建设与发展的必然结果。

（三）职业的发展趋势分析

（1）社会职业种类越来越多。古代社会的职业种类少，随着目前社会分工细化和职业分化，职业种类越发增多，已远远超过"三百六十行"。据有关资料介绍，20 世纪 70 年代，全世界的职业种类已超过 42 000 种，目前又历经半个世纪，职业门类变得更多，所覆盖领域变得更为宽广。

（2）职业结构变迁的速度越发加快。纵观人类社会的发展史，产业结构的变迁速度明显加快。从农业革命到工业革命历经数千年，工业革命到新产业革命才 200 多年。新兴行业不断出现，各行业主次地位变化越发加快。工业革命时期的主要行业是纺织业；进入 20 世纪以后，钢铁、汽车和建筑业先后快速增长，成为国民经济的支柱产业；而电子行业从产生、发展、壮大到形成目前的支柱产业，只用了几十年时间。

（3）脑力劳动占据比重越来越大。随着教育、文化、科技的发展，脑力劳动者逐渐增多。21 世纪后，脑力劳动职位在社会职位总额中所占比重增大，超越体力劳动者的趋势更为明显。

（四）职业发展与职业选择定位

今天，各个职业不断发展和进步。观察某个职业未来发展的大势，可简单分析该发展趋势是持续向上走（向上走又需要区分每年的 GDP 等指标的增长速率，是正常的 8%～10%、高速的 50%乃至 100%的超高速等）；或是持续快速地向下萎缩，或是一直不温不火地停滞不前，难有出头之日。

个人在职业生涯设计时，要充分考虑经济社会发展的大趋势及对各种职业的根本性要求为何，切勿选择即将被社会摒弃淘汰的职业。这就需要明晰哪些职业是社会热门，哪些职业是"烧冷灶"。哪些行业预期状况尚不确定，哪些是属于蒸蒸日上的朝阳行业，哪些行业则是已日薄西山即将退出历史舞台的。

正如炒股票一样，最好的股票不是大家争相对准的贵州茅台，以及各行各业的各种龙头"茅"，也非选择哪些一抓一大把的低价股、ST 股。最好的结果，应当是尽力选择预期数年内可增值三五倍的"大黑马"股。选择职业同样如此，如 20 年前参与互联网、电子商务行业，并在此辛勤耕耘坚持不停歇，早已一骑绝尘。如 20 年前参与内河航运业，在今天高速公路、高铁异常发达的情况下，内河航运早已是日薄西山乃至烟消云散了。

（五）地域发展与差异

个人职业选择的状况，不仅与社会的各个行业紧密相关，还与不同地域的发展状况和未来趋向有极大关联。例如，大学生毕业后，是要选择在京沪穗深等一线大城市工作，或是在二线省会城市就业，或是寻觅一个小县城安然度日。

2010 年，笔者的一名学生询问毕业后，自己到何地就业最为合适。他来自浙江的舟山岛，就读机械工程专业。笔者给他的答复是回到舟山家乡求职，正是最好的选择。原因很简单，当时，国务院专门出台了大力开发舟山新区的国家级规划，将有若干个大项目、上千亿资金投资落户到舟山新区。同时，浙江省政府提出相应的"山海计划"，即向海洋向山地丘陵要资源、要发展，重点自然是舟山新区的发展。舟山未来的经济社会发展状况将不可限量，各类人才进入舟山新区后的个人发展状况，同样是不可限量。事后证明，这个选择是正确的。

所以，个人职业的发展，应当紧密结合并依托国家和地域的发展。国家未来重点发展的区域是哪里，该区域未来的发展重点又在何方。大学生积极关注国家大事，关注国家每年都要重点发布的产业规划和区域规划，将自己的职业生涯发展，与国家社会的发展紧密结合在一起，就能得到自身最好的发展目标和职业生涯重点。

第二节 职业概说

一、职业的解读

职业是一种社会历史现象，是人类社会发展到一定阶段的产物。现代意义的职业是社会分工的产物，无论是对个人还是对社会的生存与发展，都具有十分重要的作用。

（一）职业的概念

从汉语词义的角度来讲，"职业"一词由"职"和"业"构成，"职"是指职位、职责，"业"是指行业、事业。对"职业"一词的具体含义，不同学者有不同的解释，下面概述一下。

（1）美国社会学者塞尔兹认为，职业是个人为了不断取得收入而连续从事的某种具有市场价值的特殊活动，它决定该项活动的人的社会地位。

（2）日本就业问题专家保谷六浪认为，职业是具有劳动能力的人为了自身生活和贡献社会而发挥其能力连续从事的劳动。

（3）本书对职业的解释是，职业是劳动者承担社会责任，相对稳定地从事某项有酬工作而获得的社会劳动岗位。

（二）职业概念的解读

一般认为，职业是个人在社会中所从事的作为主要生活来源的工作。或者说，职业是人们参与社会分工，利用专门的知识和技能为社会创造物质财富和精神财富，自己也从中获得合理报酬作为物质生活来源并满足精神需求的工作。这个定义有两层含义。

（1）并非任何工作都能成为职业，某种工作只有变得足够丰富、足够重要，以致能吸引到足够的劳动者长期稳定地投入其中，才能成为职业。而且，劳动者从事该项工作时，还能取得一定的经济收入，作为自己据以养家糊口的财富源泉。

（2）职业是劳动者获得的一种社会角色，劳动者必须按产业结构中该社会角色规定的职业技能和道德规范行事。

在以往的职业概念表述中，还包括个人就职于"某个单位或组织"。但在今天的社会里，已经出现了众多的自由职业者，他们并不需要依附于某个特定单位或组织，而是个人自成一体，自己决定自己的职业活动内容，并取得相应的劳动报酬。

二、职业的特征

1. 产业与行业性

一个国家或区域的产业通常分为三大类，即三大产业。第一产业包括农业、林业、牧业和渔业等；第二产业是工业和建筑业，工业包括采掘业和制造业等；第三产业是流通和现代服务业。传统农业社会是农业人口比重最大；在工业化社会里，工业领域的职业数量和就业人口显著增加；科技高度发达、居民生活品质大幅提升和经济发展迅速的社会，第三产业的职业数量和就业人口显著增加。

行业表示人们所属工作单位的性质，是根据工作单位所生产物品或提供服务的差异而划分的。职业数量较少的时期，职业与行业是同义语。目前，职业与行业既有联系又有区别。中国职业规划师协会的定义是："职业=职能×行业"。职业种类分布有区域、城乡、行业乃至国别的差异，主要按企业、事业单位、机关团体和个体从业人员所从事的生产或其他社会经济活动的同一性来分类。

2. 社会性

职业涉及具有劳动能力的大部分社会成员，并分布在社会、政治、经济、心理、教育、技术、伦理等各个领域，具有广泛的社会性。职业是今天的商品经济社会里，大规模生产和劳动细化分工的产物，体现了不同职业间的劳动产品和服务活动成果的交换，反映了职业和职业成果的社会属性。工作中结成的人际关系体现出劳动者之间的关系，劳动成果的交换反映了不同职业间的等价交换。

3. 功利性

职业是个人和社会存在与发展的基础，人们为能在社会顺利生存并有所发展，必须从事某种职业活动，以此来解决自我和家人生活的经济来源。人们的各种社会行为都是建立在职业活动的基础上。职业作为人们赖以谋生的劳动，具有功利性的一面。"衣食足而知荣辱"，有了职业劳动才有了其他一切社会活动的基础。职业活动的成果既满足从业者自己的需要，同时也满足社会的需要。功利性在个人和社会职业间的结合，职业生涯活动才具有生命力和意义。

4. 规范性

职业的规范性包含职业活动操作规范和职业道德规范的双层含义。不同职业活动都有一定的操作规范，这是保证职业活动专业性的要求。职业对外展现其服务时，还存在伦理范畴的规范，即职业道德。两者共同构成了职业规范的内涵与外延。职业规范更多体现在遵守行业和公司的行为规范，包含职业化思想、职业化语言和职业化运作等。各个行业、企业都有自己的行为规范。职业化程度高的员工，应当在进入某行业某组织的较短时间内，严格按照该行为规范来要求自己，使自己的思想、语言、动作符合应有的身份。

5. 职位性

职位是一定层级的职权和相应责任的集合体，职权相同和责任一致就属于同一职位。每种职业都含有职位的特性，如大学教师有助教、讲师、副教授、教授等技术层级；国家机关的公务员包括科级、处级、厅（局）级、省（部）级等职位系列。

6. 层次性

众多职业区分为不同层次，包括各类职业层次和各类职业内部层次。从社会需要的角度看，职业没有重要与否，也无"高低贵贱"之分。但在现实生活中，因对从事职业人员的素质要求不同，以及人们对职业的看法或舆论评价的差别，职业便有了层次之分。

不同职业层次性的评价，根源于以下要素：①脑力与体力劳动的付出份额；②收入水平的多寡；③担负工作任务的轻重；④工作技术的复杂程度；⑤对社会作出贡献的大小；⑥职业社会声望的高低；⑦工作自主权的大小；⑧工作环境的优劣；⑨掌握社会资源和权力地位的多寡。这些差别是经济社会发展中自然而然形成的，并为人们提供公平竞争、自主择业的机会，以促进社会的健康发展。

7. 分工性

社会分工是职业分类的依据，劳动对象、劳动工具及劳动付出形式等在分工体系的每个环节，各有其特殊性，导致不同职业间存在巨大差异，包括职业运作内容差异、职业社会心理差异、从业者个人行为模式差异等，并由此决定了各种职业间的区别。不同职业有不同的技术复杂度，每种职业往往表现出特定的技术要求。

8. 同一性与差异性

无论以何种依据来划分职业，都带有组群的特点。如科研人员包含哲学、社会学、经济学、理学、工学、医学等各个大类；咨询服务业包括科技咨询、心理咨询、职业咨询、卫生健康咨询等。某一类别的职业内部，其劳动条件、工作对象、生产工具、工作环境及操作内容的相同或相近，人们会形成同一的行为模式，有共同的语言习惯和道德规范。正是基于职业的同一性，形成了诸如行业工会（如铁路工会、教育工会等）、行业联合体等社会组织。

不同职业间存在着差异，也有同一性，如岗位基本固定、工作时间固定、按劳取酬等的基本同一；如不同职业间的劳动条件、工作对象、劳动性质乃至从业人员行为模式和道德规范的不同。随着科技进步、经济体制改革，新的职业（如金融理财业、电子商务业、生涯咨询师等）还会不断产生，与社会不相适应的职业被相继替代。

9. 时代性

随着经济社会发展和科技进步，人们的生活方式、风俗习惯等发生改变，职业除弃旧更新外，还有同种职业活动的内容和方式的变化，导致各类职业都被打上该时代的"烙印"，附有明显的时代性。如同样是种植业，今天的现代化、大规模的养殖和种植业，与小农经济时代的各家各户的自种自食，即有天壤之别。

不同时期都有各自的热门职业，每个社会都有相应的"时尚"，表现为人们对某一职业的普遍热衷。我国曾出现过"当兵热""从政热""上大学热""考研热"，又进展为"下海热""出国热""外企热""考公热"等，都反映出特定时期人们对某种特定职业活动的热衷程度。

10. 延展性

职业的延展性，即该职业未来的发展潜力与前景的状况如何，是否在工作的内容、方式和壮大规模等方面，有很大的延伸和拓展。有的职业可延展性很强，有的职业则几乎没有任何延展。如图书馆专业的学生和财经专业的学生相比，统计专业的学生和金融专业的学生相比，毕业后到社会就职发展的出路和前景如何是显而易见的。经济体制改革开放的 40 年来，图书馆管理人员作为一种职业的延展很少，除图书馆数量增多、人员增加、图书借阅存放的技术增进外，很少有其他大的变化。而财经金融的变化就是多之又多，呈现为翻天覆地、日新月异的态势。统计专业和金融专业毕业学生的未来状况，同样是如此。

三、职业的功能

职业是大多数人选择的生存手段和生活方式。职业选择的社会价值判断，已成为现代社会不同职业的从业人员的地位象征。职业选择考验的不仅是知识和智慧，还是心态和勇气。具体地说，职业的功能应包括以下几项。

（1）职业为劳动者提供社会工作岗位，使其进入某个社会组织的职业岗位来参与社会劳动、承担社会义务，创造社会财富，并在其中充分发挥自己的聪明才智，实现人生价值。从事职业使个人的兴趣、特长得以发挥，个性得以拓展。

（2）职业是个人通过职业劳动创造物质财富和精神财富，获得经济收入及生活的来源。职业劳动给予劳动者合理的酬报，满足其物质文化生活需要，并提供必要的集体福利和社会保障。对于大学生而言，还应进一步满足其岗位职业技术培训、提高学历层次的用费，以及建立家庭的物质准备。

（3）职业是个人从事具体劳动的体现，是个人为社会作贡献、为他人提供服务的途径。职业在人们的社会生活中居于首要地位。解决好职业问题，对其一生的顺利发展都具有重要意义。

（4）职业是个人名誉、地位和权力的来源，具有维持社会稳定、实现社会控制、维持社会运转，为社会创造财富的功能。职业分工是构成社会经济制度及运行的主体，职业结构变化、职业层次间矛盾的解决，是推动社会进步的动力。

四、职业资格

(一) 职业资格的内涵

职业无贵贱之分,但有社会责任大小和技术程度难易之别。国家对此采取职业资格准入制度,作为对个人从事某个职业所必备的学识、技术和能力的基本要求。职业资格包括从业资格和执业资格,后者的从业难度要高于前者。

(1) 从业资格包括教师证、钳工证、焊工证、证券从业类和保险类等资格类型,是指人们从事某一专业 (职业) 需要具备的学识、技术和能力的起点标准。

(2) 执业资格包括注册会计师、注册结构工程师、执业医师、执业律师、大法官、大检察官、执业中医师、执业护士和公务员等,是指政府对某些责任较大、社会通用性强、关系公共利益的专业 (职业) 实行准入控制,是依法独立行业或从事某一特定专业 (职业) 应具备学识、技术和能力的必备标准。

(二) 职业资格证书

职业资格证书是劳动就业制度的重要内容,是按照国家制定的职业技能标准或任职资格条件,通过政府认定的考核鉴定机构,对劳动者的技能水平或职业资格进行客观公正、科学规范的评价和鉴定,对考试合格者授予相应的国家职业资格证书。

中国职业资格证书根据不同的职业,分为全国统一鉴定和省级劳动部门统一鉴定两类。全国统一鉴定的时间每年分两次进行,统一鉴定的职业有:秘书、营销师、物业管理员、电子商务师、项目管理师、心理咨询师、企业人力资源管理师、企业信息管理师、物流师、网络编辑员、理财规划师、广告设计师、职业指导人员、企业文化师、企业培训师共 15 种职业。

中国的职业资格证书分为 5 个技术等级:初级工 (五级)、中级工 (四级)、高级工 (三级)、技师 (二级) 和高级技师 (一级)。

(三) 职业资格等级的法律依据

《中华人民共和国劳动法》第八章第六十九条规定:"国家确定职业分类,对规定的职业制定职业技能标准,实行职业资格证书制度,由经备案的考核鉴定机构负责对劳动者实施职业技能考核鉴定。"这些法律条款确定了国家推行职业资格证书制度,开展职业技能鉴定的法律依据。

最近多年来,国家人力资源与社会保障部多次发布对若干新职业的认定,包括二手车经纪人、汽车救援员、调饮师、食品安全管理师、服务机器人、应用技术员、电子数据取证分析师、职业培训师、密码技术应用员、建筑幕墙设计师、碳排放管理员、管廊运维员、酒体设计师、智能硬件装调员、工业视觉系统运维员、理财规划师、生涯规划师、集成电路工程技术人员、企业合规师、公司金融顾问、易货师等。

在国家发布的新职业中,既有数字化技术发展、企业高质量发展催生和孕育的新职业,也有为满足绿色发展理念、食品安全要求、人民日益增长的美好生活需要等涌现出的新职业或派生职业。

五、职业的分类

(一) 职业按照产业的分类

根据中国职业规划师协会定义:职业包含三大产业和生产、加工、制造、服务、娱乐、政治、科研、教育、农业、管理 10 个方向。细化分类有 90 多个常见职业，如工人、农民、个体商人、公共服务、知识分子、管理人员、军人等。

按照国际通行原则，一个国家的国民经济可以划分为三大产业：第一产业、第二产业和第三产业。

第一产业包括农业、林业、畜牧业、渔业和矿业，有粮农、菜农、棉农、果农、瓜农、猪农、豆农、茶农、牧民、渔民、猎人等从业人员。

第二产业包括机器制造业、加工业和建筑业，有瓦工、装配工、注塑工、折弯工、压铆工、投料工、物流运输工、普通操作工、喷涂工、力工、搬运工、缝纫工、司机、木工、电工、修理工、普工、屠宰工、清洁工、杂工等从业人员。

第三产业是指为社会公众提供社会性服务的非物质生产部门，如金融业、保险业、商业、旅游业、咨询业和信息业等。包括公共服务业（大型或公办教育业、政治文化业、大型或公办医疗业、大型或公办行政、管理业、管理人员、军人、民族宗教、公办金融业、公办咨询收费业、公办事务所、粮棉油集中购销业、科研教育培训业、公共客运业、通讯邮政业、通讯客服业、影视事务所、声优动漫事务所、人力资源事务所、发行出版业、公办旅游文化业、文员白领、家政服务业）、个体商人（服务），社会服务业（盲人中医按摩业、个体药店、个体外卖、个体网吧、售卖商业、流动商贩、个体餐饮业、旅游住宿业、影视娱乐业、维修理发美容服务性行业、个体加工、文印部、个体洗浴、回收租赁业、流动副业等）；综合服务业（房地产开发）等等。

（二）职业分类依据的具体介绍

在职业分类中，产业、行业与职业三者之间存在归属关系，产业是国民经济中的基本分类，不同产业包含下属的各种相应行业，不同行业又相应包含了各种职业。职业分类的主要依据，是根据职业工作者在社会岗位从事的活动所包含的目标、应完成的任务及所体现的社会职能。下面举例说明。

（1）社会服务性职业，主要指帮助公众解决问题或困难的职业，如医疗卫生工作者、民事调解员、心理指导师等。

（2）文职性职业，是指使用文字或其他各类媒体，把信息和知识传授给别人的职业，如教师、记者、编辑、图书档案工作人员等。

（3）艺术及创造性职业，是指用语言、动作、音像、色彩等来创造艺术作品的职业，如摄影师、作家、画家、音乐家、舞蹈家等。

（4）计算及数学性职业，是指证券资金管理、资料数据统计，如银行证券职员、财务会计、统计员等。

（5）管理性职业，是指以管理为主的职业，如厂长、经理、公务员等。

（6）一般服务性职业，是指为社会公众、家庭提供专项服务的职业，如服务员、导游员、钟点工、保姆等。

（三）中国职业的划分

《中华人民共和国职业分类大典》（2022 年版）将我国职业划分为 8 个大类，79 个中类，449 个小类，1 639 个细类（职业）。8 个大类具体如下。

第一大类：党的机关、国家机关、群众团体和社会组织、企事业单位负责人。

第二大类：专业技术人员。

第三大类：办事人员和有关人员。

第四大类：社会生产服务和生活服务人员。

第五大类：农、林、牧、渔业生产及辅助人员。

第六大类：生产制造及有关人员。

第七大类：军队人员。

第八大类：不便分类的其他从业人员。

这种分类方法符合中国国情和职业现状，简明扼要实用。

（四）职业的人为感观类型

职业生涯规划的专家通过大量调查，从人们的理想、信念和世界观等角度，把各类职业分为以下9类。

（1）自由独立型（非工资工作者型）。这种职业定位的人有较高的专业知识技能，喜欢独来独往，不愿受别人指使和干涉，期望充分施展自己的本领，拥有任意发挥施为的小"天地"。他们宁愿做一名咨询人员，或独立从业开一家自营小店，或与他人合伙创业，成为某种自由职业者，却不愿在某个组织或公司里任职。

相应职业类型：室内装饰专家、图书管理专家、摄影师、音乐教师、自由撰稿人、会计师、网络作家、演艺界人士、作家、记者、诗人、作曲家、编剧、雕刻家、漫画家等。

（2）经济型（经理型）。他们认为各种人际关系都是建立在金钱基础之上，甚至父母子女间的亲情也带有金钱的烙印，确信金钱可以买到任何幸福。

相应职业类型：各种职业中都有这类人员，尤以财经、金融等商界为甚。

（3）支配型（独断专行型）。以支配他人为快乐。

相应职业类型：政治家、律师、商品批发员、旅馆经理、饭店经理、广告宣传员、调度员、零售商等。

（4）小康型。这部分人关心职业的长期稳定性，不愿从事有挑战性的工作。喜欢享受随意、安逸的生活，欲望得不到满足时，因自我意识过于强烈，反而会显得自卑。为了安定的工作、稳定的收入、优越的福利与养老制度等付出努力。大多数人员都属于这种职业定位。

相应职业类型：记账员、会计、银行出纳、法庭速记员、成本估算员、税务员、核算员、打字员、办公室职员、统计员、计算机操作员等。

（5）交际型。精通为人处世之道，人际关系交往好，团队合作能力强，认为朋友是最大的财富，乐意和各种类型的人员打交道。

相应职业类型：公关人员、商品推销人员、寿险营销人员、秘书、影视演员、网络作家等自由职业者。

（6）自我实现型。这类人员不关心日常生活幸福，不考虑收入、地位及他人对自己的看法。迫切希望拥有以自己名字命名的产品或工艺或公司，一心一意发挥个性，渴望有较高的社会地位和名誉，希望受到众人尊敬。只有这些实在事物才能体现自己的才干和成功，并视此为生活的意义。

相应职业类型：气象学家、生物学家、天文学家、药剂师、动物学家、化学家、科学报刊编辑、地质学家、植物学家、物理学家、数学家、实验员、科研人员和科学工作者等。

（7）志愿型。富于同情心，把他人的痛苦视为自己的痛苦，不乐意表面上哗众取宠的事，把默默帮助不幸的人视为自己的无比快乐。

相应职业类型：社会学家、导游、福利机构工作者、咨询人员、社会工作者、社会科学教师、护士等。

（8）技术型。一心钻研于自己喜欢的技术，性格沉稳，做事组织严密，井井有条，对未来充满平常心。出于自身个性、能力与爱好的考虑，乐意在专业技术领域图谋发展，不愿意从事管理工作。

相应职业类型：木匠、工程师、飞机机械师、动物专家、自动化技师、机械工、电工、火车司机、公共汽车司机、机械制图人员等。

（9）全面型。几乎在任何方面都有广泛的兴趣爱好，或还有较好发展，可称是"门门通、门门松"的万金油人士。他们对任何事项都可以随意发挥自己的见解和观点，但又不可能对此做深入研究。

相应的职业类型：办公室主任、秘书等。

六、职业的领色分类

中国目前的职场已习惯用"领子的颜色"划分不同人群。如从位高权重的总经理，德高望重的大学教授，出入豪华商务中心的文职人员，到操作机械的普通工人，领子的色彩诠释着职业的新概念。按照职业性质，职业人员分为蓝领、白领、灰领和金领多种。对各种"领色"的概念、特征加以剖析，是耐人寻味的。

（一）白领

白领（white-collar worker）概念最早出现于20世纪的20年代初，通常是指有较高教育背景和工作经验、从事脑力劳动的阶层人士，是西方社会对企业中不需做大量体力劳动的工作人员的通称。白领包括一切受雇于人并领取薪水的非体力劳动者，还包括从事脑力劳动的管理人员、政府公务人员、办事员、文书、会计、店员及教师、医生、律师、普通职员等。

白领工作条件整洁、职业环境好、穿着整齐、衣领洁白、福利好、收入稳定增长、职位稳定，是令人羡慕的职业阶层，但仍处于受雇佣的地位。美国的白领总数占职工总数的60%～70%，已超过蓝领。按美国的标准，白领是指年薪在8万美元以上、从事纯粹脑力劳动的人。

（二）蓝领

蓝领（blue collar worker）一般指技术含量低的重复性的体力劳动，如工矿工人、农业工人、建筑工人、码头工人等。其得名缘于他们劳动时一般穿蓝色的工作服。低技术含量的文秘人员，通常也包含在蓝领之中。

蓝领又分为锐蓝和深蓝。锐蓝有可能向白领转变，深蓝一般从事体力劳动，对学历文化和技能拥有等，通常并无太多挑剔。他们的收入待遇普遍较低，工作环境较差，工作状态不稳定，竞争力度大，面对的职业伤害和风险高，是职场上地位最低的层次。随着高科技的兴起，机器对重体力劳动产生较多替代，蓝领阶层有大幅削减之势。

蓝领族多以计时算工资，没有统一的收入标准，各国甚至各地区的收入水平差异很大。如以薪水区分，白领一族多是固定月薪，过去认为白领族比蓝领族薪水较高的想法，今日在逐渐变化中。许多白领族的薪水结构，被公司政策重新设计，变成高奖低底薪的结构，如工作没有达到一定成效，薪水不见得比蓝领族高。

（三）灰领

灰领（gray collar worker）原指负责维修电器、机械的技术工人，经常穿灰色制服工作而得名。目前，灰领是对技师和技工等从事技术工作人群的普遍称呼。他们掌握较高的学历和丰富的专业知识，又有较强的动手操作技能，既会动脑，又会动手。灰领具有蓝领和白领的双重优势，有着比蓝领更多的知识和更佳专业，薪资通常是一般蓝领的 3～5 倍。灰领往往受过高等教育，同时脚踏实地安心做事，不会好高骛远，发展潜力很大。

灰领职业原本集中于 IT 和设计两大行业，如今范畴大幅扩大。电子工程师、软件开发工程师、装饰设计工程师、绘图工程师、喷涂电镀工程师乃至印刷设计、计算机程序设计员、计算机网络技术人员、网页设计与制作员、数码影像技术人员、动漫设计、游戏制作、数字音乐制作、信息防御、模具设计、智能楼宇布线、IT 程序、会展设计、广告设计、IC 版图设计、多媒体制作、数控编程技术、机械测量技术、工业产品造型设计员、集成电路版图设计员、室内装饰设计员、视频处理技术、动作捕捉技术等，都是"灰领人才"。还有人认为飞行员、外科医生和记者、厨师、服装设计师等，也都属于灰领。

（四）金领

金领（gold collar worker）是不折不扣的城市精英，是在某一行业有所建树的资深人士，有十足的事业成就感和生活品质优越感。金领不仅是顶尖的管理高手，且拥有决定白领命运的权力。社会对这些高级管理职员的知识结构、公关能力、团队协调、管理经营能力、社会关系资源等综合素质，具有充分的认可。一流的工作环境、从头到脚的品牌、自信内敛的笑容等，是金领的普遍特征。

金领阶层一般包括三资企业的高管人员，外商驻华机构的中方代表，规模较大的民营企业的高管，国企高层领导等。他们年龄大致在 35 岁至 50 岁之间，大多曾在 985 高校乃至留学国外的著名学府学习并获得学位，有丰富的工作经验、经营策划能力、专业技能和社会关系资源，年薪在 50 万元到 100 万元之间或更多。这个阶层不一定拥有生产资料的产权，但却拥有某个大型公司举足轻重的技术、经营和管理权。

金领阶层能有今天的地位，靠的是扎实的专业知识和丰富的从业经验，是凭借精深的专业知识、优秀素质和对生活的感悟力，并以此赢得别人的尊重和认可。金领关注自我感受和自我价值实现，选择职业像交朋友一样凭个人喜好，能发挥个性和能力才是最为重要的。金领大部分时间处于工作状态，加班是家常便饭，频繁出差是生活常态。金领关注时政，是国际新闻版、财经版和科技版的忠实读者，同时也注重家庭生活和生活质量。金领的夜晚和周末随时要充电学习，各种高级培训班常有他们的身影，是"累并快乐者"。刚毕业的大学生，哪怕是 MBA 的毕业生一般也只能做白领，很少达到金领族。

（五）粉领

粉领（pink collar worker）又称白领丽人（office lady，OL），外来生活型态用词，意指衣着打扮入时，且具有一定办事能力，美丽与智慧兼备的办公室女性文职人员。

粉领既有传统类的工作职务，通常指执行次要工作的女性，代表工作是秘书、资料输入员、卖场销售员、中小学教师或其他教育工作者；也指凭借计算机、电话与外界联系的在家工作的女性自由职业者。西方社会将女性归为粉领族，属于性别区分，有加诸传统分工、限制妇女更多工作机会的争议。

白领丽人的日常生活无非就是工作、情感、学习等，工作在生活中非常重要。很多人在职场中都会出现某些心理困扰，影响个人身心的健康发展。在家工作的粉领则没有朝九晚五的约束，平日可以睡个懒觉，中午吃饭不必太讲究。日常无须看上司脸色，不用穿刻板的职业套装，只穿睡衣、素面朝天便可以工作，以私人化的粉色情调放松自己。粉领女郎唯我独尊、怡然自得、自在轻松，于女人的曼妙心境大有裨益。家既是她们的栖息地，又是她们的工作场所。

（六）绿领

绿领（green-collar worker）是指从事环境卫生、环境保护、农业科研、护林绿化等行业，以及喜欢把户外、山野作为梦想的人们。绿领族寄情于山水之间。期望享受顶级绿领的生活，要具备蓝领的体魄、白领的知识、灰领的技能，才能通过蓝天、白云和金色阳光创造出绿色生活。

（七）黑领

黑领（blackcollar）通常是对就职于政府部门或国有垄断企业，且具有较高经济政治地位的群体的称谓。黑领的经济特点是能分享来自公职权力或垄断力量的经济利益。

第三节　霍兰德职业测试

在大学生的自我认知中，重要内容之一是对职业兴趣爱好的认知，如今使用范围最广的兴趣测试，就是霍兰德的职业兴趣测试和 MBTI 人格测评。下面详细说明。

一、霍兰德职业测试简介

（一）心理特质的说明

在日常生活中，我们会发现有人热情活泼，有人安静少言；有人急躁冒失，有人沉稳踏实；有人反应敏捷，有人反应迟缓。心理学把这种表现在某人身上特有和相对稳定的行为，称为"心理特质"（trait），如人的性格、气质、能力、兴趣、价值观等。人的身高、体重等可用尺子、秤测量；心理特质则是看不见摸不着的，心理测试工作并非易事。它只能通过某人外在行为的反应，来"倒推"其内在特质。这就需要通过专门的兴趣爱好测试，来探查职业兴趣及兴趣类型，明晰独特的思维方式，寻找适合兴趣的专业领域和职业种类。

检测人的心理特质，就是先按要求做一套试题，再根据答案分析被测试者的心理特征。学生时代经历的各类考试，其实也是种心理测试，测量的对象是自己掌握的知识量。

（二）霍兰德职业测试内容

美国职业指导专家约翰·霍兰德（John Holland），于 1991 年根据大量职业咨询经验和就业指导实践，提出职业兴趣理论，又称 RIASEC 理论。同时据此编制了职业兴趣的测评工具，即霍兰德职业兴趣自测题（self-directed search）。

职业兴趣测试的具体内容包括：①职业特征、职业发展，生涯发展理论、生涯规划理论测试；②大学生价值观、自我性格、自我兴趣特长探索；③大学生自信心、自我能力、人际交往能力与创新思维的培养和训练；④大学生群体的特点、大学生特殊群体成长、大学生职业生涯基础、生涯抉择方法及应用、职业生涯规划中常见问题等。

霍兰德认为，个人职业兴趣特性与各类职业之间，应该有一种内在的对应关系。根据各人的兴趣不同，可分为社会型（social）、企业型（enterprising）、传统型（conventional）、现实型（reality）、研究型（investigative）、艺术型（artistic）六个人格维度，每种类型都具有相应的特征。每个人的性格都是这六个维度的不同程度的组合。职业兴趣测试的目的，是通过开展实质性操作及行为训练，促进大学生把生涯规划理论灵活地运用到职业生涯规划之中。

1. 社会型

社会型（S）具有合作、友善、助人、善言谈、洞察力强等人格特征，喜欢社会交往、关心社会问题，重视社会性、道德性活动的价值，喜欢帮助、辅导他人。

● 共同特点：喜欢与人交往、不断结交新的朋友、善言谈、愿意教导别人；关心社会问题、渴望发挥自己的社会作用；寻求广泛的人际关系，比较看重社会规则、义务和社会公共道德。

● 典型职业：喜欢从事与人打交道的工作，能不断结交新的朋友，从事提供信息、启迪、帮助、培训、开发或治疗等事务，并具备相应能力，如教育工作者（教师、教育行政人员）、社会工作者（咨询人员、公关人员）等。

2. 企业型

企业型（E）富有冒险、野心、乐观、自信、精力充沛、善社交等人格特征，具有表现力与指导力，期望权力掌握和地位提升，重视政治、经济等层面成功的价值。

● 共同特点：具有领导才能，喜欢竞争、敢冒风险、有野心和抱负；追求权力、权威和物质财富；为人务实，习惯以利益得失，权利、地位、金钱等来衡量自己做事的价值，做事有较强的目的性。

● 典型职业：喜欢具备经营、管理、劝服、监督和领导才能，以实现机构、政治、社会及经济目标的工作，并具备相应的能力，如项目经理、销售人员、营销管理人员、政府官员、企业领导、法官、律师等。

3. 传统型

常规型（C）具有顺从、谨慎、稳重、有效率等人格特征，喜欢有系统有条理的工作任务，希望组织与秩序。喜欢组织或处理结构化数据，注重事物和计算能力，在领导的指示下完成各种细节。

● 共同特点：尊重权威和规章制度，喜欢按计划办事，细心、有条理；自己不谋求领导职务，习惯接受他人的指挥和领导；喜欢关注实际和细节情况，通常较为谨慎和保守，缺乏创造性，不喜欢冒险和竞争，富有自我牺牲精神。

● 典型职业：喜欢从事注意细节、精确度、有系统有条理，具有记录、归档，根据特定要求或程序组织数据和文字信息的职业，并具备相应能力，如秘书、办公室人员、记事员、会计、行政助理、图书馆管理员、出纳员、打字员、投资分析员等。

4. 现实型

现实型（R）富有技术能力，喜欢有规则的、需要基本操作技能的工作。重视物品，喜欢机器设备、物件加工设计等工作，注重机械及运动能力。

● 共同特点：愿意使用工具从事实际技术操作，动手能力强，做事手脚灵活，动作协调；偏好具体操作事务，不善言辞，做事保守，较为谦虚；喜欢独立做事，缺乏社交能力。

● 典型职业：喜欢使用工具、机器等基本操作技能的工作。对机械才能、体力劳作，或从事与物件、机器、工具、运动器材、植物、动物相关的职业有兴趣，并具备相应能力，如技术性从业者（计算机硬件人员、摄影师、制图员、机械装配工）、技能性从业者（木匠、厨师、技工、修理工、农民、一般劳动）等。

5. 研究型

研究型（I）具有聪明、理性、好奇、精确、批评、分析性内省等人格特征，重视科学事物的价值，偏爱对事物构成缘由的理解；注重科学研究，喜欢观察、学习研究分析，评估解决问题。

● 共同特点：是个思想家而非实干家，抽象思维能力强，求知欲强，肯动脑，善思考，不愿动手；喜欢独立和富有创造性的工作；知识渊博，有学识才能，不善于领导他人；考虑问题理性，做事喜欢精确，喜欢逻辑分析和推理，不断探讨未知的领域。

● 典型职业：喜欢智力、抽象、分析、独立的定向任务，具有智力或分析才能，并将其用于观察、估测、衡量、形成理论、最终解决问题，并具备相应的能力，如科学研究人员、教师、工程师、计算机编程人员、医生、系统分析员等。

6. 艺术型

艺术型（A）具有想象、冲动、直觉、创意等人格特征，喜欢艺术性质的职业和环境，追求美的价值；拥有艺术、创新或直觉能力，喜欢在非结构性环境下工作，发挥自己的想象创造力。

● 共同特点：有创造力，乐于创造新颖、与众不同的成果，渴望表现自己的个性，实现自身的价值；做事理想化，追求完美，不重实际；具有一定的艺术才能和个性，善于表达、怀旧、心态较为复杂。

● 典型职业：喜欢具备艺术修养、创造力、表达能力和直觉，并将其用于语言、行为、声音、颜色和形式的审美、思索和感受，具备相应的能力，不善于事务性工作，如艺术从业者（演员、导演、艺术设计师、雕刻家、建筑师、摄影家、广告制作人）、音乐从业者（歌唱家、作曲家、乐队指挥）、文学从业者（小说家、诗人、剧作家等）。

7. 混合型

大多数人并非只有一种典型性向，可能同时包含社会性向、现实性向和调研性向等多种性向。在个人职业的选择中，也非一定要选择与自己兴趣完全对应的职业，缘由有以下三个方面。

（1）个体通常是多兴趣类型的综合体，单一类型显著突出的情况不多。在评价个体兴趣类型时，可根据分数的高低依次排列字母，并以其在六大类型中得分居前三位者组合，构成其兴趣组合型，如 RCA、AIS 等。

（2）影响职业选择的因素有多个方面，应参照社会对各项职业需求的迫切程度，个人为获得该职业的现实可能性大小而定。兴趣类型只是一个参考。例如，某人喜欢搞科学研究，目标是成为一个科学家，但如大学刚毕业就期望进入某个研究所工作，显然很不现实。大家选择职业时会不断做出妥协，寻求与其相邻甚至相隔的职业环境做替代，同时逐步适应该新的环境。

（3）个体寻找并进入的职业环境，可能与自我兴趣完全不同。例如，某个性格十分内向的女孩，找到一个服务行业的工作，每天面对形形色色的客人和关系处置，工作起来就会无所适从，甚至十分痛苦。再如，某人的人际交往能力很强，乐意也善于与人打交道，若被安排整天坐办公室，处理各类数据报表，就会觉得十分无聊。就此而言，霍兰德的职业兴趣测试，是十分必要的。

二、霍兰德的正六三角形职业测试量表

（一）霍兰德正六三角形职业关系解说

霍兰德认为，人的测试性向越是相似，相容性就越强，选择职业时面临的内在冲突和犹豫就会越少，反之亦然。为了清晰描述这种情况，霍兰德设立了一个正六三角形，并将六种性向分别放在该正六三角形的每一个角，如图5-1所示。

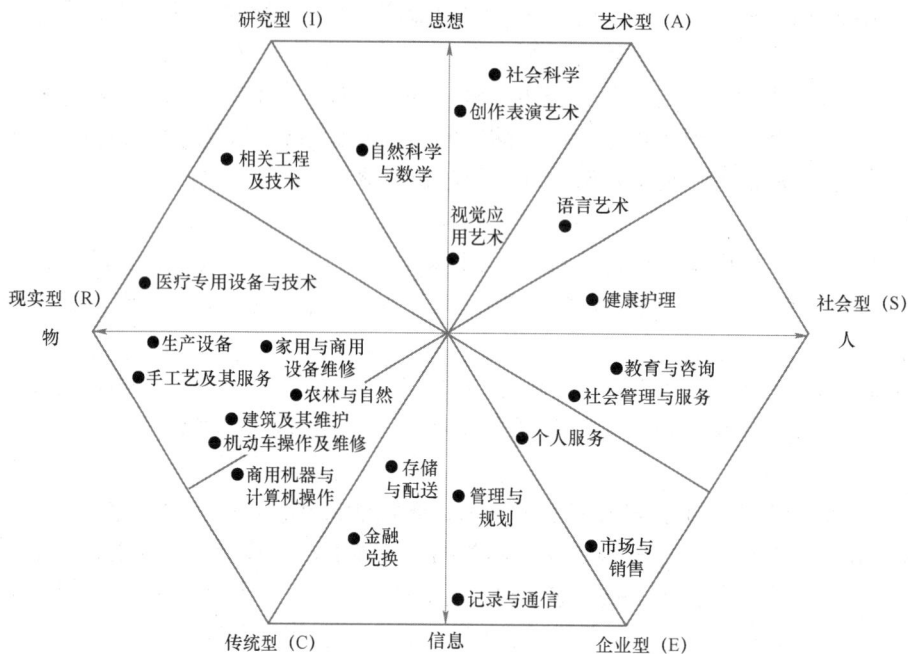

图5-1 霍兰德正六三角形职业关系图

员工的工作满意度与流动倾向性，取决于个人的人格特性及与职业环境的匹配程度。人们通常倾向于选择与自我兴趣相匹配的职业环境，如具有现实型兴趣的人希望在现实型的职业环境中工作，以最好地发挥个人潜能，对该职业产生最高的满意度和最低流动率。社会型的人从事社会型工作是如鱼得水，现实型的人面对社会型工作则不大合适。模型的关键在于：①个体之间在人格方面存有本质性差异；②个体具有不同类型，工作也有不同类型；③当工作环境与人格类型协调一致时，会产生高工作满意度和低离职可能性，反之亦然。

霍兰德发现六种兴趣类型之间并不完全独立，而是存在一定程度的相关性。六大职业生涯测定的类型并非并列的，而是有明晰的边界。1969年，霍兰德在职业兴趣理论的基础上，以六边形标示出六大类型的关系，提出六种职业兴趣的环型结构模型，又称为六边形模型，构成霍兰德职业兴趣理论的精髓。

（1）相邻关系。如RI、IR、IA、AI、AS、SA、SE、ES、EC、CE、RC及CR。属于这类关系的两种个体之间的共同点较多，如现实型（R）和研究型（I）的人不大偏好人际交往，

处于两种职业环境的人，较少机会与他人和社会接触。

（2）相隔关系。RA、RE、IC、IS、AR、AE、SI、SC、EA、ER、CI 及 CS，属于相隔关系，两类个体之间的共同点，较相邻关系为少。

（3）相对关系。六边形上处于对角位置的类型之间，即为相对关系，如 RS、IE、AC、SR、EI 及 CA。

（二）职业测试方法

霍兰德的职业人格类型理论为各类人员按照自己的职业兴趣类型搜寻合适的职业提供了广泛的应用前景。霍兰德提出，人格被视为兴趣、价值、需求、技巧、信仰、态度和学习个性的综合体。兴趣是职业选择中的基础要求，是个体和职业选择匹配的重要因素。

霍兰德把人们对职业环境的研究，与对职业兴趣个体差异的研究有机结合起来，先后编制了职业偏好量表（vocational preference lnventory）和自我导向搜寻表（self-directed search），作为职业兴趣的测查工具，并力求为每种职业兴趣找出两种相匹配的职业能力。兴趣测试和能力测试的结合，即"我喜欢做什么"和"我能做什么"，在职业咨询指导的实际操作中起到了促进作用。

不同职业的社会责任、满意度、工作特点、工作风格和考评机制各不相同。典型的霍兰德测试结果雷达展示图，如图 5-2 所示。6 个顶点分别代表 6 种兴趣类型，每种类型的得分情况一目了然，按照得分高低得出被测试人的 3 个代码。假如某人得分最高的 3 项是 SIC，分别为社会型（S）分、研究型（I）分和传统型（C）分。据此就可以分析该人员的兴趣爱好，以及最应当从事的职业。

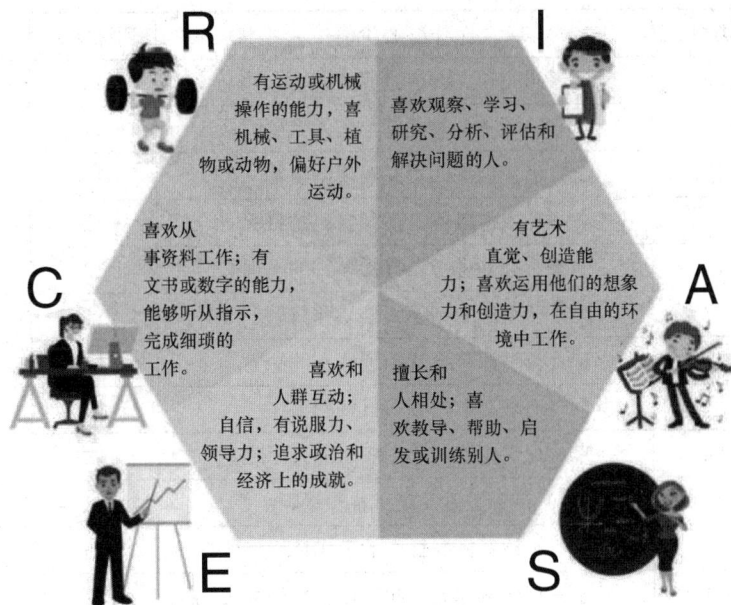

图 5-2 典型的霍兰德测试结果雷达展示图

（三）职业兴趣测试引导的职业价值观类型

该测评将人的职业价值观分为利他主义、成就感等 13 种类型（详见图 5-3 和表 5-1）。通过考察测试，可以对代表不同价值追求的多种活动的好恶情况及好恶的程度，来确定其主导的职业价值观类型，从而为个人选择职业、职业生涯规划等提供科学、系统的参考。

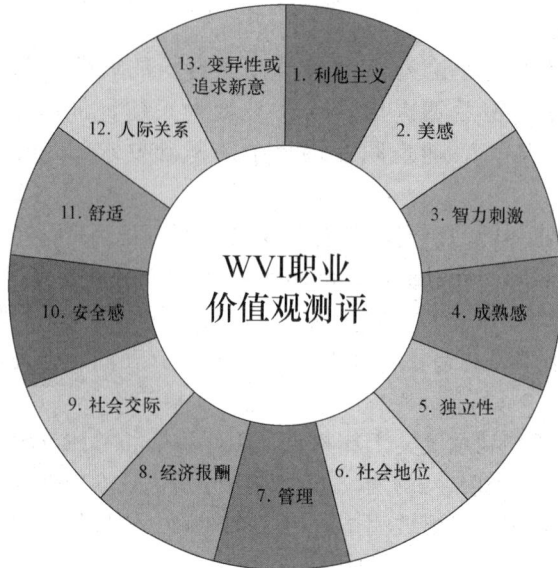

图 5-3 霍兰德职业价值观图示

表 5-1 职业价值观的类型和测评

序号	价值观类型	工作核心价值	测评得分	所占比重/%
1	利他主义	乐意为大众福利尽一份力	13	7.83
2	美感	追求工作的美感与艺术氛围	11	6.63
3	智力刺激	追求创意，不断发现新事物	14	8.43
4	成就感	不断取得成就，实现自己的目标	12	7.23
5	独立性	善于独立思考，分析事物的机理	12	7.23
6	社会地位	乐意于受到他人推崇和尊敬	15	9.0
7	管理	具有发挥督导或管理他人的能力	13	7.83
8	经济报酬	追求有丰厚收入报酬的工作	13	7.83
9	社会交际	喜欢与人交往，建立广泛的人际联系	12	7.23
10	安全感	希望生活安定有各种保障	12	7.23
11	舒适	希望有良好舒适的工作环境	15	9.0
12	人际关系	乐意与同事领导一起工作，相处愉快	12	7.23
13	追求新意	工作形式和内容富有变化不单调	12	7.23
	总　　分		166	100

三、霍兰德测试结果剖析

（一）职业测试结果剖析

霍兰德职业兴趣测试结果的剖析，可从其理论来源、题目设置和结论阐释三个方面，对该测试结果作整体的认知。

职业兴趣是职业成功的重要因素。霍兰德的职业兴趣理论可帮助自己做好职业选择和职业设计，成功地进行职业调整，尤其是对于大学生和缺乏职业经验的人，可从整体上认识和发展自己的职业能力。企业在招募人才的过程中，如能坚持以霍兰德的职业兴趣理论为指导，不仅可以招募到适合企业的人才，还可以在招聘工作中减少盲目性。企业通过职业兴趣的测试，还可给予新员工适合的工作环境，以期最大限度地发挥其聪明才干。在职业兴趣测试的帮助下，个体可以清晰地了解自己的职业兴趣类型和职业选择中的主观倾向，从而在众多的职业机会中寻找到最适合自己的职业，避免职业选择的盲目行为。

职业兴趣由职业的多样性和复杂性得以反映，个体差异十分明显。缘由是现代社会职业划分越来越细，社会活动的要求和规范愈益复杂，职业间的差异越发明显，对个体的吸引力和要求迥然不同。个体自身的生理、心理、教育、社会经济地位和环境背景不同，乐于选择的职业类型、倾向于从事的活动类型和方式也十分不同。最好的结果是将合适的人放在合适的岗位上。具体标志是：人的知识、能力、技能与岗位要求相匹配，更重要的是人的性格、兴趣与岗位相适应。

（二）霍兰德代码实例分析

测试者得到属于自己的霍兰德代码（如 SCI）之后，可能会面临以下 3 个问题。

（1）测试得到的 3 个代码意味着什么？

意味着主要兴趣领域是社会型（S），次要领域是研究型（I）和传统型（C）。在选择职业时，首先选择领域可以放在心理咨询师、社会工作者、教师等社会型职业，在此基础上再筛选研究型和常规型。

（2）如 SIC 或 SCI 都非我喜欢的职业，该怎么办？

需要用到霍兰德六边形的模型规律：每两种类型间有相邻、相隔和相对 3 种关系。相邻代码间的相关性最强，相隔则次之，相对最弱。相关性是指职业活动的相似性，相似性活动高的代码组合在一起，更容易做出抉择。除 3 个代码组合外，还可以寻找相邻的代码组合。再如，主代码是社会型（S），相邻的是企业型（E）和艺术型（A），还有 SEC、SCE、SAI 和 SIA 组合可做选择。这就提供了更多的职业选择，扩大了职业领域。

（3）我是否必须按照测试结果给出的职业推荐，来选择自己的职业方向？

首先，任何职业决策都非单单考虑兴趣一个因素，就能得出定论。个人的人格、气质、能力和知识技能储备等心理因素，也起到重要作用。除外，还要考虑市场需求、培训机会、上升空间和职业价值观等，甚至性别、外貌、体力健康、感官机能等生理因素，也在考虑之列。应结合自身的实际情况，综合多方面要素考量才是明智的。

其次，不要被一次测试的结果束缚了想象空间。每个人都是独一无二的，相同兴趣类型的人都有不同的倾向和爱好。测试结果只是在统计学范围内对同类人做出预测，是在总体方向上给测试者提供某些可行建议。对于具体的某个人而言，可能十分准确，也可能并非如此。

最终的选择权在测试者手中。没有任何测试结果可以准确地表明，哪种职业是完美的（如谈"最完美"则不可能，任何情形都不可能得到最完美的结果）。测试结果可以作为职业决策途径的参考，但又不局限于某一次测试结果，才能最大地发挥测试作用。

第四节　MBTI 人格测评

一、职业测评类型

职业测评通常又称为职业心理测评，通常经过设计问卷、抽样、统计分析、建模编程等步骤。职业心理测评的内容包括以下事项。

（1）智力倾向测验：有考察智力（能力）水平及智力结构的双重目的。各人的智力水平不同，高智商人士可期望获得高的职业岗位和工作绩效。智力水平相近的人，智力结构也会有所不同。

（2）人格测验：测量求职个体与他人的区别，如独特而稳定的思维方式和行为风格，最终得知"你具有什么特色和优越"。它会影响该求职者的工作绩效、工作方式及习惯。

（3）职业兴趣测验：不同人的职业兴趣，可按照人、概念、材料三大要素分类。所有社会职业和工作都围绕这三大要素展开，最终得知"你最喜欢做什么工作"。职业兴趣测验的结果，可实现个体兴趣与职业之间的合理匹配。

（4）职业价值观及职业动机测验：了解个人在职业发展中看重的驱动力，即"你最想要什么"。动机是由特定需要引起并予满足的特殊心理状态和意愿。动机测验可了解个体的工作和生活特点，尤其是应遵循的职业价值观，找到激励其工作积极性的有效途径，并以此为依据安排相应的工作内容。

（5）职业能力测验：考察个人基本或特殊的能力素质，有人擅长言语理解、加工、表达，有人擅长与数字打交道，有人擅长形象分析表达，考察逻辑推理能力、口头表达能力和其他各类能力的表现，即"你擅长做什么"，适应寻找什么类型的工作。

（6）职业性格测验：考察个人与职业紧密相关的各种性格和特点，即"你是怎样的性格"。

（7）职业发展评估测验：评估个人所处的职业发展阶段等，初入职场和已经在职场打拼多年的人士，所处的职场发展阶段不同，追求的目标也有差异。

以上是常用到的七类职业测评，还有用于个体职业规划发展状况的测评，如职业/生涯决策测验和职业/生涯成熟度的测验等。

每个求职者的特点不尽相同，各职位的素质要求也是多样化，产生的测评组合十分丰富。员工求职和工作对员工的需要是否匹配呢？这就需要对个人和职业分别做出相应分析，个人分析包括能力、兴趣和性格；职业分析则包括企业需要、职业需要和岗位需要。然后将合适的职业与求职的个人之间，予以恰当的"人职匹配"。应当注意的是，职业测评绝非用少数工具"以不变应万变"，来随意应付各类人员对职位的测量。要想做到"人职匹配"，必须根据个人特点和岗位需要选择适合的测量工具，适应求职个体和招聘岗位的需求。

二、MBTI 人格测评

（一）MBTI 人格测评解读

MBTI 是常用的职业性格测评方法，起源于卡尔·荣格（Carl Jung）于 1921 年撰写的《心理类型学》。荣格认为，性格探索主要从以下 3 方面实现：①从能量获得途径分为外向与内向；②从注意力指向分为感觉与直觉；③从决策判断方式分为情感与思考。迈尔斯与布里格斯又增加了第四点，即从行动方式的维度分为判断与知觉。就此定型构建了人格理论的四维八极模型，即人格类型分为四个维度，每个维度有两个方向，共计八个极点，并由此组成 2×2×2×2=16 种人格类型，这就是现在人们常用的 MBTI 人格测评，具体如下。

（1）我们与世界相互作用的方式：外向（E）—内向（I）。

（2）我们获取信息的主要方式：感觉（S）—直觉（N）。

（3）我们决策方式的依据是：思考（T）—情感（F）。

（4）我们做事方式的依据是：判断（J）—知觉（P）。

性格类型没有好坏，只有个人差异。每种性格特征都有自己的价值和优点，也有缺陷和需要注意之处。清楚了解自己的优势和劣势，有利于更好地发挥自己的优势与特长，在为人处世中尽可能避免或减弱劣势的负面影响，更好地和他人相处。清楚了解家人、同事等他人的性格特征，有利于减少冲突，使家庭和睦、团队合作和谐。只要被测试者认真、如实地填写测试问卷，通常情况下都能得到和其性格相匹配的类型。

（二）MBTI 人格测评的内容

MBTI 人格测评的精华版见表 5-2。

表 5-2　MBTI 人格测评精华版

序号	问题	可能答案 A	可能答案 B
1	你能否毫无拘束地与人聊天	几乎跟任何人都可以	只限于有共同兴趣和话题的人
2	你更喜欢	热闹的气氛	一个人安静独处
3	与很多人一起时，你常常会	感觉兴奋活跃	感觉心力交瘁
4	空闲时你常常	找人聊天、参加娱乐活动	一个人安静地思考问题
5	你和陌生人打交道时，感觉	轻松、自然、愉快	拘谨乃至手足无措
6	在一个聚会上，你倾向	与许多人，包括陌生人交流	只与熟悉的朋友交流
7	你更倾向于	直言不讳的表达自己的想法	沉默不语，听别人发言
8	你是一个	容易接近的人	有些矜持的人
9	需要为某件事做决定时，你会	与别人商量后再作出决定	自己作出决定
10	发现一个很好的网站，你会	马上告诉朋友一起浏览	自己独自浏览
11	当和许多人合作时，你倾向于	遵循自己熟悉的常规方式做事	自己创造新方法来完成
12	如果你是位老师，你会选教	文史类课程	数理化类课程

序号	问题	可能答案 A	可能答案 B
13	你更希望别人评价你是一个	实事求是的人	机灵的人
14	你认为自己是一个	现实的人	富于幻想的人
15	你会跟哪些人做朋友?	脚踏实地、具有丰富知识的人	常提出新主意、非常聪颖的人
16	你更愿意选择一种	舒适安稳的生活	富于挑战变化的生活
17	你更希望自己能够	有能力把握事实	有丰富的想象力
18	你经常考虑	应付现实中出现的问题	可能发生的问题
19	选择你较喜欢的词语	实践	理论
20	选择你较喜欢的动作	制作	设计
21	你经常让	理智支配你的情感	情感支配你的理智
22	你宁愿替哪类上司工作?	言词尖锐但永远合乎逻辑	天性淳良,但常常前后不一
23	作决定时,你认为重要的是	据事实衡量	考虑他人的感受和意见
24	你对事件做出判断更可能依据	客观事实	主观良好愿望
25	评价他人时,你易于	客观直白,不讲人情	友好,有人情味
26	什么事情更吸引你	思想和谐	关系和睦
27	在一场热烈的讨论中,你会	坚持自己的观点	寻找大家的共同之处
28	你更倾向于成为一个	头脑冷静的人	热心肠的人
29	你更容易受什么影响	有说服力的证据	令人感动的陈述
30	选择你较喜欢的词语	远见卓识	怜惜近前
31	当你有份特别任务,你会喜欢	先计划好再做	边做边想
32	你认为自己是一个	较为有条理的人	凭心情做事的人
33	在大多数情况下,你会选择	按日程表做事	顺其自然
34	面对工作环境里的噪声,你会	抽出时间整顿	最大限度地忍耐
35	你希望通过什么方式制订合同	签字、盖章、发送	握手搞定
36	你更经常提出	最后、确定的意见	暂时初步的意见
37	什么时候你感觉更惬意	做出决定之后	做出决定之前
38	当一个工作完成时,你喜欢	把所有未了结的零星事务安排妥当	继续干别的事
39	你认为自己更加	严肃、坚定,讲求原则性	随和,近人情
40	你常常注意到的是	面对局面混乱不堪	感觉这是实施变革的好机会

三、MBTI 性格类型特征

（一）感观型

ISTJ。安静、现实、有责任感、严肃，通过全面和可靠性获得成功。自我决定有逻辑性，并一步步朝着目标前进，不易分心。喜欢将工作、家庭和生活都安排得井井有条。重视传统和忠诚。

ISFJ。安静、友好、有责任感和良知。坚定致力于履行自己的义务。全面、勤勉、精确、忠诚、体贴，留心和记得他们重视的人的小细节，关心他们的感受。努力把工作和家庭环境营造得有序而温馨。

INFJ。寻求思想、关系、物质等之间的意义和联系。希望了解什么能够激励人，对人有很强的洞察力。有责任心，坚持自己的价值观。对于怎样更好地服务大众有清晰的远景。对自我目标的实现有执行计划且果断坚定。

INTJ。在实现自己的想法和目标达成时，有创新的想法和非凡的动力。能很快洞察到外界事物间的规律并形成长期的远景计划。一旦决定做某件事就会开始规划，直到完成为止。多疑、独立，对自己和他人的能力和表现要求，都非常高。

ISTP。灵活、忍耐力强、安静观察，直到有问题发生，就会马上找到实用的解决方法。分析事物运作的原理，能从大量的信息中很快的找到关键的症结所在。对原因和结果感兴趣，用逻辑的方式处理问题，重视效率。

ISFP。安静、友好、敏感、和善，享受当前。喜欢有自己的独立空间，喜欢按照自己的时间表工作。对自己的价值观和自己觉得重要的人忠诚、有责任心。不喜欢和他人争论和冲突，不会将自己的观念和价值观强加到别人身上。

INFP。理想主义，对自己的价值观和自己觉得重要的人十分忠诚。希望外部的生活和自己内心的价值观相统一。好奇心重，能很快看到事情的可能性，成为实现想法的催化剂。寻求理解别人和帮助他们实现潜能。适应力强，灵活，善于接受，除非是有悖于自己的价值观。

INTP。对自己感兴趣的任何事物都寻求找到合理的解释。喜欢理性和抽象的事物，热衷于安静思考而非社交活动。内向、灵活、适应力强。对自己感兴趣的领域有超凡的集中精力和深度解决问题的能力。多疑，有时会有点挑剔，喜欢分析。

（二）直觉型

ESTP。灵活、忍耐力强，现实，注重结果，对理论和抽象的解释十分无趣。注重当前，喜欢积极采取行动解决问题。自然不做作，享受和他人在一起的时刻。喜欢物质享受和时尚。学习新事物最有效的方式，是通过亲身感受和练习。

ESFP。外向、友好、接受力强，热爱生活、人类和物质上的享受。喜欢和别人一起将事情做成功。在工作中讲究常识和实用性，并使工作显得有趣。灵活、自然不做作，对任何新兴的事物都能很快接受并适应，学习新事物最有效的方式是和他人一起尝试。

ENFP。热情洋溢、富有想象力，认为人生有很多的可能性。能很快地将事情和信息联系起来，很自信地根据自己的判断解决问题。期望得到别人的认可，总是准备着给予他人赏识和帮助。灵活、自然不做作，有很强的即兴发挥的能力，言语流畅。

ENTP。反应快、睿智，有激励别人的能力，善于理解别人。警觉性强、直言不讳。在解决新的、具有挑战性的问题时，机智而有策略。善于找出理论上的可能性，再用战略眼光分析。不喜欢例行公事，很少会用相同方法做相同的事情，倾向于一个接一个的发展新的爱好。

ESTJ。实际、现实主义，果断，一旦下决心就会马上付诸行动。善于将项目和人组织起来将事情完成，并尽可能用最有效率的方法得到结果。注重日常生活细节。有整套清晰的逻辑标准能系统性地遵循，并希望他人也同样遵循。实施计划时强而有力。

ESFJ。热心肠、有责任心、乐于和他人合作，希望周边的环境温馨而和谐，喜欢和他人一起精确并及时地完成任务。事无巨细都会保持忠诚，能体察他人在日常生活中的所需并竭尽全力帮助。希望自己和自己的所为能受到他人的认可和赏识。

ENFJ。热情、为他人着想、易感应、有责任心。注重他人的感情、需求和动机。善于发现他人的潜能，并希望能帮助他们实现。能成为个人或群体成长和进步的催化剂，对赞扬和批评都会积极地回应。忠诚、友善、好社交，在团体中能很好地帮助他人，并有鼓舞他人的领导能力。

ENTJ。坦诚、果断，有天生的领导力，能很快洞察到公司/组织程序和政策中的不合理和低效性，并采取有效和全面的措施来解决问题。通常见多识广，博览群书，喜欢拓广自己的知识面并将此分享给他人。善于做长期计划和目标设定，在陈述自己的想法时强劲有力。

四、职业定位与人才测评

（一）职业困惑与人才职业测评

知识经济时代要求从业者具有终身学习的意识和能力，能力提高必然会带来择业机会的增多，并导致从业者面对职业选择时的困惑加剧。职业困惑源于外在因素对个人价值观的负面影响，或对自身内在需求的不甚了解。职业人才测评系统能同时关注个人与组织的职业发展，对发现"真正的自我"、发掘自身的真实需求，有着里程碑式的意义。《道德经》关于"上士闻道，勤而行之"的论述，就成为最好的注解。自2009年起，有关人才测评自我探索的方法，成为职业咨询测评工作的重要内容。

人才测评系统及相关的测评工具，能帮助测试者确定自己的职业定位，从而避免职业定位的困惑。无论从事何种工作，正确、有效的职业决策，都依赖于对职业倾向、动机、价值观和才能的清晰认识，相关的测评工具即可帮助测试者加深自我认知。

需要特别说明，人才测评系统对在校学生有一定的帮助作用。在校大学生的职业定位已初步萌芽，但因缺乏工作经验和相应的人生历练，不了解管理、创业、技术乃至生活等概念的真正含义。用人才测评系统探索"真正自我"时，可能会出现某些暂时难以判断职业定位的情况，但并不妨碍该网站测试的一定指导作用。

（二）人才素质测评在职业定位中的应用

个人和公司一样，职业角色定位很重要，准确了解自己扮演的角色和定位，就可以让自己做应该做的事。在做自我价值评估时，也不会低估和高估自己。个人能力在不断提高，对职业的理解和把握不断加强。为此，明确自己的职业定位，思考职业决策与价值观间的关系，选择职业时才能做出与自己的职业价值观、内心的真实自我相匹配的职业决策。

人才素质测评并非测试一个人的潜能，也不是挖掘一个人的潜能。它只是通过对一个人过去行为的分析和未来目标的探索，帮助认清并未深入探索和认真体会的清晰、真实的自我。该测评工具的目的在于：通过测评者对职业测评问题的真实回答和自我探索问卷的积极投入，加深对生活、对职业的思考与探索，从而帮助明确职业倾向和价值观。

根据某些咨询经验，经过人才测评系统的洗礼，大学生步入职场之后，在充分体会工作带来的快乐和愉悦，经受工作锻造的痛苦和磨炼，更能深入利用人才测评系统做自省、自察，从而对"真正的自我"产生清晰的认知，最终明确自己的职业人生方向。

五、GATB 职业能力倾向测试

GATB 起源于美国劳工部，用于测评人的职业能力倾向。在学习和成长的过程中，有人擅长语言，有人擅长操作，有人擅长理论分析。GATB 职业能力倾向测试，根据个人的能力优势和擅长来分析，寻找最适合和匹配的职业岗位。擅长即能力倾向度高，是择业的首要方向。

（1）企业招聘。在企业招聘中，GATB 职业能力倾向测试，可作为了解求职者能力特点的渠道，掌握求职者的优势能力，分析应聘者和岗位的匹配度，方便将适合的人才调整到适合的岗位。

（2）求职应聘。求职者在应聘某个岗位之前，应用 GATB 职业能力倾向测试，掌握自己的性格特征和能力倾向，选择适合自己的岗位应聘，而非随意选择。只有充分了解自己和招聘企业的岗位需求，才能提高应聘成功率，加固未来职业发展的保障。

（3）职业规划。无论是大学生还是在职者，都应根据自己的职业能力倾向加以分析，什么职业和岗位最适合自己，对转行跳槽的朋友，可通过职业能力倾向测试来反向思考，如何提升自己的职业能力。

（4）高考志愿填报。GATB 职业能力倾向测试是高中生常用的测评工具，尤其是在高考志愿填报中如何选择大学和专业，对于大部分学生来说，专业和职业几乎可以直接等同，选择适合自己的职业方向，既是大学学业顺利完成的保障，也是获取职业成就的保障。

本章小结

1. 今天的社会是资源稀缺和激烈竞争的社会，人们经营运用好自己拥有的资源，除明晰自我、熟知自己所掌握资源的详情外，还应了解各种职业活动与事业发展对各种资源的需求状况和程度，以使自己主动适应社会，勇敢面对人生，接受社会对自己的选择。

2. 明晰自身的现状及未来发展的大趋向，最终期望达到何种结果，以使自己能紧紧追随经济社会的发展，充实完善自己的知识结构和能力才干，在长远的目标上发展和变革调整自己，寻求个人与社会的最佳结合点。

3. 职业是个人在社会中从事的作为主要生活来源的工作，是个人为了不断取得收入而连续从事的某种具有市场价值的特殊活动。职业还是人们参与社会分工，利用专门的知识和技能为社会创造物质财富和精神财富，自己也从中获得合理报酬作为物质生活来源并满足精神需求的工作。

4. 美国职业指导专家约翰·霍兰德提出职业兴趣的自测题，包括的内容有：①职业特征、职业发展，生涯发展理论、生涯规划理论测试；②大学生价值观、自我性格、自我兴趣特长探索；③大学生自信心、自我能力、人际交往能力与创新思维的培养和训练；④大学生群体的特点、大学生特殊群体成长、大学生职业生涯基础、生涯抉择方法及应用、职业生涯规划中常见问题。

5. MBTI 职业性格测评方法起源于卡尔·荣格的《心理类型学》。性格探索主要从以下 4 个方面实现：①从能量获得途径分为外向与内向；②从注意力指向分为感觉与直觉；③从决策判断方式分为情感与思考；④从行动方式的维度分为判断与知觉。

思考题

1. 你对目前社会的现状和未来发展的大趋向等，有何新的看法和观点？

2. 经济社会的发展趋向和你自己的求职就业行为之间有何连带关系？能否在求职中找到一个"大黑马"？

3. 你的求职心理怎样，是否需要做出某些方面的调整，以适应社会和就职部门的需要？

4. 你对白领、灰领、蓝领、金领等的职业分类，有何评价？

5. 你毕业时是选择什么职业？你做出这一选择的考虑是什么？

练习题

1. 你可以到相关的网站尝试参与霍兰德职业兴趣测试、MBTI 人格测评，或是 GATB 职业能力倾向测试，看看你的实际状况与测试的结果相似程度如何，对你自己有何启发。

2. 你在假期中参与某个企业的实习活动，观察该企业的岗位设置和岗位分工，其各自的职责与连带关系为何？

3. 你在大学所就读的专业和学习的专业课程，将来很可能到哪些事业、企业或政府部门工作？你学习的知识和单位所需人才应具备的知识能力之间，有无脱节现象？你如何在继续的校园学习中对此做出弥补？

第五章补充资料

第六章

职 业 运 作

（一）本章学习目标

（1）把握：职业地位、职业声望、职业取向、职业定位、职业选择、职业锚和职业决策的含义。

（2）理解：职业声望量表的方法测定，职业选择影响要素，职业定位的要素。

（3）了解：其他相关的内容。

（二）教学重点与难点

（1）教学重点：

① 职业选择、职业地位、职业决策等概念的基本含义。

② 职业声望的测定与考量。

③ 职业锚、职业安全度等。

（2）教学难点：如上基本概念与现实职业生活的相结合，用基本理论指导现实职业生活的实际情形。

基于职业认知之上的职业运作，即个人如何将自己与所要选择的职业相连接十分重要，需要考虑职业地位与声望、职业目标与确定、职业取向与定位乃至职业安全、职业锚等。

第一节　职业地位与声望

一、职业地位

（一）职业地位的含义

职业地位是人们对职业的主观认知和评价，反映了一定社会发展阶段的人们的职业价值观。职业地位高低的主要标志，依托于该职业可获取的收入报酬、社会地位和社会声望的高低。收入报酬是人们从事职业可获取的薪酬待遇、奖金福利等；社会地位是指该职业在社会所处的位置和获取社会评价的高低；社会声望则是人们对该职业声誉评价的高低。

收入高、待遇好，是求职者首要予以考虑的，社会地位高低是大家关注的，职业声望也不可忽略。如某个博士各方面都十分优秀，到大公司工作，年薪可能达到数十万元；如留到高校或到政府部门就职，年收入可能不到 20 万元。并非说大家肯定会选择前者抛弃后者，自愿留在高校走学术道路的人也大有人在。

职业地位既是现实存在，也是历史发展使然。士农工商的序列排位，正是封建社会以来对各职业的社会地位高下的考评。农业社会里对农民的评价高于商人，工业社会则崇尚企业家，在目前的高科技社会里，科学家被赋予很高的位置。

（二）职业地位的分层

理查德·赛特将各种职业的所处地位由低到高依次分为 7 个层级，见表 6-1（本书根据经济社会的发展，又增加了投资商的新阶层）。

表 6-1 赛特的职业地位分层

职业层级	职业技能和责任要求	薪酬待遇	工作环境	相关职业
非熟练体力劳动者	技术和责任要求最低	最低，随着从业人员减少，薪酬开始有上升态势	很差，如在井下、野外工作等	清洁工、搬运装卸工、矿工等
半熟练体力劳动者	体力劳动为主，技术要求不高	较低，随着从业人员减少，薪酬有上升态势	较差，环境嘈杂、长期在外	售货员、服务员、汽车司机、营销员、机器操作工等
熟练体力劳动者（技术工人）	俗称灰领，具有一定技能的体力劳动者	薪酬待遇较高，社会对此工作有长期增进的需要	收入较高，凭借技术吃饭，人际差异较大	火车司机、厨师、理发师、网络程序员、设计师、技术工人、技师等
白领职员	公司单位的各类职员	薪酬待遇一般，职业进展不大，有饱和趋势	整天坐办公室上班，工作环境较好	秘书、招待员、管理员、数据搜集整理、推销员、制图员、文案等
中小企业老板和经营者	具有一定的资本和管理技能	收入不确定，可能很高或很低，受业绩效益决定	工作环境和工作时间自己安排，忙碌	小业主、服务业主、小零售商、小承包商及其他一切非农所有者
专业人员	具有各类专业知识和相关技能	收入较高，凭借技术吃饭，人际差异较大	工作环境好，自由随意，不必朝九晚五上下班	工程师、作家、艺术家、法官、会计师、律师、医生、教师等
大公司老板	有雄厚资本和丰富的经营管理经验	公司利润和个人收入很高，但有一定风险	工作环境很好，随意自由，自己说了算	大产业主、大工商企业家等
投资商	有雄厚的资本和投资理财经验	收益很高，风险很大	工作环境很好，随意自由，自己说了算	投资人、食利者阶层

二、职业声望概述

（一）职业声望的含义

职业声望（occupational prestige）最早由美国社会学家马克斯·韦伯提出。他认为社会分层应从财富、权力和声望三方面考察。所谓职业声望，是指"人们对某种职业的社会地位高低的看法"，是"社会舆论对某种职业的评价"。广义的职业评价，包括该职业的收入水平、晋升机会及对社会的贡献等。

1897 年，G. 亨特在研究美国的职业地位时，将全部职业划分为产业主级、秘书级、熟练工人级和非熟练工人级 4 个等级，这是历史上最早的职业声望研究，显然过于粗略。1925 年，G. 康茨使用自己编制的职业声望量表，对当时美国各职业的声望进行调查。自此以后，西方社会学界对职业声望的研究逐渐增多，并出现许多特定的测量技术。第二次世界大战后，许多西方国家对职业声望做经常性调查。我国职业声望的测量，则始于 20 世纪 80 年代初期，主要是对北京、广州居民的职业声望调查。

职业地位由不同职业所拥有的社会权力和资源所决定，但又往往通过职业声望的形式加以表现。职业声望则是人们对每种职业的意义、价值与声誉的社会反映和综合评定。没有职业地位，职业声望无从谈起；没有职业声望，职业地位高低无从确定和显现。人们正是通过职业声望的调查来确定职业地位的高低。

（二）职业声望的影响因素

影响职业声望的因素有多种，主要有以下几种。

（1）职业的社会报酬。是指职业提供给任职者的工资收入、福利待遇、晋升机会和发展前景等。收入高、福利待遇好、晋升机会多、发展前景大的职业，其声望评价自然很好。

（2）职业声望与人们对该职业社会重要性的认识密切相关。职业功能是该职业对国家的政治、经济、科学、文化等的价值，以及在社会生活中对人们的共同福祉担负的责任。如清洁工对国家经济发展的价值不大，对保障人们社会公共生活的卫生却很关键。没有科学家，其负面影响无法即刻体现；没有清洁工的劳作，用不了三天，城市生活就会瘫痪，公共卫生也会一团糟。

（3）职业声望与从事该职业的人员崇尚的职业道德有关，越是需要体现公正、仁爱和献身精神的职业，获得高声望的可能性就越大。对任职者的素质要求也越高，包括其文化程度高低、能力优劣和道德品质的高下等。职业环境越好，功能越大，对任职者的素质要求越高，职业的声望就越高。整日同金钱打交道的职业，如金融保险机构、公司财务人员、审计师等，对任职者职业道德的约束会增加很多。

（4）职业环境与从事该职业所处空间环境有关。包括该工作的空间环境优劣、劳动强度大小等。大家希望当白领，最大优越性就在于整日坐在办公室，风雨无碍。若是整日在野外或井下工作，工作环境就会很恶劣。

（5）职业声望与民族文化传统有密切关联，在一定时期具有相对稳定性。我国历来就有尊师重道的传统，教师职业在传统文化和现代社会生活中一直保持较高声望，受到世人的尊敬。

（6）社会经济发展的不同阶段，不同经济文化背景的群体和不同年龄性别的群体，对同一职业的评价，因时代的急剧变革，也会存在明显差别。1947 年，"核物理学家"在全美国的职业声望调查中被评为第 18 位，而在 1963 年的一次调查中则上升为第 3 位。

（7）职业声望与从事该职业的从业者所受教育程度、技术资质高低等，有较大关联。要求文化教育程度越高，或对其技术资质有较高要求，都说明该职业的声望较高，职业发展潜力较大。

某位研究者对受教育年限和职业声望进行的抽样调查，见表6-2。

表6-2　受教育年限和职业声望

受教育年限	5	9	10	12	16	19	21
职业声望	44	50	65	75	80	86	90

三、职业声望的演进

（一）职业声望的演进和发展

职业是个人赖以谋生的手段，更是所处社会阶层的名片。每个人都有家庭出身、地域出身、教育出身、职业出身4种出身。自己何时出生于哪个地域的哪个家庭，是谁成为你的父母，本人是无从选择的；自己能部分做出决定的，只有教育和职业两种。之所以为"部分"决定，缘由在于所受教育的程度及由此决定的职业情况，既需要自己的刻苦努力，又在于家庭的襄助，还有运气和机遇的很大成分。

中国社会科学院全国社会阶层调查课题组发现，教育与权力决定职业的声望。职业是重要的社会分层标准，财富和声望依附于职业标准。在起点大致平等、过程略有变化而结果迥然不同的非公平竞争的社会，一个赚钱多、社会美誉度高、工作稳定、有技术含量，还能带来巨大影响力和权力地位的职业，属于社会的稀缺资源。在现实生活中，赚钱多的职业，未必具有被人们尊敬的社会地位和声望，最受尊敬的职业则未必能赚到大钱。

中国的职业与阶层并未完全固化，人们在面对职业与身份焦虑的同时，还有重新选择和晋级的机会。今天不再强调"阶级"了，替代以各社会阶层的概念。

（二）职业声望的排行榜

2003年，华中科技大学的专家公布了一份中国职业声望排行榜，归纳总结了自20世纪80年代以来，以一定区域内的社会成员为调查对象的7次较大规模的职业声望调查，科学家的声望等级位居榜首，大学教授、工程师、医生、律师等，一直稳居绝对上层；政府官员、党群组织干部紧随其后，排列在前10名左右；接着是公司董事长、总经理和大型民营企业老板，他们的声望位置相对靠前，但不及国家机关干部，并显现出曲折上升态势；企业机关的办事员、商业服务业、生产运输和军队人员，大致位于职业声望等级的中间位置。对农民的职业声望评价由20世纪80年代的下下层逐渐上升到90年代中后期的下中层位置，但仍处于职业声望等级的较低位置。个体户的评价也呈现上升趋势。处于这一位置的，还包括服务人员及非技术工人群体，如保姆、清洁工、勤杂工、搬运工、修理工等。

无论干什么行当，首先都要有做人的尊严！无论挣多少钱，只要自己能心安理得。上对得起社会和公众，下对得起自己的良心。

（三）大学生择业取向与声望

我国的职业声望评估，是从改革开放后起步的。2010年初，有机构对京沪两地大学生的择业取向进行调查。北京的大学生心目中声望好的职业依次是：①市长；②党政机关领导干部；③国有大中型企业厂长、经理；④大学教授；⑤法官；⑥社会科学家；⑦计算机网络工程师；⑧律师；⑨医生；⑩记者。上海大学生心目中的职业声望排序有所不同，依次为：①计算机网络工程师；②政府干部；③高科技企业工程师；④大学教授；⑤自然科学家；⑥计算机软件设计师；⑦翻译；⑧法官；⑨医生；⑩编辑。

京沪两地大学生的不同职业排序，从某个侧面反映出两地学生不同的职业价值观。相比之下，处于经济金融贸易中心的上海大学生们，推崇高科技、信息化且能带来高收入的职业，如计算机网络工程师、高科技企业工程师等。处于政治文化中心的北京大学生，则更偏重于权力和权威性职业，如市长、党政机关领导干部、国有大中型企业的老总等。

四、职业声望量表指标

（一）职业声望量表简介

评价一个人的社会地位，有经济地位（收入财富地位）、权力地位和声望地位三大维度。前两者的认定有明确的客观指标计量，较为容易。声望地位的确认，则因涉及主观评价，较为复杂，一般是通过职业声望测量和调查完成。

职业声望的调查步骤如下：①列出某些职业，让被调查者按自己心目中的声望高低程度，对其予以等级排序；②研究人员根据等级排序的结果赋予相应的分值，计算每个职业的声望得分；③根据得分高低排列各类职业的声望等级，并由此观察声望分层的大致规律。具体评价方法包括：①测评法，即让被试者评价自己所从事的职业在职业社会地位层级序列中的位置；②民意法，即让一群被试者评价一系列职业；③指标法，即在"职业环境""职业功能""任职者素质"这三项决定职业声望高低的主要因素中，分别选取一些有代表性的指标，并赋予指标一定的分值，再根据指标的总分值评价该职业的声望。

（二）基本信息列示

性别、年龄、学历（大专以下、大专、本科、研究生）、目前所在年级（如大一、研二等）等。

就读专业：管理类、经济类、理科类、文科类、工科类、法律、农科类、军事类、医科类、其他。

家庭所在地（大城市、中小城市、市郊、县城、农村），父母职业、文化、学历、经济收入等。

（三）基本量表的指标

你对以下状况的重视程度如何？包括"非常重要、重要、一般、不重要、很不重要"5个量级。

（1）对工作单位的经济要求，首要考虑：收入高福利好、职业稳定、有参与职业培训的机会、有较高社会地位、有出国机会、能发挥自己才能、提供五险一金。

（2）对工作单位的职业环境要求，首要考虑：职业环境优越、符合兴趣爱好、机会均等、竞争公平、晋升机会多、单位知名度高、级别高、规模大。

（3）对工作单位的工作要求，首要考虑的是：工作容易出成果、工作有挑战性、工作时间自主、自由随意性大，不受或少受约束、交通便利、信息畅通、专业对口能学以致用。

（4）工作地点设定在职业环境优越的大城市。

（四）缓冲变量

（1）经济地位维度：期望月工资收入（3 000元以下，3 000～5 000元，5 000～8 000元，

8 000～12 000 元，12 000～25 000 元，25 000 元以上）。

（2）择业考虑要素：工作环境、社会地位、工作稳定性、发展机遇、工作岗位、提升机遇、薪酬待遇、专业对口、其他因素。

（3）你对工资薪酬的重视程度、起始薪酬水平及逐步提升：当地经济状况、行业普遍水平、单位性质、职业类别、工作能力、毕业院校、其他因素。

（4）如单位提供薪酬不符合你的期望时，你会采取措施：放弃、先签约再找晋升机会、签约同时寻找下家、安心工作、其他。

（5）职业声望地位：你对职业的声望地位是否十分关注，或对这些表面的东西不大关注。

（6）你觉得何种职业受人尊敬：收入高、社会地位高、社会责任大、其他。

（7）你评价职业声望的因素有：工作环境、工作自由度、收入、权力大小、工作享受程度。

（8）你会继承父母的职业吗？会、不会、不一定。

（9）你喜欢的职业有哪些（或者你认为哪些职业的声望高一些）？律师、金融家、科学家、程序员、网络管理员、教师、公务员、体育运动员、管理人员、医生、导游、军人、警察、企业白领、服务行业人员、演艺人员、个体户、农民、其他。

（10）你认为在学校毕业前积攒自己的社会资源，其重要程度是：十分重要、重要、一般、不重要、十分不重要。

（五）文化资本维度

（1）你认为大学毕业后最好的职业选择是：国企、外资企业、民营企业、继续读书、出国、参军、创业、其他。

（2）如能进入某个企业，你希望的是：从业经验、职业技能良好、先进管理模式、前沿信息优势、人际关系广泛、团队合作技巧、薪酬福利良好、海外工作机会、自我价值实现、工作岗位稳定、其他。

（3）你希望从高校的毕业指导中，获取哪方面信息：应聘技巧、用人单位信息、求职心理辅导、职业生涯规划辅导、专业出路与优势。

（4）你怎样看待到新单位后，工作先从底层做起：有必要，锻炼吃苦耐劳的精神；因人而异，对缺乏实战经验者需要这样做；有助于理解工作流程，但时间不宜过长；不赞成，是人力资源浪费。

（5）你对今后工作中发挥个人才能机会的态度：重视、一般、不重视。

（六）职业环境维度

（1）你希望到哪些地方找工作：一线大城市、省会城市、二三线城市、县城、乡镇、农村、东部沿海经济发达地区、中部省份、西部、东北。

（2）你选择到某个地域工作，缘由为何：生活条件好、发展空间大、人才政策好、就业岗位多、与国际接轨、创业环境宽松、回报家乡、其他。

（3）若求职困难，你要到不甚满意的地域或单位工作，对此的期望程度是：愿意、无奈之举、不愿意、没有考虑过。

（4）你希望从事的行业：管理、技术、科研、教学、生产、经商、服务、农业等。

第二节　职业取向与定位

一、职业取向

职业取向是人们选择职业前对所青睐职业的种类、方向的观感和认知，是构成职业选择的基本要素。人们测定职业取向，有利于正确选择与自己适应的劳动岗位，有利于社会化的顺利进行与实现，有利于取得较大经济利益和多种社会效益，促进人的身心全面发展。

（一）职业取向——将来你要做什么

预测将来比较困难，但根据惯性定律，可以凭借过去的类似情景，预测未来职业的发展走向。今天做的事是一个人三年前选择的结果；造成今天现状的原因，是由无数次过去的行为共同作用形成的结果，这是有道理的。梳理这些历史，就会发现一些内在逻辑在支配着一个人的行为。

如何规划自己的职业，主要从职业诊断、职业定向、职业定位三方面思考和诊断：①根据现状分析自己的特质并了解个人的价值观；②认清自己，区分"喜欢"和"应该"，然后确定应该放弃什么；③找出自己的优势并不断积累和强化该优势。在为自己规划未来职业时，一定注意以下3点。

1. 认清自己，成功不可移植

有人热衷于玩弄各种商业模式和资源优化整合，对别人的商业模式创新是如数家珍。具体到自己身上，却总有种无从下手的感觉。即便设计出来一套堪称完美的商业模式，却发现相关的外部环境、巨量资金异常匮乏，具体实施操作该商业模式的专业人员十分缺乏，竟然无法落到实地。纯属纸上谈兵！

资源跟他人不在同一个水平线，同样的商业模式和美好蓝图不过是想象而已，拥有的资源和能力才是能掌握的。

2. 区分自己的喜好和应不应该

你是否喜欢现在的工作？答案可能是喜欢、不喜欢或无所谓。原因很多，习惯所致、生存所迫、工作环境氛围所决定。最根本的缘由还在于内心是否对此表示认可。没有价值认同，就很难说是真心喜欢。通往财务自由和人身自由的道路不会一帆风顺，它需要付出额外努力，甚至牺牲掉自己的兴趣喜好。

某个工程师享受独立工作的感觉，乐意个人埋头工作，不受任何人打搅，但他却不能因此拒绝和别人的沟通或合作。他要让自己的工作变得有价值，不得不暂停手头的事，与相关的社会各界和团队的其他成员打交道，让大家认知他的工作价值，才能为此提供更好的资助和支持，最终达成工作目标。

人们做工作，首先是以职业人的身份出现，职业人的衡量标准是"应不应该"，而非"喜不喜欢"。只有带着职业使命感参与工作，才能在岗位上作出更大贡献。

3. 确定放弃什么

你能做好高价值、高品位的事情吗？量化策略研究员听起来很高大上，但如你根本不具备此方面的天赋，做起来异常吃力还无好结果。它本来就不属于你的"菜"，这就不算放弃。

为此，要明确自己做哪件事更有优势，更容易实现最终结果，放弃的这件事就是你付出的最大代价，为此不要轻易放弃自己的优势。

观察工作本身是否符合自己的未来发展方向，答案如果是否定的，即便该工作提供了很好的待遇，也要主动放弃。例如，某个做软件测试的员工有软件开发基础，想做"自动化测试"。入职某家证券公司后，发觉这家公司的自动化测试是以后的事，目前的人工测试就能很好满足需要，招他进来只是为将来做储备，岗位要求和起初设想有偏离。人工测试的工作内容重复性高，做此是浪费时间。他对自己的职业发展认知清晰，虽说公司给付的待遇很高，但还是很快提出了离职。对未来的长远职业发展不利，这种金钱的诱惑要坚决放弃。

（二）是否适合岗位工作——个人特质和价值观

个人是否适合目前的工作，主要看人和岗位是否匹配。这种匹配，主要以各岗位的工作要求为立足点，观察个人特质是否适合该项工作。

1. 在实际工作中了解自己的特质

找工作就像谈恋爱，要彼此"看对眼"才行。个人特质主要体现于行事风格的不同，或是立刻行动或边干边思考，或是三思而行。不能说哪种方式是好或坏，关键是观察自己属于哪种"特质"。与其跟不同行事风格的对方激烈争辩，不如多花点时间寻找适合自己特质的公司和岗位工作。

个人特质和擅长领域有很强的关联性，且往往能在此方面体现自己的能力，并展现出充分的自信。擅长和人打交道，就去做和接触人相关的工作；擅长和数字指标分析打交道，就去做分析师、会计师等工作。

2. 了解自己的价值观

人的外在行为习惯，总是由其内在的坚强信念所支撑。该信念往往决定了一个人的价值观，甚至决定其今后的漫长人生道路和职业的选择。或者说，一个人的工作信念是什么，职业生涯中有没有深刻触动内心的某一瞬间？大家会选择做自己感觉重要、有价值的事情，但如擅长的事和希望做的事发生了冲突，该怎么办？如著名管理大师彼得·德鲁克20多岁时，在伦敦做投资银行家，工作出色，不过他觉得数字和金钱不能给他带来任何成就感，很快就辞职了。他对"人"感兴趣，喜欢研究人，决定做一个管理学家，最终选择了自己喜欢做的事情，而且将它做得很好。

并非每个人都能成为大师级人物，这件事带给人们的启示是，当擅长做的事和喜欢做的事发生冲突时，要思考的问题是：我应该做何种选择？这种选择要有长远眼光，考虑自己的长期方向和目标，不为眼前的短期利益所困。哪怕现实社会中为了生存迫于无奈，只能为"五斗米折腰"，但需要为此设置一个职业转换的时间点：即何时回归初心，做自己想做的事情。

只有通过反复思考和比较，在具体工作中找到自己想要的东西，才能大致了解到自己的价值观，判断该工作是否自己需要。按照自己的价值观而非单纯的兴趣爱好来选择职业，更符合长期规划。

（三）职业取向——你做什么最有优势

职业取向的第一步，是寻找和发现自己的优势和特色，并期望在什么时间、地点和单位能更好地发掘、发扬光大自身的优势和特色。寻找并打造自身的优势，首先从差异化开始。如和其他人相比，技术能力更强；与技术能力强的人相比，沟通能力更胜一筹。这种差异的直观表述是：做不了第一，也要做不可或缺的唯一。找出唯一后再不断地强化它，成为专业选手甚至高手。也许未必会忠诚于所工作的企业，但一定会忠诚于自己的职业。

实在找不到自己的优势时，可选择对行业、公司和岗位渗透进入的方式。如想开一家小店，但对这类小店的运营一无所知，低成本进入方式有哪些呢？①打工，潜伏到一个同行业的公司学习技能、积累经验，很多创业者往往在某个公司做销售或做出成功产品后，再自己出来创业；②做投资人，不涉及具体经营，选对人、选对项目后再投资是关键；③个人投资并亲自经营，好处是边干边学，亲身参与经营的各个方面，坏处是要花很长时间，甚或走一些弯路。任何行业都有个潜在的"学习经验曲线"，后进入者必须走过弯路、犯了错误后才明白，究竟什么是正确的。

"罗马不是一天建成的"，建立某种优势需要持续的时间和精力投入，否则，职业规划和策略再好都是白费。

二、职业定位概述

职业生涯规划包括职业定位、目标设定和通道设计 3 件事，尤以职业定位是重中之重。只有找到内心真正认定的职业方向，才能不断获取经验积累和发展。如对自己的职业定位不清晰，蹉跎岁月里不断试错却依然是岁月蹉跎。

（一）职业定位的含义

合理到位的职业定位，既要准确了解个人的性格和天赋，又要充分了解各种不同职业的状况，然后将两者尽好地结合在一起。

1. 为什么提出职业定位

部分大学生对自己的职业没有明确定位，不知道将来要做什么。他们从学校走向社会，一开始根本没有考虑过一生的事业发展会怎么样。找工作时一是看哪个单位的牌子大，二是看哪个单位便于出国，三是挑哪家单位待遇高，并没有考虑到自身的发展问题。大学生从职业迷茫到主动寻找、四面出击，需要借助有前瞻性的职业生涯设计，减少人生路上的徘徊犹豫，避免浪费时光。为此，有必要明确自我的职业定位。

职业定位是在社会分工的大舞台上，确定适合扮演自己的角色，并使其尽量地符合"本色"的我。简单地说就是做一个本色演员，甚至可以张扬自己的个性，更多地运用自己习惯的思维和模式，这是职业定位的最高原则，而非"经常戴着面具"去迎合工作的需要。

2. 职业自我定位的含义

职业定位是自我职业定位和社会职业定位两者的统一，个人只有在十分了解自己和了解职业的基础上，才能准确给自己做职业定位。中国职业生涯规划师（CCDM）认证培训教材对职业定位的概念界定，清晰明确个人在职业上的发展方向，是整个职业生涯发展历程的根本问题。从长远来看，找准一个人的职业类别；从阶段性而言，是明确所处阶段对应的行业和职能，也即在职场中应处于何种位置。

职业自我定位，就是确定我是谁、我的性格类型、我天生擅长和不擅长什么，这里主要是个人的核心价值观念、工作动力、个性特点、天赋能力和存在缺陷等的评述和论证。要先行挖掘自己的职业气质、职业兴趣、职业能力结构等因素，找到职业潜力集中于哪个领域。只有找准方向，才能最大限度地开发和发掘自己的潜力。

职业定位就是确定自己在职业中的角色定位。如我在社会的大分工中应处于什么位置，扮演什么角色？我应该从事什么职业？具体包括各种感兴趣职业的工作内容，明晰该职业对文凭知识和资历、业务技能经验的要求，明晰该职业的工作环境和自己将要担负的角色等。

了解职业的方法较多，包括自我探索，参照业内成功人士，询问业内专家，请他人做评价，借助心理测验，通过网站查询资料信息（包括职业的工作内容、知识要求、技能要求、经验要求、性格要求、工作环境、工作角色等）。

（二）职业定位的影响因素

1. 个人需求

根据马斯洛的需求层次理论，按照从低到高的顺序，人们的需求依次为：生存需求、安全需求、社交需求、尊重需求和自我实现需求。需求的层次和标准不同，决定人们的职业追求和自我职业定位有较大差异。

全面深刻地分析自己的兴趣爱好、个性、气质、能力等是否与职业定位相匹配。充分认识自己，理性冷静地把主观愿望和客观条件相结合，找准自我的社会职业位置，重新掌握自我人生的主动权。准确定位容易找到自己理想的工作单位和岗位，且有利于工作取得成效。没有良好定位，就业之路就会艰难曲折。

2. 职业价值观

职业价值观是人们对某一职业的高低贵贱和成败得失的价值判断，是人生目标和处世哲学在职业定位方面的具体体现。个体职业价值观是对外在事物与自己工作之间存在的肯定或否定状况判断的认知。一般来说，不同的人对同一工作的价值判断不一样，能满足个体需要的工作会被他认为有价值，否则会被认为没有价值。

职业期望也称职业意向，是人们希望从事某种职业的态度和倾向，是个人对从事某一职业希望得到的回报和赞赏，是个人职业价值观的直接反映。

3. 社会环境

社会环境分为两个层次：一是政治形势、经济体制、社会文化、职业价值观等宏观因素，决定个人职业选择与转换的自主权与相关决策；二是所在的学校、单位、社区、家庭背景、人际关系等微观因素，决定人们职业选择和转换的具体情境。

4. 受教育状况

不同教育程度决定人们职业发展的不同能量和状况。人们接受教育的专业种类，是职业发展的立足点和出发点。另外，所在院校、学科和专业不同，接受教育理念不同，都会影响人们的职业定位与发展。

5. 家庭环境

大学生的职业选择深深地融入了父母的意志，家庭作为大学生的后盾力量，对其职业选择有重大影响。尤其是当子女在职业选择道路上犹豫不决并寻求帮助时，或被引入父母正在从事或希望子女从事的职业，子女被看作是父母希望的延续或家庭的代表，子女的使命就是实现父母的理想，包括职业理想。

所在家庭的环境氛围和家庭成员的言传身教，经过长期的潜移默化，会使人形成一定的价值观和行为模式。人们会自觉或不自觉地从家庭中学到和掌握一定的职业知识与技能，进而影响自己的职业理想与职业定位。简单而言就是"子承父业"，至少是父母的职业对子女的职业选择，有较大的影响力。

6. 时间定位

时间定位是指选择工作或就业的时间安排。考虑到用人单位对接收高校毕业生时间的规定，应牢牢把握择业的有利时机，宜早不宜迟。

7. 待遇取向

待遇取向是指工资和福利待遇的标准确定，择业时要确定待遇的上下限范围。不考虑待遇不现实，过分强调于此也不明智。薪酬待遇问题的重点不是放在当前，而是放在从业单位所处的行业、经济发展活力和未来状况的强健上。只要用人单位有足够的发展空间和机遇，就有极大可能不断提高薪酬待遇。

8. 看清目标行业的发展趋势

朝阳行业更有前途，能给新来者更多的职场发展的机会。大学毕业生应主动、全方位地了解目标行业的现状和发展前景。俗话说"隔行如隔山"，不能仅仅靠媒体介绍。理想做法是向当下已经在该行业供职的朋友打听，以获得可靠消息。打听事项包括具体工作内容、行业盈利模式、个人职场升迁制度及薪资状况等，多多益善。

9. 择业前提

努力了解社会对人才的需求和就业形势，了解社会对其专业和学历的需求状况，是否供过于求。观察哪里需要人才，哪里人才过剩，我可以去哪里就业？不同用人单位有不同的选拔标准，包括求职人数、学历、专业、性别、品行、能力、体格、身高等。只有很好地了解用人单位的选拔标准，才能明确自己的择业取向。只有了解自己，弄清楚自己的素质、专长、兴趣和爱好，才能明白我是谁，我该怎么办？我能为社会和自己做些什么？

针对个人特点的未来职业规划发展，对个人一生显得格外重要。大学生要根据职业生涯规划的原则及职业成功的标准，掌握科学的职业生涯设计方法，准确合理地规划职业人生。为此，列出具体措施和日程，主动迎接未来职业发展的挑战，做好充分准备。

近年来，大学积极提倡职业生涯规划的教育，对诊治这种"头痛医头，脚痛医脚"的心态，透过规划及人生实践中的短、中、长期目标，让大学生达到自我认知和技能提升，乃至寻找合适的发展位置，建立起自我价值。

（三）职业选择的以己为本原则

俗话说，"男怕选错行，女怕嫁错郎"，职业选择至关重要。以前职业选择是"工之子恒为工，农之子恒为农"。家庭整体利益和父母意旨，通常被置于第一位严格考虑。

西方国家的职业选择，较多奉行"以己为本"的理念，依从个人兴趣，重视自己意愿，个人有更多的自主独立性和机会，根据自己的兴趣爱好来选择职业。只有从事适合自己的工作，才能指望有所成就；只有从事自己感兴趣的工作，才能给自己带来无限快乐。

以己为本选择职业，前提是充分了解自己，是基于真实判断自身的才智、教育、特长、兴趣爱好的基础上。认清自己喜欢干什么，自己能干什么，自己适合干什么等，最终决定择业的方向。各级各类学校都应有择业指导师和职业倾向的测试，帮助学生对自身的素质与能力有更理性的认识，对社会的现状和发展前景等，有更确切的认知和把握。

以己为本的择业观，体现了学生对自身应负的责任，是"我的职业我做主"。自己选择自己的职业，成就与否，快乐与否，都是自己的选择所致，会进一步激发工作的热情，犯错时也就没有理由和借口推脱责任。以己为本择业还体现了一种自信，促成大家树立一种信心，认清自己并紧紧地把握自己的未来。

（四）以己为本原则运用

在设定职业方向和职业定位的时候，要全面考虑自己的客观情况，注意扬长避短，做自己最喜爱也最擅长的事。即择己所爱、择己所长、择己所需、择市所需等。而择己所想、随心所欲、一切听从家长等，则是不妥的。

（1）择己所爱。这是做好未来职业定位的首要原则。职业定位首先与职业取向匹配，即与自己的性格类型、兴趣爱好、职业价值观、自身需求及梦想相匹配。要思考自己喜欢哪个职业，或者对哪个职业比较感兴趣。一般来说，只有从事自己喜爱且感兴趣的工作，工作本身才能给人带来一种满足感，职业生涯才会变得妙趣横生。

（2）择己所长。在人才市场的就业竞争中，求职者必须善于从与竞争者的比较中，认清自己的所长和所短，亦即竞争优势和劣势。同时充分结合自己的学历、工作经历、能力水平和可利用的资源状况。在此基础上，遵照"择己所长、扬长避短"的原则进行职业定位。

（3）择市所需。与商业价值最大化相关联，职业定位时不仅要了解当前社会对职业的需求状况，还要善于预测该职业随着社会发展变化的未来走向，以便能富有远见地进行职业定位。

（4）与职业环境协调，既要考虑经济大环境、行业发展状况、地域环境等，还要与制约因素妥协，即考虑相关法律法规约束和自身的局限性。

图6-1为职业定位、目标设定与通道设计。

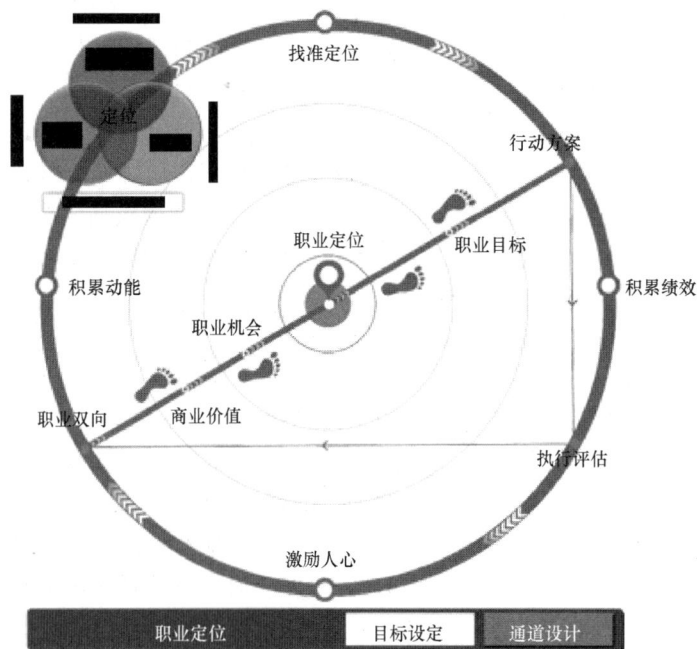

图6-1　职业定位、目标设定与通道设计

三、职业定位与发展的不同阶段

职业定位是一个动态过程，而非静态的结果。需要结合自己所处职业生涯的不同阶段，随着客观环境的变革和对自己认知的深化，随着自己职业技能才干的提升，对自己的初始职业定位不断予以修订和完善。

（一）职业定位应从大学甚至高中就开始

规划是对自己的未来人生做出的计划，需要有长短不等的提前量。如只是描述自己过去的状况，那就不是规划只能称为总结了。正如退休养老规划不能等退休了才想起来去做，职业生涯规划也不能等大学毕业找工作时再着手。

职业定位与规划，应从高中时代即将过去，在高考结束、填报志愿、选择就读的学校和专业时就开始，甚至是从初入高中校门就应开始。填报高考自愿，选择就读的高校和专业，既是对大学毕业职业选择的预习，又是考虑专业对口的缘由。就读专业与未来选择的职业岗位是密切相关的，读了四年的理工科专业，毕业后不大可能从事全无经验与感觉的文秘工作，或去银行保险机构做理财顾问，更不可能去医院当医生或护士。

这一阶段的职业定位，主要是结合职业生涯规划寻找自己感兴趣的职业方向，并由此来选择感兴趣的学校和专业。同时，积极涉猎相近的职业活动，锻炼和培养自己健全的人格。有些高校从大一开始就设置了职业生涯规划课，有对学生的职业咨询和辅导工作，如请企业管理师到学校做职业辅导与咨询，帮助学生在毕业时能尽早实现从"校园人"到"职业人"的顺利过渡。

（二）职业发展初期要勇于实践

职业定位的关键在于勇于实践，应脚踏实地，认真磨炼，在实践中一点一滴地积累，从而对该职业的定位有个初步概念。多数人在此阶段易陷入迷茫状态，患得患失，无法进行合理的职业定位，甚至尚未建立职业定位的概念。

职业发展初期是职业定位的初步阶段，在此期间，培养主动学习、奉献的意识十分重要。努力与不同的人积极合作、互相帮助，每天把自己的心得体会记录下来，作为经验积累和自我激励的手段。寒暑假期间积极参与社会实践，到不同的工作岗位磨炼自己，都是好办法。至少是学校毕业进入社会新单位后，能很好很快地融入社会、融入单位的业务活动，工作能很快上手，和同事能相处融洽。不至于到个新单位一年半载后，仍是"生瓜蛋子"，迟迟不能适应单位的日常工作和人际环境。

（三）职业发展中期有镀金意识

所谓"镀金意识"，是追求并实现品牌、正规、职位、规模等的代名词。职业发展的中期，应当对自己的职业定位有较深的认知，且不应再有频繁变动，而应在稳定发展的基础上，努力学习充实自己，如参加各种技能培训学习，获取各类学历或非学历证书，给自己的职场未来"镀上一层金"。

开放的市场会在各个方面左右人的思维。职场资深人士认为，了解一份工作通常要一年时间，达到熟练运作的程度则需要二三年。企业一般更看重职业稳定发展的人士，如某员工频繁变动工作单位，一般很难让企业放心，更难以交付重担在其身。

（四）职业发展后期调整心态

职业发展的后期，属于职业准确定位阶段。处于这一阶段的职场人士，个中不乏积极进取、永葆职业风范、精力旺盛、富有人格魅力的高层管理者，但更多的人则处于困惑和尴尬状态。如优秀员工很多，高管职位则有限，属于僧多粥少，难以保障每个优秀员工都能凭借自己的努力，得到相应的较高层次的工作职位。

该阶段的职业定位建议是：客观平和地面对现实，随时抱有危机意识，了解和正视自己的局限性。主动评估任职单位未来发展的大趋势和前景，是走上坡路还是下坡路；探究自己的实际状况与单位要求目标的差距，自己与时代的差距，与优秀同事的差距；考察单位的员工晋升制度与实际执行的差距。自己水平不足时应及时充电跟进，广开视听。如单位提供产品或服务有限，科技水平有限，未来发展潜力不足，可选择跳出该单位到有发展潜力的新单位。再如，自己的职场状况已基本达到瓶颈，原单位实在无法晋级时，也不妨主动跳槽到公平、公开、人才匮乏的新单位任职。

如自己已经到了职业发展的后期，临近退休时，就需要多为年轻人铺路搭桥，为自己的将来留有一定的后路，同时准确规划自己退休后的人生。

这里对职业生涯发展表现的若干阶段特征和担负任务等予以说明，见表6-3。

表6-3　职业生涯发展过程阶段与注意事项

阶段	典型年龄	阶段特征	阶段工作内容	阶段主要任务	阶段注意事项
职业准备阶段	0～18岁	接触社会，初步形成职业意向，从事职业技能学习及等待就业时期	评估个人的兴趣，确定职业目标，得到必需培训	职业想象力，评估不同的职业，接受必需的教育，学习职业技术，提高工作能力，学习组织规范，选择第一份工作	将兴趣与工作能力相结合
职业生涯初期阶段	18～25岁	根据社会职业需求及自己的能力、愿望做出职业选择	获得经验、高效及同事尊重，着重于某专业领域	在理想的组织获得一份工作，或学到足够的知识、技能、信息后，选择合适的工作	处置职业活动中的各种关系，避免过度劳累和投入过大
职业生涯中期阶段	25～40岁	走上职业岗位，逐步适应职业岗位要求	积累经验和知识以获得升职，寻找新机会，调整心态，扩大职权	学习职业技术，提高工作能力，学习组织规范，学会协作与共处，逐步适应职业与组织，期望未来职业成功	寻找持续的满足感，保持对同事的关心
职业生涯后期阶段	40～60岁	稳定某种职业，占据个人职业生涯的大部分	退休规划、理财和个人计划，帮助训练继承人	对早期职业生涯重新评估，强化或转变职业理想，对中年生活做适当选择，在工作中再接再厉	在工作岗位站好最后一班岗
职业生涯结束	60岁退休	职业能力开始趋于衰退	退休回家安居养老	保持职业成就，维持自尊，准备光荣引退。调整心态，做好退休后的打算，颐养天年，发挥余热	决定退休后继续工作的时间，策划参加各种社区活动

四、职业定位的作用

（一）注重持久

职业选定不是短期行为，将会面对未来数十年的光阴，要学会可持续地发展自己。准确的职业定位可以让自己获得长足的进展。很多人事业发展不顺利，不是能力不足，而是选择工作不当。很多人没有认真思考"我适合做什么",不清楚自己想要做什么,无法体会如愿以偿的感觉。很多人把时间用于追逐自己真正适合的工作,但随着竞争加剧会感觉个人未来发展的后劲不足,需要随时再花费时间、精力和金钱,进行充电。

(二)目标专注

学会善用自己的资源,集中精力、目标专注地发展自己的特色行当,将其做大做强做出成效,而非一定要实现"多元化发展",这是职业发展的基本规律。很多人学了很多门类知识,涉足多个领域,其实都是浅尝辄止,门门通,门门稀松,职业万金油,每项技能都没有很强的竞争力。投资的时间和精力很多,获取的收益却很少,过于分散精力反会让人失去原有的优势。

(三)抵抗外界干扰,不轻易放弃

有人选择工作,用现实的报酬福利作准则,哪里钱多去哪里,哪里时尚去哪里,也许头几年待遇等会有一些差距,但风水轮流转,后来的薪酬差距并不大。今天时尚的过几年不再时尚,从前挣钱容易过几年挣钱不容易。有的人凭借机遇获得了好职位,给自己准确职业定位后,会理性地面对外界的诱惑,选择短期内看似不好却更适合长远发展的职位。20世纪90年代里,众多体制内人士纷纷"下海"经商,除少数取得极大成功外,多数人并不适合走这条路。

(四)将自己与职业密切挂钩

了解自己的职业取向,明确该职业对自己提出的要求,确知自己已具备的职场状况和职场要求之间的差距。可能会有多个职业目标供选择,但各个目标对一个人的要求责任,和将会带来的好处和弊端各有不同。需要根据自己的状况权衡比较、了解自己和职业要求的差距,并根据自己的现实条件和期望发展的路径,权衡各个职业目标的利弊得失,制订实现该目标的具体方案。

(五)恰当地展示自己

确定自己的职业取向和发展方向后,需要采用适当的方式将这一职业定位展示给面试官或上司,以此获得职业入门和进一步发展的机会。学会让合适的用人单位聘任,让上司正确看待并培养,或让人脉关系乐意帮助。很多人在写简历和参与面试时,套用模板的结果是千篇一律,不能展现自己的与众不同,无法准确地介绍自己,使面试官快速地了解。有人在职业定位上摇摆不定,使单位不敢委以重任;有人经常随意换工作,使朋友们不敢积极相助。职业定位不准、职业目标游移,让人看不清真实状况。

五、职业生涯规划与自我职业定位

确定人生目标,需要正确评价自己的性格、能力、爱好与人生观,应向哪些方面发展,准备向哪方面发展。具体而言,就是分析自己的兴趣、性格、能力,确定自己的志向和目标,喜欢什么就做什么,做什么做得最好就去做什么。

(1)明确自身优势。首先是给自己打分,明确自己的能力大小,观察自己的优势和劣势,并扬长避短,这就需要自我分析。这种分析旨在深入了解自身,并根据过去的经验选择、推断未来可能的工作方向与机会。

(2)发现自己的不足。人们与生俱来的某些弱点是无法避免的,必须正视并设法克服,以减少对自己的不利影响。例如,独立性强的人很难与他人默契合作,优柔寡断的人很难担当组织管理者的重任。人性的弱点并不可怕，关键是对此要有正确的认知，寻找弥补克服的方法，使自我趋于完善。

（3）有全局观。不能只站在自己的立场上观察问题和分析问题，还要对发生的各种事项做全方位的思考，只有如此才会有准确的职业定位。特别是在团队协作作战时，要学会换位思考，即站在他人的立场上看待问题。不能以自我意识为中心，不应有看不起别人的想法。

（4）职业定位起点不宜过高。某些大学生毕业后进入相关部门工作，几年后还是做基层，总感觉是大材小用，单位限制了自己的发展空间。其实，每家单位都有自己的晋升机制，经过长时间工作还得不到晋升时，就要认真思考是否将目标定得太高，或自己的工作还有哪些不尽如人意之处。

（5）拥有聪慧创新的意识，是人才成长的必备条件。人们需要有个充满智慧的大脑，而非简单地充满"知识"的大脑。知识总是变化且有限的，智慧则能使一个人在任何时候都有无限力量。成为一个有智慧的人，需要时刻保持一颗学习的心。学习的途径和介质多种多样，互联网时代资源丰厚，只要主动获取，就能让自己充实而有力量。

六、职业定位的误区

误区一：职业定位会使自己变得僵化

职业定位不是静态的，而是动态的。它不是一次定终身，而是可以有所变革、与时俱进。职业定位不是要固化僵化自己，为自己的职业选择套上一条枷锁，而是要借此认清自己，更好地知晓自己"需要什么"，应当"选择什么"。当自我认知的目标发生重大变化，或外部的经济社会环境发生重大变化之时，都需要重新做职业定位。

误区二：很多想要的得不到

资源总是稀缺的，而人们想要获得的东西很多，能顺利实现的东西却很少。在职业选择上，要做技术还是做管理，一生的目标是要不断地挑战自我、勇攀高峰，还是要随心快意、尽情潇洒挥霍人生，人们担心职业定位会让自己受到限制。其实，职业定位并非确定某个位置，将自己固定不变，而是确定自己的现状和达成目标的距离与路径。可以确定多种可能目标，知道自己距离该目标的远近程度，达成该目标还需要经过怎样的努力。

误区三：职业定位会让自己失去许多机会

职业定位的目标不是唯一的，而是可以有最佳和次佳的多个选择。最佳状况实现不了，还可以将次佳方案拿出来选择使用。这个误区往往体现在毕业生身上，临近毕业的大学生到处投放简历，甚至发给谁都不知道，或者同样制作的一份简历，投放给某公司是如此，投放给某学校单位也是如此。有的学生会考取很多的证书，认为这样得到的机会更多，但各种证书的含金量并不高。其实，这种漫天撒网式求职耗费时间和精力不少，却很难获得实质性的机会。

误区四：让旁观者给自己职业定位

真正知道自己想要什么、喜欢什么、习惯做什么的是自己，而领导、同事、朋友和家长等，都只能为自己提供建议和参考，并不能真实了解你的"内心"，也不能代你做出若干具体决定。在职业定位问题上，应当是"我的职业我做主"，要自己了解自己，定位自己，在此基础上再借助别人的帮助。

第三节 职 业 选 择

人生面临众多艰难的抉择，大学毕业之时的职业选择，就是这些选择中重要且困难的一个。大学生从学校走向社会，从学生变成职场人，如何应对身份和环境的变化？大学生充满理想和激情，对未来有美好的憧憬和深深的期待，但涉世不深，缺乏生活经验和社会实践，所以在理想和现实之间彷徨。

一、行业选择

（一）选择好行业是职场成功的基础

大学生走入职场，首要选择就是选行业，行业选对了就等于选工作成功了一半。这是大多数人都忽视的道理。"男怕入错行，女怕嫁错郎"。行业选错了，努力多年难有大成就，甚至随着行业衰败而沉沦。行业选对了，即使不大努力也能远远领先同辈，并随着该行业的快速发展而水涨船高。这就是"选择大于努力"。

很多人选择工作是跟着感觉走，没有行业意识：①什么行业赚钱就往哪里去，不管该行业是否适合自己，如互联网、金融行业挣大钱，自己没有相关的社会背景和应具技能，就只能干看别人挣大钱；②喜欢跟风，别人考研跟着考研，别人考公务员也跟着做公务员的梦；③哪个行业轻松选哪个，找工作时总想着挣钱多、加班少、关系处置简单、离家近，去单位后则是处处碰壁，或者工资高加班多，或者很舒服却挣不到钱。

很多人没有行业深耕意识，未考虑好行业发展前景就先就业，等换工作时又开始迷茫，盲目跳槽，在各类不同的行业间跳来跳去，在入行、就业、离职、再入行、再离职的恶性循环中度过，或工作数年跳了五六个行业。自以为阅历丰富，实则是浅尝辄止，毫无建树。这种无序盲目的流动，花费时间过多，犯错成本太大，跳槽转行浪费了大好青春，工作数年都找不到适合自己的路。

（二）入职就是入行，工作经验就是行业经验

首次找工作，学历是重要的。但跳槽再次应聘时，行业经验就成为首选。行业是职场人员的醒目标签，入职就是入行，工作经验就是行业经验，没有行业做基础，人的经验就是无根之木、无源之水。如银行业招聘，3年银行经验者比10年食品行业者的优势要大得多。在不同行业间跳来跳去，没有经验积累者，职场竞争力差，很难被企业青睐。

职业要结合行业才会有大发展。从事技术、管理职位，没有多年的行业积累，很难说深入了解该行业。工作三年是熟悉某行业的最低门槛。失去行业背景，个人价值就会大打折扣。即使像劳资、财务这类通用性强的职位，也有很深的行业壁垒。房地产业的财务和物流、贸易业的财务就有较大差异，很多知识是无法通用的。

（三）收入差距取决于行业差距

获取收入待遇是人员求职时考虑的重要因素之一，它与个人努力有一定关系，与行业选择的关系更大。收入差距主要是行业差距，获取高收入的前提是先找个好行业。例如，前些年在传统的机械制造行业，个人年收入20万元属于高薪，在互联网行业则是行业平均水平，在金融行业则属于初始起步。行业差距造成了巨大的收入差距，也决定了人们不同的命运。

这是行业差异使然，与行业发展的空间和平均利润水平有关，与个人的努力程度则无大的关联。

根据国家统计局的工资统计，行业差距最大，地区差距不小，岗位差距较少。目前国内行业收入居前的有金融业、互联网等，而农林牧渔等行业收入则一直不高，仅是前者的三分之一左右。

（四）行业是个人安身立命的基础

人际圈子主要是行业圈子，行业影响比我们想象的更大。人们的社会地位、职业前途、薪酬待遇等，差不多都是行业所带来的；而努力目标、规划学习、跳槽走向也基本以同行业为主；人际关系、朋友圈、影响力基本上都是行业中人，与其他行业人员甚至会有"道不同不相为谋"的感觉。

行业是安身立命的基础。是奋斗大半生的平台，决定了人们的兴衰成败，也是成功的最大依靠。一个人要想职场成功，首要前提是选择一个适合自己的、具有发展前景的行业，努力坚持做起来，与行业一起发展壮大，逐渐成为行业专家或高管，打造自身在行业的影响力和个人品牌，这是成功最快的捷径。而选错了行业，可能会半生沉沦，一事无成，迎来自己遗憾悔恨的人生。要高度重视行业的选择，选择好适合自己的行业，再确定进入的企业和职位，就能和行业同发展共进步，为自己的未来谱写辉煌的篇章。

（五）如何选择好行业

如何选择一个好的行业，是每个人都关注的。选择到好行业，如何经营好该行业的工作，更需要自己认真把握。

（1）进入一个新行业后，首要工作是尽快确知该行业的核心技能和盈利之道，它可以成为一个人在该行业成长和发展的基石，甚至是安身立命之本。

（2）当有了一两项足以安身立命的核心技能之后，为了带动自己更好更快地成长，最好的办法就是参与或负责一些可能涉及多部门协作的复杂项目的推进落地。

（3）个人的成长和进步往往受到环境牵引，一个人所在的行业或公司，工作内容及每日接触的人群和圈子，都构成职业环境的一部分。当一个人在合适的时候被置入一个合适的环境之中，就会借此获得巨大的提升和进步。

（4）要想在职场这个充满束缚的"游戏"中更好地通关，最佳选择通常有两种：要么依靠某种技能成为行业内顶尖的专家，要么让自己成为优秀的商业操盘手。具体选择则要考虑知识才干和兴趣爱好。

（5）S形曲线：个体的成功总是在遵循某种特定的范式，即"早期的缓慢发展、中期的快速指数级成长、后期的增速放缓，甚至最后的衰退"。

（6）管理学大师查尔斯·汉迪提出"第二曲线"：任何一条增长曲线都会滑过抛物线的顶点（增长曲线），持续增长的秘密是在第一条曲线业绩下降乃至消失前，一条新的S形曲线得以重新腾飞。个人职业成长的最优选择，需要在3年左右的时间窗口，找到自己可依赖的"成功范式"，进入快速成长期，让自己在这段职业经历中画出一条美妙的S形曲线，而非呈现出杂乱无序的状态。

（7）如果无法在一个特定领域内成为前20%乃至5%的头部，那么整体竞争力将会大幅削减。

（8）在快速变化的世界中，任何一个个体或组织想要追求长期持续的成长和发展，都一定会面对和经历属于自己的"第二曲线"，甚至是第三、第四曲线，需要在多条成长曲线之间跨过"非连续性"的鸿沟。

（9）必须一次次地让自己面对更大的场面，承受更大的压力，做出更艰难、重大的决策，并在每次经历类似的压力和场面后，都能有深刻的自我反思和复盘，努力让自己下一次做得更好。

（10）个人或组织要想追求成长和发展，需要持续在两个维度上有所提升和突破，一是线性维度的提升（如增加自己某项技能的熟练程度），二是非线性维度的提升（如升级升华自己的认知或思维模式、组织系统、商业赛道等）。

（11）对于绝大多数人而言，职业生涯成长必将经历两个阶段，前一阶段主要依赖技能驱动，后一阶段更多依赖系统认知和决策的质量驱动。要关注现有工作流程和业务链条中的效率是否可以大幅提升，思考其间的可能性和机会。

（12）要提升自己的系统思考能力：首先，在该领域要有足够丰富的实践，并能熟练解决各类技能问题；其次，在对应问题面前，能看到并深刻理解已被验证行之有效的系统模型，并用其理解和思考问题；最后，要在同一领域或同一问题下，得到更多不同的思考体系。

（13）当面临一件事是否值得操作，或遇到某个问题很难被解决时，应优先关注和思考"该事情是否要做，是否值得去做，问题解决后的价值有多大，为此需要付出的代价是什么"等，而非具体问题的执行路径、难度和过往经验。

（14）一个人内心的某些信念和力量，来自曾经历过的某些事情。某些事带来的痛苦、冲突和纠结越激烈、越深刻，往往越能在心中沉淀下某些坚定的信念和力量。

（15）如何让自己拥有"预见未来"的能力：①对自己进入领域有完整的认知框架；②不断向相关领域的关键人物求教，尤其是和所做工作有密切交集的领域，获取他们的认知；③知行合一，尽力参与实践并及时获得反馈，快速验证该认知的有效性。

（16）认识升级的前提是知行合一，如尚无法做到，必须优先补充行动能力。在未建立起较为全面的认知，在能认知到某些规律之前，需提升自己的实践能力，总结经验，不断反思后更多关注新的结果。

（17）既然不是所有人都能"预见未来"，该怎么办？答案是找一个能"预见未来"的人，相信并跟随他，在他已有明确判断和决策时，执行该决策，并寻找可行路径和配置资源，确保目标达成。

（18）人们习惯于长时间遵守某种既定规则，将自己禁锢在某个小范围和既有路径框架，从未设想过自己身上也充满各种可能和发展的变数。

二、职业选择需要关注的层面

职业选择是个人选择其未来所要从事工作的行为。个人在选择职业时，既要考虑兴趣与天赋，也要考虑市场存在的就业机会和薪酬状况，只有这样，才能找到满意的职业。

（一）知己、知彼、决策

（1）知己。指自我觉察、自我探索，认识自己的性格、兴趣、价值观、能力、特长和专业知识结构。

（2）知彼。指包括对行业、企业和职业三项职业环境内容的探索，认识不同职业、行业和岗位要求的知识、技能、经验及个性，认知不同职业发展的路径等。

（3）决策。指衡量自己的能力与职业理想之间的差距，全面培养自己的素质，确立自己的职业理想和发展规划，同时着手实施，并在实施过程中不断评估、反思和调整自己的职业规划。

（二）培养生涯觉察力、坚持力和适应力

生涯发展贯穿于人的整个一生，生涯规划教育也应当贯穿于人的一生。发达国家的生涯教育切入阶段比较早，一般从小学开始，就对各学段的职业生涯教育目标和内容有完整的设计。

宏观层面，要培养生涯觉察力、生涯坚持力和生涯适应力，帮助人们架构差异发展的内在动力系统。生涯觉察力是正确认识和评价自己的优势与劣势，意识成长中的机遇与挑战；生涯坚持力是指有远期和近期发展目标，并为实现所订立目标坚持不懈地做出努力；生涯适应力是指适应新环境、迎接新挑战，努力坚持发展兴趣特长，又不放弃补差扶弱。

1996 年，联合国教科文组织 21 世纪委员会发布德洛尔报告《学习：内在的财富》，在报告中提出"学会求知、学会做事、学会生存，学会共处"四个学会的话题，并将此视为新世纪教育的四大支柱。微观层面，则是通过培养"四个学会"帮助人们建构合适的生涯发展的路径，即在不同发展阶段里，可通过螺旋上升式的"四个学会"指标，达成适合自身特点的生涯发展路径。

（三）需要关注的具体层面

个人生涯发展需要具备自我认知、职业认知、生涯探索、生涯抉择和教育认知等因素，对此一一加以简要评述。

（1）自我认知。包括自己的兴趣、性格、价值观、能力等事项的认知，如询问"我是谁？我未来会怎么样？我的优势与可能的劣势为何"等问题来认知自我。

（2）生涯探索。是对自己感兴趣的职业进行了解，确定职业发展的方向。

（3）生涯抉择。根据自身条件、社会发展趋势和职业特点等，锁定自己的生涯目标，选择职业。

（4）教育认知。对教育价值、教育与职业的关系认识，这里并非泛泛谈及教育认知，而是从自我个性和实际出发，认知大学教育对个人职业发展的意义。

（5）职业认知。是通过了解专业信息、学校信息、职业信息、社会信息来了解大学、专业及未来职业对求职人员的要求，了解大学和专业为学生提供的求职机遇等。

（6）职业理想。指人们对未来具体职业的选择、向往，期望要达到的成就等，目前在头脑中初步达成的构想等。

（7）职业态度。指职业劳动者对社会、对就职单位持有的工作态度，履行工作义务的状况，是否认真负责等。

（8）职业责任。指从业者对就职单位和社会必须承担的某种特定职责和义务。不同单位、层级的人员，担负责任是不一样的。

（9）职业技能。指从事职业活动需要具备的业务能力，自己能否胜任所担负的工作，为公司作出的贡献，是单位不可或缺、他人不可取代？或只是普通一员。

（10）职业方向。为自己制定明确的职业方向和目标，知道自己想要干些什么。如总是盲目撞大运，最终会发现什么都没有获得。

（11）职业抉择。深思熟虑、仔细做好每个职业决定。开弓没有回头箭，不要轻易做决定，

有些事情一旦做了决定就无法挽回。

（12）职业道德。是一种长期以来所形成的并受到社会各界和同行普遍认可的职业规范。不同职业都有各自需要遵循的道德规范。

三、影响职业选择的要素

（一）职业兴趣

选择何种职业，首先要看自己对该职业是否喜欢，对此是否有极大的兴趣和热忱。职业兴趣是个人对待工作的态度和适应能力，表现为从事该工作的愿望和兴趣。职业兴趣以一定的素质为前提，在个人生涯实践中逐渐发生和发展。职业兴趣与人的个性、自身能力、实践活动、客观环境和所处历史条件有密切关系。应结合个人、家庭和社会因素综合考虑自己的职业兴趣，以有利于深入认识自己，发展提升自己，做好自己的职业生涯规划。

每个人的兴趣爱好，都是其独特人格的一部分，并影响到个人在某个领域的多种表现。兴趣和爱好品位的高低，会受个人的个性特征优劣的影响。如某人生性品质高雅，对高雅音乐、美术感兴趣；反之，个人生性品质低俗，则对低级、庸俗的文艺作品感兴趣。

年龄和时代变化也会对个人的职业兴趣产生直接影响。少儿时期可能对图画、歌舞、积木感兴趣，青年时期对文学、艺术、时尚感兴趣，成年时期则往往对某种职业、工作感兴趣。它反映了个人兴趣的重心随着年龄增长和知识积累发生了某种转移。就时代来讲，不同时代的物质和文化条件，也会对职业兴趣变化产生很大影响。

强烈的职业兴趣，会增加个人对工作的满意度、职业稳定性和成就感。满足自己的兴趣爱好，是个人职业幸福感的最大来源，很有可能演进为个人职场的长板。兴趣会让人在遇到职业"瓶颈"时，能调动更多的时间、精力和意志力妥善解决问题，推动自己在喜爱的领域持续努力学习，每日累在其中并乐在其中。

事实上，个人对职业的选择和确定，需要考虑的要素众多，兴趣爱好只是其中的一个层面。每个人都有某些天赋之才，只是自己对此是否有所发现、发掘、发扬光大而已。找准自己在职业上的兴趣，并乐意为之努力，这些问题就可以得到较好解决。

（二）个人需要和职业需求

不管个人的兴趣是什么，都是以现实生活的客观需要为前提和基础的，人需要什么也就会对什么产生兴趣。人的需要包括生理需要和社会需要，或说是物质需要和精神需要，人的兴趣也同样表现在这两个方面。生理需要或物质需要一般来说是暂时的，容易满足。如对某种食物、衣服感兴趣，吃饱穿暖就满足了；人的社会需要或精神需要却是持久、稳定、不断增长的，如人际交往、对文学艺术的兴趣、对社会生活的参与，则是长期乃至终生并不断追求的。兴趣是在需要的基础上产生的，也是在需要的基础上发展的。

职业需求是一定时期内用人单位可提供的满足求职者工作要求的就业岗位，或者说整个社会对从业人员的需求量。职业需求是影响个人职业兴趣的客观因素，并有一定的导向性，需求从业人员越多、类别越广，个人选择职业的余地就越大。职业需求在一定条件下强化个人的职业选择，或抑制个人不切实际的职业取向，或引导个人产生新的职业取向。

（三）个人认知和情感

兴趣不足和个人的认识与情感密切联系。如某人对某项事物没有认知，就不会对此产生情感并发生兴趣。同样，如某人缺乏某种职业知识，或根本不了解该职业，就不可能对该职业产生兴趣。相反，认识越深刻，情感越丰富，兴趣也就越深厚。

有人沉迷于集邮，认为集邮既有收藏价值，又有观赏价值，既能丰富知识，又能陶冶情操，且收藏的种类越多越丰富，情感就越专注越有兴趣，于是就发展成为一种爱好，并可能成为他的职业生涯的重要组成。一般人员对集邮没有任何认知和兴趣，故不会关注它。

（四）家庭环境

家庭作为基本的社会单元，对个人的心理发展会产生重要影响。个人职业心理发展具有很强的社会化特征，家庭环境的熏陶对职业兴趣的形成有明显的导向作用。大多数人从幼年起就在家庭环境中感受父母的职业活动，随着年龄增长，逐步形成自己对职业价值的认识，使得个人在选择职业时，不可避免地带有家庭教育的印迹。

家庭因素对职业取向的影响，主要体现在择业趋同性与协商性等方面。一般情况下，个人对家庭成员特别是长辈的职业比较熟悉，在职业生涯规划和职业选择中，会在代际间产生一定的趋同性影响。同时，受家庭群体职业活动的影响，个人的生涯决策或多或少产生于家庭成员共同协商的基础上。兴趣有时也受遗传的影响，父母的职业活动对子女出生伊始的环境氛围、情感熏陶等，会有直接影响。

（五）受教育程度

个人自身接受教育的程度，是影响其职业兴趣和选择的重要因素。个人的知识与技能水平的高低，在很大程度上取决于其受教育程度的高低。一般来说，个人学历层次越高，接受职业培训的范围越广，职业取向的领域就越宽泛。客观评价而言，任何一种社会职业对其从业人员都有知识与技能的要求。

（六）社会因素

社会舆论对个人职业兴趣的影响，主要体现在国家就业政策的舆论宣传和政策导向，以及传统文化的制约和社会时尚的引导等方面。传统的就业观念和就业模式，制约个人的职业选择；社会职业时尚则始终是个人特别是青年人追求的目标。不同社会环境、职业、文化层次和兴趣爱好的人，职业选择都不一样。如当前计算机技术和旅游、康养事业都得到较大发展，对此职业有兴趣的人员也增加得很快。但3种职业的工作内容和方式各有特色，对从业人员的技能要求等也大不相同。

（七）职业适配度

职业适配度即一个人的天赋、兴趣、目标和价值观是否与其职业相匹配。兴趣未必就是天赋，难以据此勾划出理想的职业蓝图。环境总是在变，但找到心里的真爱，职业方向就变得异常清晰。天赋是最擅长什么，职业测评是了解自己的天分和职业适配度的好方法。热爱金融，但对数据指标的感觉却并不强烈，也许只是喜欢纸醉金迷的金融市场。但职业兴趣也十分重要，即使不是天赋异禀，但努力追求仍能成为出色的职场人。

"为什么工作？""如何工作？""与谁一起工作？"，三方面彼此影响互相反馈。"为什么"涉及职业动机和职业匹配度；工作方式涉及知识技能、经验阅历及正在进一步追求的发展；一起工作的人如老板、同事、徒弟和职场互动。三者的和谐程度预测一个人在职业工作中的成功。

某个人在某领域天赋过人，未必能在该领域或单位胜任。每个工作环境都有独特的社会规范，不遵守这些规范者就要付出代价。新人接受职场规范，绝非一蹴而就。不少人因无法融入职业环境，始终不能发挥自己的天赋。

四、职业选择的考虑因素

在今天市场经济的大背景下，个人作为劳动者在自行选择职业方面，已经有了前所未有的自主权利，可以根据自己的兴趣爱好、意愿选择乐意从事的职业。同时，寻求较为理想、满意的工作，也成为职业生涯发展的关键所在。择业中需要考虑的因素较多，可大致包括以下内容。

（一）目前的收入福利待遇

工资收入与福利待遇的高低，是选择职业中首要关注的因素。不同职业年度收入的显著差异，对其今后的生活消费、投资理财、拥有资源的充裕度等，影响极大。它直接影响到个人的社会经济地位，家庭生活的质量和品位，影响到家庭投资理财的标准与内容。

（二）工作环境的满意度

工作环境的状况如何也是大家找工作要重点考虑的因素之一。若是在工作环境不好的单位工作，很难引起大家的青睐，缘由就是大家对工作环境的满意度不高。工作条件和环境优越的工作，往往会被求职者视为首选。

（三）人际关系处理的复杂程度

员工在工作中接触的密切度，相互间关系协调、利益冲突的复杂度等，是职场工作中不可避免的热点话题，也是择业的重要理由。善于和人打交道的外向型人士，处理起复杂的人际关系如鱼得水；性格沉闷、严重内向型的人士则在这方面有较大欠缺，倾向于和各类事务、数据、技术打交道。根据自己的性格选择职业，也是十分必要的。

（四）职业定位与社会声望

某一职业在整个社会的职业定位中是否具有较高声望，也是择业因素之一。国内外每年都有各种职业信誉度和社会声望的调查，在调查结果中，高校教授大多荣列榜首或至少是名列三甲，超出企业家和政府官员，更超出医生、律师等自由职业者。我国高校教授受尊敬的状况，并非其拥有的钱财、权力资本要超过政府官员和企业家，只能说是教授的社会声望使然。

（五）未来职业发展和职级晋升

青年人在寻找职业时，对未来能否得到培训进修机会，从而使自身的职业技能得以增进非常关注，甚至超出对工资待遇的关注。这是有眼光、看长远的做法，应受到称道。每个人都在追求个人的职业进步与发展，但不同的职业和行业，不同单位的晋升机会和通道，都有较大差别。在进行职业生涯设计规划时，要了解职业晋升的机会和通道是否畅通无阻，尽量选择平台大、晋升机会多、晋升通道多样的公司就业。某些知名企业会给予员工众多的培训机遇，对员工的职业生涯规划十分关注，就受到众多优秀学子求职的青睐。

毕业生进入政府部门或高校伊始，只会是个小办事员或小助教，都希望能沿循副科、正科、副处到正处，或讲师、副教授到教授的路径一直有所进步。职称、职级晋升成为未来职业发展的目标。

（六）所处行业的未来发展趋向

三百六十行的发展状况是否相同呢？差异很大，行业发展有快有慢，每年都有大批新产业出现，也有诸多传统产业倒闭乃至永久性消失。这就需要认真把握和剖析自己目前所学专业，未来在就业中最可能对应的某个行业的发展状况和机遇。行业发展得快，行业从业人员的职业生涯进步也会很快；行业发展缓慢乃至趋于消失，行业中从业人员的日子就不大好过，更谈不到进步。

（七）所处地域的未来发展趋向

不同地域的经济社会增长状况有较大差异，如我国东部、中部、西部、乃至东北各地，以及北上广深的一线大城市，省会二线城市、三四线城市和县镇乡村等，经济发展的快慢势态、社会整体文明进步等，就存在一条难以逾越的大鸿沟，且这种发展的差距越来越大。随着国家区域发展规划的相继出台，纳入规划视野的某个区域会因政策的大力倾斜，带来跨越式的超速发展。如经济特区深圳的飞速发展，就深刻地说明了这一点。选择到经济发展快的地域就业，个人进步和事业发展的机会与机遇会大大超出发展速度缓慢的地域。

（八）职业的稳定性

人们喜欢当公务员，至少是到体制内单位就业，重要缘由之一就是工作稳定可靠，单位不会破产，人员不会下岗，收入稳定增长，福利待遇不错，社会形象好等。如到企业工作，哪怕是相当不错的企业，也无法完全有保障，收入待遇可能会很高，但也可能随时因公司破产倒闭而失业下岗。

再如，演员、自由撰稿人、网络写手等自由职业者，虽然上下班自由、收入自由、时间支配自由和个人头脑意志自由，这是诸多年轻人乐意追求的，但职业和收入的稳定性却无法保证。

（九）退休后养老是否有足额保障

人们在寻找工作时，希望能得到较高的收入待遇，此外，还要考虑未来漫长的退休期间可能得到的养老保障待遇。目前有种流行观点，人们求职时不仅会注意"当前薪酬待遇的最大化，还希望延续终生的收入总和最大化"，希望晚年退休时有足额的养老金发放。尤其是目前人口寿命大幅延长、退休养老期不断增加的状况下，养老保障的有无和力度强弱等，是让人特别关注的。

五、职业选择标准的演进

（一）大学生职业选择动向

（1）择业标准向自我价值最大化实现转化。随着大学生就业不包分配，"铁饭碗"宣布取消，人才流动在国家相关政策的鼓励下成为现实。大学生择业不再是从一而终，而是谋求职业流动，通过多种选择寻找最能发挥自己才能的职业岗位。

（2）职业评价向注重经济利益转移。大学生的经济意识不断增强，企盼通过合理的就业劳动获得尽可能多的经济收入。经济利益的多寡，成为大学生择业时关注的重点，并视为衡量个人价值的重要方面。大学生工作后面临恋爱、结婚、买房买车、养育后代及社会交往等活动，都是人生必不可少的重大事项，需要个人具有较强的经济实力。与此同时，大学生本身缺乏职业报酬的实际体会，在求职过程中难以根据社会行情对自身价值做出确切估价，并提出合理要求。

（3）以市场选择为根本取向。大学生的就业心态在竞争和压力下逐步走向成熟，职业价值观随之发生了较大变化。严峻的就业形势，迫使更多的毕业生在选择职业时，更加注重职业市场要求及自己的实际。

（4）追求技术性和专业性。很多毕业生愿意到技术性、专业性强的单位工作。他们认为，在这种岗位工作能学有所用、发挥专长，充分展现个人的创造才能，缩短适应职业的时间，且易受人尊重。

（5）追求高层次的社会地位。在当代大学生的就业意识中，普遍存在追求高声望、高层次单位的倾向。能在这样的单位就业，既能使自己接触到层次高、视野宽的职场，增强自己适应社会的能力，又能使自己获得更多的学习、培训和晋升的机会，获得较高的社会地位，对未来的人际交往也有很多好处。

（6）既追求安全感和稳定性，又追求灵活性。长期以来，我国实行的劳动人事制度被称为"铁饭碗"，一经从业，终生难变，既使人们有安全稳定感，又使人们对改变职业岗位缺乏欲望。从进入单位的大门起，就能判断未来数十年的职业状况会是如何，很少有起伏波澜。这种传统模式影响大学生的择业倾向，同时也有众多大学生追求择业的灵活性，寻求生活的刺激感。

（二）大学生关注的就业方向

（1）建筑类专业。薪资相对较高，社会对建造、规划、设计、销售等人才的需求旺盛。近年来，国家在路桥构架乃至"铁公基"等方面大兴土木，大举投资，相关专业也是大幅升温。

（2）医学类专业。随着医疗体制改革的深化，医疗科技水平提升和居民寿命的大幅延长，尤其是新冠感染疫情暴发引致的负面影响，居民对身心健康开始大加重视，医疗护理健康专业人才变得抢手。从事老年医学、养生健康的人才走俏，保健医生、家庭护士将成为社会的热门人才。

（3）艺术类专业。传统艺术正与计算机技能、工业设计等学科融会，衍生出广告规划、工业规划、环境艺术规划、公关策划、动漫制作、游戏制作等多种新型行业。艺术专业正朝多学科归纳和融合的方向拓展，辐射范围增大，运作规模日益宽广。

（4）机械类专业。机械类毕业生尤其是数控、机械制造方向，在人才市场更加紧俏；3D打印、数控机床、发电设备、工程机械等重头产业的远景，依然长期看好，并向机光电一体化、光加工、环保等范围和领域拓宽。

（5）农林专业。人类对生存环境的重视，对食品营养与"舌尖上的安全"的关注，给农林专业拓展和应用带来新的期盼。农林经济、畜牧兽医、动物饲养、饲料加工、木材加工、家私、森林培育与桥梁、园林园艺、林产工业化等专业将会长期走俏。

（6）财经专业。中国改革开放的中心指导思想，是以"经济建设为中心"，财经、金融、会计、管理专业长期走俏，就业兴旺，职业面向宽广，且薪资水平、福利待遇及未来职业发展前景等，长期居于前列。

六、职业附加值和增长速度

选工作首先是选行业，个人就业时选择的行业如何，对其职业生涯发展具有决定性影响。很多人对行业状况及未来发展前景等不了解，盲目追求热门、高薪、光鲜的行当。但行业选择是个大学问，选择好是借力打力，一帆风顺，活到老依然备受尊重；选择不好，则会是逆水行舟，早早迎来职业危机，甚或是"35岁下岗无人要"的悲剧。职场人生最终是走向成功还是平庸，不同的选择会产生截然不同的人生命运。

这里根据各个行业的发展速度和附加值含量，把各类行业大体分为：高价值高速度、高价值低速度、低价值低速度和低价值高速度四大类型。各行业有各自的运行特点和不同的进入壁垒。对于大多数人来说，选择高附加价值、低发展速度，越老越吃香的行业，是摆脱职业危机，从容稳定发展，实现人生无忧的最佳选择。

（一）高附加价值、高发展速度行业

这类行业的特点，是产品或服务的附加值高、行业利润大、社会形象好、人员收入多、发展速度快，很多幸运儿借此早早实现了财务自由。行业缺点则是更新换代快，新技术、新模式层出不穷，几年一个大变化，令人无以应对。如昔日鼎鼎大名的美国在线、雅虎公司，今天已是踪迹难觅；摩托罗拉、诺基亚早已改换门庭；风靡全国的 ucdos、五笔字型等已成历史文物；风靡一时的若干科技牛人，也成为新时代的落伍者。典型行业如计算机、通信、互联网等高科技行业。

这类高价值、高速度发展的行业，虽然只能容纳少许人成功，但后来者依旧如过江之鲫、蜂拥而入，导致行业进入门槛高。985、211、名校研究生属于这类企业的标配，但如没有一定的社会关系很难进入该类企业的总部工作，大部分人只能做柜员、维护工或销售员。

行业的高发展速度和高竞争压力，从业人员如不加速学习、时刻追求进步，随时都会面临职场危机，处于落伍被淘汰的地步。没有深厚的技术加持或人脉关系积累，大部分人只能充当该行业的民工，干着苦差事，吃着青春饭，被纷至沓来的"后浪"们纷纷替代，成为被职场早早淘汰的年轻"老人"。

（二）高附加价值、低发展速度行业

该行业的特点是行业产品或服务的附加价值高，行业更新换代速度慢，行业门槛高、竞争壁垒大，初期是进入难、赚钱难，能最后坚持到底者是越老越吃香。典型的如高校教师、科学家、医生、咨询师、律师、艺术家等知识型行业，人员走专家型道路者居多。现代食品业、卫生健康、教育培训等长青树行业，高端制造业、古玩古董珠宝等高端服务业；电力、烟草、石油、通信等部分垄断性行业，也差不多是这样。

这类行业通常有广阔的市场和稳定的客户群。行业形态数十年不会有太大变化，从业人员需要有长达十数年或更长的学习周期，从业经验能长期地沉淀积累。从业者要能耐得住寂寞、忍得住浮躁，在学习中成长，在工作中积累。年轻时潜心修炼打磨自己，深耕行业和专业知识技能，不要刻意追求金钱，假以时日，成为行业专家后，就会有丰厚的回报。

很多欧洲国家走的就是这条路，人们工作不劳累，休闲时间多，却又很富裕，就是在高价值低速度行业发展了数百年之故。如意大利的奢侈品，法国的葡萄酒和香水，德国的机械制造，北欧的奶制品等。这些行业有很多看不到的高门槛，易学难精，一旦掌握核心要素，很容易走向行业顶端。

（三）低附加价值、低发展速度行业

该行业的特点是行业附加价值低、更新速度慢，赚钱平稳，很难暴富，"撑不着也饿不死"。典型行业有传统服务业、传统制造业、保安物业、零售行业等。行业特点是收入稳定、工作平稳，收入及职位长期稳定于低位。行业进入壁垒低，技术含量不高，进入人员多，退出者也多，人员流动性强，很容易沦为下岗对象。从业人员的工作时间积累，并不能带来知识增长和财富提升。如收费员、保安等，工作多年后依旧是除本职工作外，其他技能都不具备。

追求稳定的人大多喜欢这类行业，无须太多付出就有稳定收获，但代价是个人成长缓慢和薪酬的长期低水平徘徊。一旦行业被替代或面临新模式的挑战，如零售业与电商竞争失利、收费站关停等，从业人员学无所长，就会面临中年下岗、从头再来的悲剧。

（四）低附加价值、高发展速度行业

该行业的特点是行业附加价值低、更新换代速度快，消费潮流或外部生存环境经常变化，生产产品或提供服务卖不上好价钱。大家做得很辛苦，踏不准节拍就很容易赔钱。典型例子如传统的种植业、养殖业等。如丰收的西红柿倒进路沟，成熟的荔枝无人采摘，养猪场、养鸡场面临环保风暴被拆迁，猪瘟、禽流感猛然来临而损失惨重。

传统书店也是如此，网上购书快捷方便，传统书店毫无招架之力，除倒闭转型外找不到别的出路。网络普及导致看实体书的人员大幅减少，传统的新闻媒体、报纸杂志，在抖音、微信面前，同样是纷纷倒闭，难以招架。这类行业还有众多，市场不断流入又流出，店面不断开张和关闭，就可以看出端倪。

世间自有公道，付出总有回报。既想赚钱多，又想干活少、工作轻松的行业是不存在的。要么付出青春赚快钱，要么付出稳定赚有限钱，要么付出知识赚长久钱。对于大多数普通职场人来说，天下没有白吃的午餐，不应在该奋斗的年纪选择安逸生活。努力选择那些高附加值、低发展速度的行业，深耕行业，潜心修炼，强大自我，才能出类拔萃，从容享受付出带来的快乐。

七、职业取向、商业价值、职业机遇与通道设计

完整的职业生涯规划由职业定位、目标设定和通道设计三要素构成，称为职业生涯规划的金三角。在不同职业发展阶段及外在环境下，三要素或是同样重要或有主有次，三要素的功用大小及先后作用顺序也有差异。它取决于职业兴趣与爱好，取决于能为该职业评定的商业价值，还要考虑外部社会的人际环境等。

（一）职业取向

生涯的本质是以个人为中心，在考虑职业定位和职业规划时，要优先考虑个人的本性。清晰明确个人的职业发展方向，做好职业定位，是个人生涯发展历程中的根本问题。职业取向是人基于快乐原则的潜意识的外在表现。它通过性格、兴趣、价值观、需要和愿景五要素表达，足以反映个人对职业岗位甚至生活方式的心理倾向。人们在没有太多外在限制时，会优先考虑职业取向，获得最大程度的职业满意，使自己选择最佳的职业方向。

目标是个人试图完成行动的目的，是个人行为引发的直接动机，设置合适的目标，会使人们产生实现目标取得成就的需要，具有强烈的激励作用。重视并尽可能设置合适目标，是激发动机的重要过程。

（二）商业价值

面向现实社会，商业价值主要指个体对该职业世界能发挥的功用如何，或能提供多大的业绩贡献，以此决定是否可以获得相关的职业机会。商业价值由直接创造价值的系列要素构成，如知识、技能、经历、天赋和资源五大要素。何种职业目标才适合自己，主要受个人在何种职业最大限度地发挥商业价值的影响。如某人做管理岗位差强人意，做技术工作却独占鳌头，自然是技术岗位对他最为合适。

（三）职业机遇与通道设计

职业机遇由系列环境因素构成，有宏观环境、产业环境、组织环境、职业资源及家庭环

境等，直接影响个人职业机会的有无及机遇大小，决定自身职业发展的模式和路径。它可能是一个人职业生涯的助力，也可能是一个人职业生涯的阻力。职业通道设计要求员工、主管及人力资源部门共同参与制定，可以让企业更加了解员工的潜能，让员工更加专注于自身未来的发展方向并为之努力。

（四）区域定位

确定自己工作的地理位置，即职业发展空间的选择。如是去外地，还是回到自己家乡就业？是到沿海经济发达地区或中西部地区？去城市还是乡下？是去一线大城市、省会城市还是地县级城市？每个毕业生在选择工作时必须考虑区域定位。只有在区域定位明确的情况下，才能选择去或不去的地域。努力在规定的时间内做出最好的计划，如做好的计划不能实施，就必须及时调整。如果没有明确、正确的区域定位，在择业上会浪费时间和精力。

（五）自我定位

（1）任何人选择职业的自由都是有相对条件的，要根据社会需求设计职业生涯规划。此时，应积极把握社会人才需求的动向，把相应的社会需要和社会制约作为出发点和归宿点，以社会对个人的要求为准绳，既要看到眼前利益，又要考虑长远发展，既要考虑个人因素，也要自觉服从社会的需要。

（2）大学生都经过一定的专业训练，具有某专业的知识和技能，这是个人的优势所在，要根据所学专业设计职业生涯规划。大学生都有自己的专业，每个专业都有各自的培养目标和就业方向，这是大学生职业生涯设计的基本依据。

（3）职业生涯规划设计，要与个人的性格、气质、兴趣、能力特长等相结合，充分发挥自己的优势，扬长避短，体现"人尽其才、才尽其用"的要求，要根据个人兴趣与能力特长设计职业生涯。

（4）工作岗位的选择，是精英职位还是大众化职位？是行政职务还是技术职务？是管理岗位还是生产岗位？必须为这个职位做出选择。如询问哪个职位比较好，这个问题本身就是不确切的。事实上各种职位都很好，都需要人才，都可以成为对社会有用的人，有人适合从政，有人适合技术，有人擅长管理，有人擅长生产运作，关键在于自我认知和正确定位。

八、职业决策

（一）提升自我职业决策能力

所谓自我职业决策能力，指个人学到的用以顺利完成职业选择活动所需要的知识、技能及个性心理品质。这是一种重要的职业能力。决策能力大小、决策正确与否，往往影响整个职业生涯发展乃至一生。在个人职业发展的过程中，特别是职业发展的转折关头，如首次择业、选定职业锚、重新择职等，职业决策的能力和技术十分重要。个人在选择、开发职业锚之时，必须着力培养和提高职业决策能力，并讲求决策的技术和过程的完善。

要培养和提高个人以下职业决策能力：①善于搜集相关的职业资料和个人资料，并对这些资料做正确分析与评价；②制订职业决策计划与目标，独立承担和完成个人职业决策任务；③实际决策过程中有主见，适时、果断地做出正确决断，没有犹豫不决、不知所措和优柔寡断；④能有效地实施职业决策，克服计划实施中的种种困难。

在现实当中，经常会发现价值观念不清、情况不确定等行为。将主观愿望、个人需要、求职动机和实施条件，与职业的客观需要予以匹配和综合平衡，权衡利弊得失，确定适合、有利的职业岗位。将这一决策归于个人的自我意向，找到自己的爱好和擅长，带来职业角色的满足和报偿。

（二）职业决策的步骤

柯朗伯茨提出完整的职业决策模式，分为以下 7 个步骤。

（1）认识自我并理清自己的需求，分析个人的优势和不足，在此基础上，制定出明确的目标和实现目标的时间表。

（2）在明确自身需求的基础上，思考并拟定行动计划。

（3）搜集、分析与评价各项相关职业资料及个人资料，列出实现目标的各种可能行动方案，拟定达成目标的方法和途径，分析和预测几种职业选择途径的后果与可能性。

（4）明确和肯定个人主观价值倾向与偏好，整理并弄清个人的职业选择标准，将自我需要作为衡量方案的依据；探讨个人预期职业目标及价值观，以及个人的职业价值倾向，由此决定职业目标。

（5）评价各种可能的选择方案，依据自己的选择标准和评分标准，逐一评价各种方案，找出可能的结果。

（6）有根据地删除不合适的方案，挑选出合适的方案。

（7）开始执行行动方案并对自身进行经营和管理，以达成选定的目标。

第四节　其他职业要素

一、职业锚

（一）职业锚的含义

锚是使船只停泊定位用的铁制器具。职业锚又称职业系留点，是指当一个人不得不做出某种职业选择时，无论如何都不会放弃的那种至关重要的东西或价值观，实质是人们选择职业时所围绕的价值中心和底线。职业锚体现了真实的自我，是人们内心深层次的价值观、能力和动力的整合体。如缺乏对自身职业定位的清醒认识，在外界因素的诱惑下，人们可能做出错误的职业选择。许多人对自己的工作总是感觉不甚满意，就是其职业选择并非基于"真实自我"做出的。如某人职业转换多次，却总是围绕学校和教师的岗位不变，而不大会去经商或从政。这正是其后蕴含的职业锚的功效使然。

（二）职业锚的解读

了解职业锚的概念，要注意下面几个问题。

（1）职业锚发生于职业的早期阶段，以员工学到的工作经验为基础。一个人通过工作若干年学到从业经验后，方能够选定自己稳定的长期贡献区。个人在面临各种实际工作和生活情境之前，不可能真切地了解自己的能力、动机和价值观，以及能在多大程度上适应可行的职业选择。一个人的工作经验产生、演变和发展了职业锚。换句话说，职业锚在某种程度上是由人的实际工作所决定，而不仅仅取决于潜在的才干和动机。

（2）职业锚不是一个人实际测试出来的能力、才干或作业动机、价值观，而是在工作实践中，依据自身和已被证明的才干、动机、职业需要和价值观，现实地选择和准确地职业定位。

（3）职业锚是一个人自我发展过程中的动机、需要、价值观、能力相互作用和逐步整合的结果。

（4）个人从事职业不是固定不变的。职业锚是个人稳定的职业贡献区和成长区，但并不意味着个人将停止变化和发展。一个人以职业锚为其稳定源，以获得该职业的进一步发展，以及个人生命周期和家庭生命周期的成长、变化。此外，职业锚本身也可能出现变化，在职业生涯中后期，会根据变化的情况重新选定自己的职业锚。

（三）职业锚的类型

1978 年，美国 E. H. 施恩教授提出，职业锚理论包括自主型、创造型、管理能力型、技术或技能型和安全/稳定型 5 种类型，后来又增加了挑战型、生活型和服务型 3 种。具体内容包括以下几个类型。

（1）自主型：希望能随心所欲安排自己的工作方式、工作习惯和生活方式，追求能施展个人才华与能力的工作环境，以最大限度地摆脱组织的限制和制约。宁愿放弃提升或工作扩展的机会，也不愿意放弃自由与独立。

（2）创造型：希望凭借能力和才干，创建完全属于自己的公司或产品与服务。想向他人证明公司是自己努力创建的，愿意为此冒一定的风险并克服面临的障碍。会临时在别人的公司工作，但只是在潜心学习并评估将来的职业机会，一旦感觉时机成熟，就会创建自己的事业。

（3）管理能力型：追求并致力于工作职位晋升，倾心于全面管理，独自负责部门，以跨部门整合他人的努力成果。将公司的成功与否视为自己的责任，希望承担整体权利与责任。技术/技能工作仅被视为通向更高层管理的必经之路。

（4）技术或技能型：喜欢面对来自专业领域的挑战，对自己的认可来自于其精湛的专业水平，追求技能提高及应用该技能的机会。不喜欢一般性管理工作，认为会放弃其在技术/技能领域的成就。

（5）安全/稳定型：追求工作中的安全与稳定感，关心退休金和退休财务计划等，预测将来的成功而感到放松。稳定感包括诚信、忠诚及完成老板交代的工作。尽管可以达到高的职位，但并不关心具体工作内容。

（6）挑战型：喜欢解决看上去无法解决的难题，追求新奇、变化，挑战困难是其终极目标。参加工作或职业就是要战胜强硬的对手，克服无法克服的困难和障碍，挑战各种不可能的事件。

（7）生活型：喜欢将生活的各方面整合一体，期望将个人家庭需要与职业依存的工作环境相结合。希望职业环境能提供足够的弹性让其顺利实现该目标。甚至为了个人家庭利益，可以牺牲职业提升、单位工作环境转换等。他们将成功定义得更为广泛，认为自己如何生活、何处居住，如何处理家事等，优先于职业发展道路。

（8）服务型：一直在追求认可的核心价值，并为此不惜变换工作岗位以求价值提升，如帮助他人，开发新产品等。苦苦追寻机会，即使需要变换新公司或新的岗位，也要完成目标。

（四）职业锚的功能

职业锚是个人早期职业发展过程中逐步确立的，员工个人起决定性作用。在职业锚选定或开发中，在员工的工作生命周期和组织的事业发展过程中，发挥重要的功用。

（1）职业锚是员工经过探索，确定的长期职业贡献区或职业定位。依循员工的需要、动机和价值观进行，在探索定位的过程中，能清楚地反映员工的职业追求与抱负。

（2）职业锚可准确反映员工职业的价值观和抱负及其所追求的职业工作环境。组织透过职业锚获得员工正确信息的反馈，才可能有针对性地对员工职业发展设置可行、有效、顺畅的通道。

（3）职业锚是员工职业工作的定位，使员工在长期工作中职业经验增长，职业技能增强，直接提高工作效率和效益。职业锚自身是个人与工作环境互动作用下的产物，是可以不断调整完善的。

（4）职业锚是员工通过工作经验积累后产生的，反映了该员工价值观和被发现的才干。员工抛锚于某种职业的过程，就是把职业工作与自我观相结合，以实现自我认知并就此决定成年期的主要生活和职业选择，为做好中后期工作奠定基础。

（5）职业锚问卷是职业生涯规划咨询、自我了解的工具，能协助组织或个人规划更理想的职业生涯发展通道，是国外职业测评运用广泛、行之有效的工具。

职业锚强调个人能力、动机和价值观的相互作用与整合。是个人进入工作情境后，由学到的实际工作经验所决定，与在经验中自省的动机、价值观、才干相符合，达到自我满足和补偿的稳定的职业定位。

（五）职业锚与职业适应性

一般而言，新员工经过自我的认知、塑造、充实、规划等诸多职前准备，经过科学的职业选择进入企业组织，本身即代表了该员工对所选择职业是满意的。但这种满意仅是初步的，是主观的认识、分析、判断和体验，尚未经过工作实践的验证。

职业适应性是职业活动实践中验证和发展了的适合性。每个人从事职业活动，总是处于一定的物质环境和心理环境之中。个人对职业的态度，受到诸多主客观因素的影响，如个人的工作兴趣、价值观、技能、能力、工作环境、人际关系、薪酬福利，以及他人和组织对自己工作的认可及奖励，家庭成员对本人职业工作的态度等。

个人的职业适应性，就是尽快习惯、调适、认可这些因素，并与个人需要和价值目标融合起来，使自身在职业工作中获得最大满足。职业适应的结果，可保证员工个人在较长时间内乐意从事该职业活动，并有较高的工作效率和个性的全面协调发展。

（六）职业锚、职业计划表与职业角色

职业锚可以借助职业计划表来选定职业目标，发展职业角色形象。职业计划表是将组织所设计的各项工作分门别类进行排列，形成能系统反映企业人力资源配给情况的图表。员工借助计划表所列工作类别、职务升迁与变化途径，结合个人需要与价值观，实事求是地选定自己的职业目标。

职业角色形象是员工个人职业素质的全面展现，是组织或工作群体对其的根本认识。职业角色形象由两大要素构成：一是职业道德，通过敬业精神、对本职工作的态度、事业责任心、职业纪律等体现；二是职业工作能力素质，主要看员工的智力、知识、技能是否胜任本职工作。

二、职场安全感

（一）职场安全感的提出

员工只有在具有快速成长空间的公司，才能更快地获得能力和职位提升。市场经济的发

展，使得原本稳定的职业和工作已经或即将被机器替代，使任何职场都没有一劳永逸的稳定工作。

如何提高职场安全感呢？大学生毕业工作后，要在职场中获得同事和领导的认可，站稳脚跟，解决起码的经济问题，才能获得职业安全感。有人谈到，职场上已没有绝对的安全感，如果你真的想要有职业安全感，应该先做好职业生涯规划，找到适合的职业目标，再努力工作打造自己的顶端优势，成为具有核心竞争能力、他人无法替代的顶级人才，不然很难有职场的安全感。

在马斯洛需要层次论中，安全需求是基本需求，工资报酬满足生理需求绰绰有余。但人们的大半生都是在职业生涯中度过，职场安全感奠定了人生的尊严。人们期望有目标的生活，而非像机器一样地活着。只有获得职场安全感，才能集中注意力发现和思考，有所作为，而非惶惶不可终日。

（二）如何保持职场的安全感

作为职场人，应该时刻思考职场的稳定安全，让自己的职业发展处于安全且持续上升的边界。

（1）选择比努力更重要。在当前的市场经济环境下，行业之间的发展前景各有差别，找准职业目标后，选择有发展前景或正在快速发展的行业和公司，才能提供更多的自我发展空间。

（2）做好职业生涯规划很重要。求职者如对自己想从事什么职业困惑不已，不确定自己能做什么，喜欢做什么，不仅会求职难，就算找到工作也难以长期稳定。"凡事预则立，不预则废。"做好了职业生涯规划，有了明确的职业目标，才能清楚自己在哪个职业领域最有可能获得成功，实现自我价值，获得高稳定的职场生涯。

（3）时常总结工作。工作完成后一定要及时复盘，定期汇报工作进程，认真撰写日报、周报和月度总结。能及时汇报工作的职场人，更能获得主管的认可和赏识。它既能帮助自己及时总结，也能让主管了解工作情况。

（4）保持职场的竞争力，除了努力还有学习。随着工作年资的增长，工作经验的积累是有限度的。职场新人的学习能力强，工作一段时间后，完全可以胜任甚至超越职场老人。要想不被新员工淘汰，职场老人应该调整好心态，除努力做好现有工作外，还应保持继续学习的心态，增强核心竞争力。

（5）在职场中积累人脉。在行业内广泛结交的人脉，能帮助寻找职场安全感。无论是主动跳槽找新工作，或被裁员后找新职业，不能光埋头工作，要积极参加相关行业培训或沙龙活动，结识更多行业精英，为将来的职业发展奠定良好的基础，是必要且必须的。

三、职业信息获取

（一）职业信息获取的意义

职业信息采集与应用，为个人的职业生涯发展及需要依托的企业、社会，通过职业指导来影响个人、促进工作，搭建起一座桥梁。对个人提供相应的职业信息，可帮助了解社会对不同职业角色的具体要求，培养职业角色意识，了解企业文化、经验和规范。

职业指导人员通过对相关职业信息的搜集，有利于引导个人做出明智的职业选择，便于个人身心健康和发展。若希望永远走在职场前沿，了解各大市场的各种状况，必须在第一时间掌握各类职场的资讯，并加以分析整理。只有如此，才能在风云变幻的职场中做出正确的选择和判断，将自身立于不败之地。

（二）职业信息获取的渠道

搜集就业信息，要善于利用以下各种渠道和途径，只靠自己到处跑找单位或发求职信，成功率不高。

1. 教育主管部门

各个高校专门设立的毕业生就业指导中心与用人单位有密切联系，社会需求信息往往会汇集于此。每年毕业季，教育主管部门会及时发布职业供应和需求的信息，在毕业生和用人单位之间牵线搭桥，让毕业生大致了解当年社会对大学生需求的状况及有关政策规定，大学生本人也可以就有关问题进行咨询。这是获取用人单位信息的主渠道，提供信息的数量或质量都有明显优势。

2. 学校

各高校毕业生就业指导中心获得信息有以下特点：①用人单位掌握学校的专业设置、生源情况和教学质量信息后，向学校发出完全针对应届毕业生的需求信息，针对性强；②为了对广大毕业生负责，用人单位发布的需求信息，学校要加以审核以保证信息的可靠性；③毕业生只要符合条件并善于把握自己，供需双方面谈合适，就能当场签约，交易费用低，成功率高。

3. 计算机网络

今日的网络应用很普遍，用人单位和求职者将求职信息及招聘信息直接在网上公开，可以双向选择。网络招聘跨越了时空界限，突破了人才信息与招聘信息沟通的限制，打破了人才交流单向选择的传统格局。求职者无论身在何地，都能获得招聘信息及就业机会。毕业生可上网取得各种职业信息，并把自己的履历放在网上接受用人单位的选择。

如今飞速发展的网络时代，为大家了解职场资讯提供了方便快捷的渠道。大家可以在微信上寻找志同道合的朋友，建立微信群互相交流，共同商讨职场案列或商务谈判。通过各大浏览器如腾讯、百度、搜狗、新浪等，寻找和获取与职业有关的信息资讯，掌握第一手资源。

4. 人才市场

我国人才市场中介机构分布众多，不仅可从中了解不同机构和职位，还提供了极好的锻炼面试的技能和增强自信心的机会。大学生要积极参与各类人才招聘会，尤其是校园招聘会，以便对求职市场有清晰的了解。人才市场获得的需求信息是面向全社会的人士，针对性较弱。各类人才中介服务机构、职业咨询公司等，都是获取信息的主渠道。

各种"人才交流会""供需见面会"获取信息和见面签约，是今天招聘活动进行的主渠道。这类活动或是学校主办，或由当地就业主管部门组织。因是供需双方直接见面，可掌握许多用人信息，且可以当场拍板签协议，简捷有效。

5. 新闻媒体

每年大学生毕业就业之际，报纸、广播电台、电视台都开辟有人才招聘和求职信息专栏，刊登和传播相关信息，还专门出版有指导就业的报刊，从不同侧面和角度反映大学生就业和需求情况。通过媒体、网络获取需要的职业信息，是现代毕业生求职的特色。在传媒业高速发展的今天，广播、电视、报纸、杂志等新闻媒体，受到了招聘机构和求职者的共同青睐，如《大学生就业》等刊物，每期都刊载有数量不等的招聘信息，另外还辟出"择业指导"和

"政策咨询"等专栏，为毕业生就业提供指导。毕业生也会在报刊刊登求职广告，向公司投递求职信件和个人简历，电话联系用人单位和亲自拜访等，取得有用信息。

6. 社会关系网

亲朋好友乐意给你提供求职机会，用人单位更愿意录用经人介绍和推荐的求职者，认为如此录用的人员比较可靠。招聘单位每天收到求职信函众多，所述求职资格、内容和工作能力相差无几，招聘单位难以从中甄别。关键时找"关系"推荐，也许最为有效。关系要靠自己发掘，包括老师、亲朋好友在内的各类社会关系，发掘途径也应正当。每个人的社会活动圈子不一，借此获得的职业信息不能一概而论。一般情况下，这类职业信息质量较高且较为可靠。

7. 社会实践

大学生在各种社会实践中了解社会，多承担力所能及的工作，培养自己的素质和能力，同时努力赢得用人单位的好感和信任，最终谋得职业。实习单位一般比较对口，可直接掌握就业信息，与用人单位达成就业协议，也是很好的途径。机会都是留给有准备的人，在职场上担负责任越多，才能更多地证明自己能力，获得更多机遇。

8. 广泛社交

多参加集体活动，多交朋友，使自己的生活变得丰富多彩。扩大交际圈，掌握更多消息，了解平时不能接触的人和事，让自己的工作得以顺利开展。多个朋友，就多份机遇和可能，通过聚会可以更好地学习他人的优秀经验，定位自己，明晰职场的更多情况。

四、职业探索

（一）什么是职业探索

职业探索是人们对自己喜欢或将要从事的职业予以理论分析和实况调研，目的是对该职业有充分的了解和认知，并在明晰自己对职业要求和职业实际状况的现实差距中，制定职业谋取的策略。具体包括：①职业描述；②职业的核心工作内容；③职业发展前景、职业对社会生活影响及发挥作用；④职业薪资待遇及潜在收入的发展空间；⑤岗位设置及不同行业、企业的差别；⑥职业入门岗位及上升通道；⑦职业的标杆人物；⑧职业通用素质要求及入门的具体能力；⑨职业的工作思维方式；⑩职业未来发展趋势和要求等。

职业探索与职业分析相关，初次做职业生涯规划的人员，尤其是还没有工作经验者，首先要了解职业的分类和特点。职业分析是指对一系列工作信息的收集、分析和综合，具体指某职业在社会大环境中的发展状况、技术含量、社会地位、未来发展趋势等。职业环境分析的要求是，弄清环境对职业运行发展的要求、影响及作用，同时对各种影响因素加以衡量、评估并做出反应。

（二）岗位探索

岗位探索是对职业探索的进一步深化和细化，是对岗位本身和影响岗位发展的各因素组织调研。岗位是自己将来工作的阵地，故此要先对该岗位的状况有个全面准确的了解，方式就是细致的探索和调研。包括内容有：①岗位描述；②岗位晋升通道；③不同背景下的岗位要求；④个人目前状况与该岗位的要求存在的差距；⑤评价自己能否胜任该岗位的要求。

（三）职位描述

不同职业有不同的工作内容，完成不同工作需要具备不同的能力和素质。做职业生涯规划时，要重点分析该职业的工作内容、工作职责及从业人员需要具备的素质、能力和性格等，再判断自己的知识结构、专业能力、素质和性格爱好，适合哪一类职业。例如，营销岗位和财会岗位对应聘者的专业和学历显然有较大差异，对应聘者的性格、爱好也有很大不同。前者需善于和不同的人打交道，并牢牢把握客户的心理要求；后者则要求应聘者能埋头于具体事物，愿意整日和数字打交道，心理素质过硬，沉稳、细心，对公司忠心，不贪恋钱财等。

（四）职业自我效能观感

（1）维度。职业自我效能感具有水平、强度和广度三大维度，分别代表职业自我效能感的 3 个不同层面。水平表示个体对自身能否完成职业任务的知觉；强度用不同等级表示，用来衡量个体对成功完成职业任务的自信度；广度则代表个体能把某个特定领域的职业自我效能延伸至其他领域的程度。

（2）层次。自我效能自下而上区分，分别是具体任务自我效能、领域任务效能和一般任务自我效能 3 种层次。前者是指个体在完成某具体任务时的自我效能；中者是指个体对完成某个领域内各种纷繁复杂、不同难度任务时的自我效能；后者用于衡量个体在应对生活、工作和不同领域问题时的整体自信程度。职业自我效能作为自我效能在职业领域的应用，只能处于前两种层次上。

五、职业成熟度

（一）职业成熟度的含义

职业成熟度是指个体在完成与其年龄相应的职业生涯任务的心理准备程度，是衡量和评价个人职业发展的重要指标。又指个人对其能力的驾驭、职业兴趣及相关职业的匹配度，并据此做出合理的职业选择。

职业发展与管理的成熟度，是衡量个人面对职业生涯规划和选择时的重要尺度。具有较高职业成熟度的人，能对自我的状况，对可能选择的职业及两者的匹配度等做出准确评估，并对外在经济社会环境的解读能清晰及时，展现出较强的生涯设计和目标达成的能力。同时，还能在今天快捷变化的时代不断学习和提升自己的准备度，做到与时俱进。他们在面对未来的各种不确定因素或职业危机时，也能用正确的姿态为自己做出合理到位的职业生涯决定。

职业成熟度越高，代表对职业的规划与执行能力越强，做出适当职业选择进而获得成功的系数越大。职业成熟度越低，则表示对职业的规划与执行能力越欠缺，可能会做出不妥当的职业选择，迟滞个人职业生涯的发展。

（二）职业成熟度的测评

职业成熟度的测评，会帮助一个人发现和确定自己所处的职业生涯阶段，更好地做出相应的职业发展策略和建议。每个人的职业发展都需要经历 3 个阶段：①先安身再立命的"生存期"（job）；②追求发展与社会认同的"职业期"（career）；③追求自我价值实现、发挥职业天赋的"事业期"（calling）。这些职业阶段可以加速通过，却无从跨越，有以下问题需要首先询问自己。

（1）为什么有些人几年内平步青云，而多数人却是业绩平平，进步不大，少数人则是步履维艰，迟迟难以得到应有的认可？

（2）为什么有些人很早就找到了值得自己奋斗终身的事业，而大多数人却是一辈子随波逐流、碌碌无为，迟迟没有能设定发展目标？

（3）有些人工作时间不长，却早早就打开了新局面，待人接物相当老练，有些人工作了很久，却依然显得不那么"成熟"？

（4）你的职业目标是理想主义还是脚踏实地？在实际工作中是表现得志大才疏，还是深藏不漏，或是其他状况？

以上4种现象都是职业成熟度的外在表现，可通过测评得出。

（三）问题描述与测评

以下给出的问题描述，请根据你的实际情况，选择"是"或"否"。

（1）我了解自己的兴趣爱好和我选择职业之间的关系。 是 否

（2）我知道如何探索和把握职业生涯发展的方向。 是 否

（3）我能正确面对挫折，并做出合理到位的职业发展决策。 是 否

（4）我会围绕职业目标，坚定执行自己的能力提升计划。 是 否

（5）我对自己的职业发展有清晰的愿景。 是 否

（6）我能识别支持职业发展所需要的关键性技能，并据此开展行动。 是 否

（7）我经常评估和调整自己的职业生涯目标，并采取相应的行动步骤。 是 否

（8）我明晰所在行业和公司正在发生的变化，了解该变化将给我职业发展带来的影响。是 否

（9）我有信心在不确定情况下持续追求自己的职业生涯目标。 是 否

（10）我清晰了解自己的优势和短板，并争取能扬长避短。 是 否

（11）我能及时主动地听取外来的意见和建议并有所反馈。 是 否

（12）我会主动和自己的主管探讨职业发展目标和规划。 是 否

（13）我了解在不同职业发展阶段，我的角色和任务分工会有所不同。 是 否

（14）在设定我自己的职业发展目标时，我会充分考虑并兼顾组织的目标。 是 否

（15）我始终在学习和更新与工作领域相关的知识和技能。 是 否

（16）我能有效地平衡和协调职业发展目标和人生的其他目标。 是 否

（17）我积极通过各种学习来增加自己的职场经验。 是 否

（18）我能敏锐捕捉到组织和工作场所的变化，并有很好的应对策略。 是 否

（19）我很清晰组织内的职业发展通道，并把握职业发展的机会。 是 否

（20）我了解并很好地把握自己在职场的内在驱动力。 是 否

（21）我了解职业生涯发展的主动权并牢牢地把握在自己手中。 是 否

（22）我知道如何获取外在的支持，帮助我作出重要的职业决定。 是 否

（23）我能有效筹划职业发展中的每一次角色变化和转型。 是 否

（24）我理解我的技能发展对组织未来运作的积极影响。 是 否

（25）我会给自己设定阶段性的生涯目标，并逐步实现它。 是 否

本章小结

1. 职业地位是人们对职业的主观认知和评价，反映了一定社会发展阶段的人们的职业价值观。职业地位高低的主要标志，依托于该职业可获取的收入报酬、社会地位和社会声望的高低。职业生涯规划包括职业定位、目标设定和通道设计，尤以职业定位是重中之重。只有找到内心真正认定的职业方向，才能不断获取经验积累和发展。

2. 职业声望是指人们对某种职业的社会地位高低的看法，是社会舆论对某种职业的评价。职业取向是人们选择职业对青睐职业的种类、方向的观感和认知，是构成职业选择的基本要素。测定职业取向有利于正确选择与自己适应的劳动岗位，有利于社会化顺利进行与实现，取得较大经济利益和多种社会效益，促进人的身心全面发展。

3. 职业自我定位即确定自己在职业中的角色定位。即我是谁、我的性格类型、我天生擅长和不擅长什么？这里主要是个人的核心价值观念、工作动力、个性特点、天赋能力和存在缺陷等的评述和论证。要先行挖掘自己的职业气质、职业兴趣、职业能力结构等因素，找到职业潜力集中于哪个领域。

4. 职业选择是个人选择其未来所要从事工作的行为。一个人在选择职业时，既要考虑个人的兴趣与天赋，也要考虑市场存在的就业机会和薪酬状况，只有这样，才能找到自己满意的职业。

5. 自我职业决策能力，意指个人学到的用以顺利完成职业选择活动所需要的知识、技能及个性心理品质。这是一种重要的职业能力。决策能力大小、决策正确与否，往往影响整个职业生涯发展乃至一生。

6. 职业锚又称职业系留点，是指当一个人不得不做出某种职业选择时，无论如何都不会放弃的那种至关重要的东西或价值观，实质是人们选择职业时所围绕的价值中心和底线。

思考题

1. 在职业发展的不同阶段里，如何考量职业定位的具体情形，需要受到哪些因素的干扰？

2. 职业信息的获取有哪些渠道和路径？你重点考量哪些渠道？

3. 做些社会职场的调查，你认为目前职场的安全度怎样？如何防范不安全风险？

4. 结合你对自身职业兴趣、所学专业等的认知，你的职业选择应当着重于哪些行业和岗位？

5. 在职业定位中可能存在哪些方面的误区，如何对这些误区加以消除和化解？

练习题

1. 对本书中所列示的职业声望量表，实际参与测试，并予评价剖析。

2. 在职业选择的影响要素中，本书列出了较多内容，其中制约你的选择的主要因素有哪些？

第六章补充资料

第七章

职业价值观

（一）本章学习目标

（1）把握：职业生涯目标、职业价值观、职业价值观教育等的基本含义。

（2）理解：职业生涯目标的确立和量化，达成职业生涯目标的基本方法，大学生职业生涯目标的确立。

（3）了解：大学生的职业价值观教育，职业价值观探索的步骤和职业价值问卷的测定与结果评析。

（二）教学重点与难点

（1）教学重点：职业生涯目标的确立与指标量化；大学生职业价值观的探索。

（2）教学难点：以上基本理论与方法在现实职业生活中的操练和运用。

职业生涯目标是职业生涯规划的核心内容之一，介绍了职业生涯目标的内涵、作用、特性及设定原则，系统阐述了职业生涯目标设定的基本步骤和实现途径。职业价值观是人们进入职场生涯，对职业的认知和职业目标的划定，是职业生涯规划工作中需要予以重点把握的。确立正确的职业价值观和职业生涯目标，是职业生涯规划的重要事项，也是本章要重点把握的事项和内容。

第一节　职业生涯目标

为加深读者对职业生涯理论知识的理解，提高灵活运用的能力，该如何确定自己的职业生涯目标，各个年龄阶段应该如何设定自己的职业目标，人生无目标状态下如何找到自己的职业目标，都是需要重点予以把握的，是针对性较强的实践活动。这里特别对包括职业理想描述、感悟职业目标对人生成败的影响、分析职业生涯目标的分解与组合过程等，做出全面的描述和探讨。

一、职业生涯目标解说

（一）长期目标、中期目标与短期目标

职业生涯目标的确定，包括人生目标、长期目标、中期目标与短期目标，分别与人生规

划、长期规划、中期规划和短期规划相对应。一般而言，首要工作是根据个人的专业、性格、气质和价值观及社会发展趋势，确定人生目标和长期目标，再把人生目标和长期目标分化、深化和细化，根据个人的经历、资历和所处组织环境，制定相应的中期目标和短期目标。

1. 短期目标

①目标表述清晰明确、精练简要；②目标对本人有一定意义；③目标切合实际，并非幻想；④目标有明确的完成时间；⑤目标有明确的努力方向，借助努力能达到适合环境需要的状态，有把握实现；⑥目标与自我价值观和中长期目标一致，暂时不能满足其兴趣要求时，可"以迂为直"、巡回前进。

2. 中期目标

①中期目标结合自己的志愿、组织环境及要求制定，与长期目标相一致；②目标符合自己的兴趣、价值观，使人充满信心，且愿意公之于众；③目标切合实际，且对未来的发展有所创新，有一定挑战性；④能用明确的语言定量与定性说明；⑤目标有明确的执行时间，根据外部环境变化可做适当调整；⑥能充分发挥自己的能动性，目标实现的可能性很大。

3. 长期目标

①目标是自己认真选择，和组织、社会的发展需求相结合；②目标符合自己的兴趣和价值观，足以为自己的选择感到骄傲；③目标能用明确语言定性定量说明；④目标有实现可能且有很大的挑战性；⑤目标与个人志向相吻合，立志通过努力实现理想；⑥目标与人生目标相融为一，引领自己为创造美好未来坚持不懈。

职业规划不仅需要设定目标，还需要将目标分解细化成每年、每月甚至每周的具体行动与衡量指标。确定以上各类职业生涯目标后，要制订相应的行动方案来助力实现，并把目标转化成具体的方案和措施。在此过程中重要的行动方案，有职业生涯发展路线的选择、职业选择和相应教育培训计划的制订等。

（二）个人各类目标的设定

个人生活在社会，根据人生涉猎层面和内容，人生的目标就有了以下分类。

（1）国际目标：以全球、全人类为出发点，有强烈的人类精神。如马克思将一生奉献于共产主义事业，比尔·盖茨成立慈善基金会，援助非洲的公共福利事业等。

（2）民族目标：一个民族、国家的目标，如中华民族的伟大复兴。

（3）领域目标：有关某个地域、行业的目标，如振兴家乡经济建设、致力于大学生职业生涯教育等。

（4）生活目标：家庭、情感、日常生活的目标，如为父母买车、自己有套房子等。

（5）个人目标：个人生活、学习、娱乐、发展目标，如给自己买件新衣服，考试获得 100 分，去西藏旅游，当老板等。

（三）目标的价值

未来的人生道路一片空白，需要自己去填充。人生未来或灿烂或暗淡，取决于现在的人生规划和职业选择的工作做得如何。

目标的价值在于以下几方面。

（1）给将来的行为设定明确的方向，对自己的人生有巨大的导向性作用，选择什么样的目标，就会有什么样的成就和人生。

（2）合理安排好自己的时间，知道并区分何种事项是重要和次要的，应当给予多大程度的关注。

（3）目标的设定，能促使自己未雨绸缪，很好地把握今天，迎接未来。

（4）使自己能清晰地了解并评估每个行为的进展和结果。

（5）把自己关注的重点，从工作本身转到工作的成果，并从最终可获取的成果，反向权衡工作本身的改进和完善。

（6）使自己对所要从事的工作产生持续的信心、热情与行动力。

人人都想获取成功，理想的人生是富裕、健康、有所成就、幸福和谐。许多人都有清晰的目标，它可以是事业、金钱、名誉，或是家庭、健康、享受及心灵成长等。尽管每个人都会有自己期望的目标，但实现该期望的程度，或追求该期望的迫切程度，则大不一样。有人能顺利达成目标，有人却总是不能如愿。

（四）职业短期目标的效用

短期职业目标通常是为某个阶段设定的小目标，最终目的是顺利实现人生的长期目标。它除了将复杂目标分成几个小目标并使其更容易实现外，还会使人在通往长期成功的道路上持续保持动力，创造人生的一个个小里程碑。如一个人目前 25 岁，希望未来 65 岁退休时，手中能积累 1 亿元资金，即所谓的亿万富翁。这个目标过大，会感觉有生之年难以实现。但如把该长期目标转化为若干个短期目标，问题就简单了。如距离 65 岁尚有 40 年光阴，可分为一五计划、二五计划一直到八五计划。第一个五年计划结束，手中拥有资金达到 25 万元，似乎不算很难；到二五计划结束，手中资金积累达到 100 万元，似乎也算比较简单。以此类推，到八五计划结束时，亿万富翁的目标有望实现。

（五）职业短期目标的内容

在人生各方面的规划中，设立不同类型的若干短期目标，可帮助自己确定一段时间的工作安排，直接或间接地改善职业前景，提升工作效率。具体内容如下。

（1）职业生涯短期目标。这些目标通常包括一些小的改变和调整，帮助提高工作效率，并对职业生涯产生直接的积极影响。它可以是具体明细的，如确保每天提前 10 min 上班，保持办公桌整洁，更好地与同事和客户沟通，建立更多的关系网，或赚取额外的劳动报酬等。

（2）财务短期目标。它不一定与工作目标挂钩，但设定短期目标会更好地增加收入、控制开销，减少或消除信用卡债务，或将每月收入的一定比例存入储蓄账户，跟踪预算或学习投资理财，改善长期职业前景。

（3）学习短期目标。提高教育水平会带来个人职业的诸多进步。学术成就可以带来新机会，帮助实现长期的工作目标。学习一门与工作相关的课程，并设立一些小里程碑来跟踪自己的进展，这将会改善职业长期前景。

（4）健康短期目标。健康和精力充沛是职业成功的重要因素，提高身心健康和健身水平，是个人职业生活的重要保障。只要经常去健身房锻炼，休息好并减少食用不健康食物，就会带来实现长期目标所需要的能量和信心。

二、职业生涯目标的确立和量化

（一）认知职业目标期望的强度

如何规划人生，除制定目标和期望外，还需要考虑为期望达成该目标的强度大小，即目标追求的愿望强烈与否。试着寻找自己的人生目标，询问我是否需要完成该目标，期望的强度有多大，是否足以让我能奋力走到成功的终点。

（1）期望强度不足10%，对达成该项目标并不抱有太大的期望，目标最终能否实现都无所谓。

（2）期望强度30%，对实现该目标有较大的期望值，但又非十分迫切，处于"能拿到更好，拿不到也可"的状态。对可能会付出代价也是顾虑重重，担心白白付出。

（3）期望强度50%，可要可不要，但还是挺想要的。常常会努力一阵子，三分钟热度，一旦遇到困难又会退缩。他们常常抱着幻想，不想付出代价就很想得到，结果大失所望。

（4）期望强度达到80%，即非常想要，但到了关键时刻，还是会有一丝退却的念头。在现实生活中，达成某些目标常会遇到很多难关，对这类人就是不可逾越的鸿沟。

（5）期望强度100%，不惜一切代价一定要达成目标，不达目的，死不罢休。在现实生活中，没有什么比"不成功便成仁"更令人动容之事。他们会排除万难，直到最后的成功。

（二）确立职业目标的层面

职业目标的确立和职业生涯的规划，影响一个人一生道路的选择。尤其是对于即将从校园走向社会的大学生来说，寻找适合自己的职业目标，并根据职业目标做出合理可行的职业生涯规划，值得深入探讨和思考。

（1）确立人生理想。无论是想当科学家、艺术家、工程师，还是做一名普通的劳动者，都是发自内心的一种向往，这种内心向往就是人生理想。人生理想确立后，就有了源源的动力，推动自己朝着理想和目标不断前进。

（2）论证学习目标。学习任务随着个人志向有所分化，但无论职业目标是什么，不断学习，活到老学到老。有的学习是为职业生涯做准备，即技能性知识学习；有的是为将来进一步深造做准备，即基础性学习；有的是单纯为了学习而学习。在大学阶段里，大家看重的是学习的方法、热爱学习的习惯和求职的欲望，而非简单的知识技能，很好地掌握了学习方法，就可以触类旁通，以后到了工作岗位上也是一样。学习态度、学习动机、学习目标和学习方法，都会对今后的学习和工作产生重大影响。要充分发挥学习者的主观能动作用，主动挖掘自身接受知识的潜力，做到为成功、幸福的人生而学习。

（3）论证生活目标。自己想过怎样的生活，希望达到什么样的人生境界，是居住在安逸的田园乡村还是过繁忙的都市生活，是影响和制约人生规划的重要因素。生活目标不同，事业追求大不一样，冷静思考自己究竟想过怎样的生活，才能有的放矢地进行职业生涯规划。

有些目标如身心健康、家庭和谐、事业有成等，是要用毕生精力去追求的。有些目标则是人生的不同时期侧重点不同，如学生时代侧重学习，青年时代侧重事业、爱情或金钱，中年时代侧重职称、职位的晋升，老年时代侧重身心康健等。

（三）目标数据和时间限定的量化

（1）用准确的数字对目标做具体描述。生活中，常常听到这样的口头禅：找份好工作，成为有钱人，有个幸福的家庭，尽最大努力做好事，让公司的业绩跃上新台阶，或平淡、平安、平和地度过一生等。这都是一些想法，而不是目标，其特点是模糊，没有量化。

（2）任何目标都必须限定什么时候完成，否则就会找拖延懒怠的借口，使目标的完成变得遥遥无期。一定要有时间限制（如具体到某年某月某日），使目标实现指标化和数据化。

（四）职业工作的具体目标

（1）获得新的职业证书或学位。几乎所有的专业技术领域，都会随着新技术和工作方式的出现而发生改变，花费业余时间不断学习充电是重要的，也是必须的。学习专业课或接受其他相关技能教育，会改善职业前景，使得在职场竞争中永远走在他人前列，占据优势。不管在哪个行业工作或担任任何角色，总能找到新的东西学习。

（2）提高绩效数据。提升工作的质量、数量和效率，将工作做得更好。工作绩效指标通常与提高客户的满意度有关。每天注重这些指标的实现，会让人处于较优越位置，尽快获得岗位或职位的晋升。

（3）提高网络沟通技能。网络提供宝贵的行业信息，并带来新的发展机遇。为此需要提高与成功人士沟通的技巧。与同事更好地协调，更具团队合作精神，更快实现长期目标。

（4）更换工作。当某个工作或组织不能进一步发展事业，或在该单位已经感觉懈怠乏味，丧失进步的欲望时，试着换个新的工作单位，保持源源不断的动力和要求进步的不懈愿望，最终使职业前景受益。

（5）改善工作与生活的平衡。在工作忙碌紧张或清闲之间做到适当平衡，找到工作与生活的平衡点。这对健康、幸福感都有益。

（6）业余时间做点个人项目或热衷的事情，会让人保持创造力和积极情绪，对职业生涯发展产生积极影响，使内卷的职场经历更易于应对。

（7）建立个人网站。创建个人网站可以快捷有效地展示工作经验和技能，对职业发展有很大助力。当申请新的工作职位，或期望在工作中获得更多认可时，它会变得更有效率，取得更多成就。

（8）多与同事交流。仔细观察同事，尤其是那些经验丰富的同事，学习他们如何处理工作场合发生的各种复杂状况，这会学习到新方法。专业工作和角色多属于更大团队的一部分，在午休时间或公司活动中，与同事良好的沟通和互动，会提高事业成功的概率。

（9）提早上班，减少浪费工作时间。每天提前 15 min 到公司，更容易集中精力安排一天的日程，会改善职业前景，塑造勤奋和敬业的形象。保持办公桌或工作空间的整洁，可显著提高工作效率和士气。

（10）熟悉新技术。几乎每个领域都有技术进步，熟悉这些技术进步会提高未来求职的能力。寻找相关的在线资源并定期查看，随时掌握新的资料信息。

（五）职业生涯目标的设定

这里简要说明职业生涯项目的目标与规划，并根据既定的目标做好相应的职业规划，具体步骤如下。

1. 介绍与事业规划和进步相关的活动

个人事业规划和进步要经历以下活动与阶段：①评价和研究个人目标、能力及事业领域；②评价就业市场，寻找特定的就业机会；③准备简历、自荐信以申请相关职位；④为相关的职位参与面试；⑤合理评价得到职位后的经济状况和其他因素；⑥规划并实施事业发展计划。

2. 评价与获得职位影响就业机会的因素

潜在员工和现有员工都有权获得公正的聘用待遇和工作机会。①择业时要考虑个人能力、兴趣、经验、培训及目标；②分析影响就业的社会因素，如劳动力就业趋势、经济状况变化及工业和技术演进趋势；③评价潜在雇主的工作环境和薪酬组合，从市场价值、未来价值、应税性质及个人需求和目标的角度评价员工福利；④分析事业成长和进步的技巧，寻找各种正规和非正规的教育与培训机会，具备多种职业技能，为未来更换工作做好准备。

3. 设定职业生涯目标和路线选择

职业生涯的最佳路线选择，成功的事业规划和进步，通常都是以自己的最佳才能、最优性格、最大兴趣、最有利的职业环境等信息为依据。为此，需要做好以下工作：①通过兼职工作或参加社区和校园活动获得就业或相关的经验；②利用各种职业信息了解就业领域并寻找工作机会，为某个特定就业职位提供相关信息；③练习面试技巧，充分展示自己的职业热情和工作能力；④了解职业信息，包括职业的名称、种类、职业的社会经济意义、职业的环境条件、报酬、晋升机会、职业前景、职业资格要求如体力要求、能力和个性要求、教育程度、职业道德等。只有掌握有关的职业知识，择业者才有可能做出适当的职业选择。

4. 应做工作

成功的事业规划和进步，应考虑做以下工作：①通过兼职工作或参加社区和校园活动获得就业或相关的经验；②利用各种职业信息了解就业领域并寻找工作机会，为某个特定就业职位提供相关信息；③练习面试技巧，以展示自己的工作热情和能力。员工与职业岗位的结合，最终取决于职业市场的供求关系。

5. 实施择业计划

确定生涯目标后，制订行动计划及措施就成为关键环节。人们在职业生涯规划时往往是豪情万丈却缺乏执行力，即落实目标的具体措施，包括工作、训练、教育、构建人际关系网、谋求晋升等。实施择业计划，需要分析事业成长和进步的技巧，加强职业进步，为更换工作做好所需要的准备，寻找各种正规和非正规的教育与培训机会。

6. 及时反馈与修正

在制定职业生涯规划时，鉴于个人对自身及外界的环境状况等并非十分了解，最初确定的职业生涯目标往往是模糊、抽象的，甚至是错误的。在实施职业生涯规划的过程中，会有意识地回顾以往行为的得失成败，检验自己的职业定位与发展方向是否合适，自觉总结经验和教训。通过职业生涯规划评估与修正，可以极大地增强实现职业目标的信心。修订内容主要包括：职业的重新选择、生涯路线的选择、生涯目标的修正和实施策略计划变更等。

（六）恰当确立职业生涯目标

确立职业生涯目标是职业生涯规划的核心，目标坚定是追求职业成功的驱动力。职业目标的选择应当以自己的最优知识、最佳才能、最好性格、最大兴趣和最宜环境等作为依据。

（1）性格与职业吻合。考虑自己的合群性、自律性、灵活性、宽容性、自主性、有恒性、自信心、进取心、责任心等。

（2）兴趣与职业吻合。兴趣是最好的老师，是职业生涯规划的依据。职业兴趣包括艺术性、探索性、社会性、现实性、事业性和传统性。

（3）能力与职业吻合。一般能力包括语言表达能力、数字运算能力、资料分析能力、逻辑判断能力、机械推理能力；核心能力包括学习能力、沟通能力、合作能力、创新能力、管理能力、解决问题能力和信息处理能力等。

（4）气质与职业吻合。气质类型有多血质、黏液质、胆汁质和抑郁型4种：多血质心理属于敏感好动型；黏液质心理属于缄默安静型；胆汁质心理属于兴奋热烈型；抑郁型心理属于呆板羞涩型。职业生涯规划要尽量考虑气质与职业特点的吻合。

（5）专业与职业吻合。专业与行业、职业与事业，四者之间有紧密联系。选择适宜自己的专业，为未来选择行业和确定职业打下基础；选择适宜自己的职业，会为未来成就辉煌事业奠定雄厚基础。

三、达成职业生涯目标的方法

人生发展是个长期的延续过程，有关大目标一旦确立，接下来就需要将它分解成一个个阶段性的小目标了，以利于目标的达成。具体实现分解的办法如下。

（一）剥洋葱法

实现目标的过程，是由现在到将来，由低级到高级，由小目标到大目标的步步趋进。目标的高效设定方法，与实现目标正好相反，就像剥洋葱一样，由将来到现在，由高级到低级，将大目标分解成若干小目标，再将小目标分解成若干更小目标，一直分解下去，直到现在该去干点什么。

在具体目标实现过程中，首先找到自己的梦想，将梦想明确化，变成人生的终极目标，再将终极目标演化成人生的总体目标。总体目标不要太多，最好只有一个，不要超过两个，再把总体目标分解成几个五年目标，再继续分解下去，把每个长期目标分解成若干个中期目标，再分解成具体的短期目标。

（二）多叉树法

目标多叉树又叫"计划多叉树"，想象有一棵大树，从树干开始会有若干分枝，每个分枝有更小树枝直到树叶。树干表示大目标，树枝代表小目标，树叶就是做每件事应该达到的结果。

具体而言，制定大目标，询问实现该目标需要的必要条件和充分条件是什么？一一列出，再逐一完成这些条件即达成该大目标前必须先达成的小目标。每个小目标都是大目标的第一层树杈。

接下来询问实现小目标的必要条件与充分条件是什么，形成小目标的第二层树杈。以此类推，直到画出所有的树叶，才算完成该目标的多叉树分解。一棵完整的目标多叉树，最后都可以被描绘成一棵枝繁叶茂的大树，就是完整达成该目标的一套行动计划。

（三）修正目标的基本法则

（1）修正计划，而非修正目标。目标一旦确立，不可以轻易更改，如更改目标成为习惯，很可能一事无成。尤其是终端目标。达成目标的计划则可以不断修正。英国人有一句谚语："目标刻在水泥上，计划写在沙滩上。"

（2）修正目标的达成时间，一天不行可改成两天，一年不行可改成两年。坚持到底永不放弃，终将成功。

（3）修正目标的数值。三思而后行，不要轻易压缩梦想，以适应残酷的现实。应有的思维模式是不惜一切努力，找寻新方法以改变现实、达成目标。

（4）不轻易放弃目标。虽然屡战屡败，仍然可以屡败屡战。对于成功者而言，这个世界没有失败，只是暂时还没有成功，只要不服输，失败就绝不会成为定局。

（5）重复修正法则。永远修正计划、修正计划、修正计划，并最终达成目标。

四、实现职业生涯目标的步骤

（一）搞清职业生涯目标

人生目标应该是一个人终生追求的，生活中的一切事情都围绕它而存在。对于某些大学生来说，确定人生目标是自我价值发现的愉快历程；对于另外一些人来说则可能是一种痛苦。他们需要把心绪拉回到少年时代，那时还没有对自己怀抱的梦想产生过疑惑。

为了寻找乃至确定人生目标，可以问自己几个问题，如"我想在一生中成就何种事业？""临终之时回顾往事，一生中最让我感到满足的是什么，让我感到遗憾的又是什么？""在我的日常生活和工作中，哪类成功使我产生了成就感？"

学习准备影响到学习的成功和效率。学校教育的内容及措施，使学生的学习与准备相适应，就能保证学生在时间和精力消耗上的"经济和合理"。如学生的学习状态滞后于学习准备，就会白白浪费许多学习的机会；相反，若大大超前于学习准备，就会拔苗助长，不仅难以掌握正在学习的知识和技能，还会产生某些不愉快的效果，使其害怕和逃避学习。学习会促进学生的心理发展，又为进一步的学习做好准备。

求职就业是对大学生综合素质的大考验。"双向选择、自主择业"是国家把大学生作为宝贵的人力资源，通过市场调控手段，使用人单位能录用到满意合格的人才，毕业生能找到适合自己的工作单位，实施人才的优化配置。大学生就业的实际表现不尽如人意，主要表现为或盲目自信，或自卑畏怯，或急功近利，或目标游移，或依赖从众等。在求职择业过程中，毕业生要找到理想的工作单位和岗位，必须与其他毕业生展开激烈的竞争，且要在竞争中不断地成长和进步。此时毕业生的心理特征，会对自身的就业造成不同的后果。

大多数人在找到终极目标之前，往往需要在不同的境遇下，重复这些或其他类似的话题。每次提出以上问题时，记下所感、所得、所获、所惑。开始的时候，可能没有什么意义，但多次累积就会让人茅塞顿开。

（二）着手准备实现目标

选择职业是大学生在大学里要着重考虑的。学历尤其是著名高校的学历，是帮助大学生实现终极目标的重要工具，却不代表必定能借此取得一切成功。规划自己未来职业的重要性，就像将军筹划战役，或足球教练确定比赛方案一样。学生可以问自己："我目前所学习的专业和科目，是自己乐意学习的吗？它有助于帮助我实现人生的目标吗？"如答案是否定的，倘若更换学校不够现实，是否可以考虑更换专业，或改学其他有用的知识技能。

还可进一步询问自己："是否有其他途径让我目前的学习生活，与我的人生目标尽可能保持一致？"答案可能是肯定的。如某个性格腼腆的学生，期望将来能从事新闻主播这样外向阳光性格的职业，这种期望显然是脱离实际的。但这一目标定下后，这位同学极可能会在与同学交往中，注意培养自己与人沟通的能力，注意新性格的培养。当大学毕业时，新闻主播的目标能否得以实现姑且不论，至少是该同学在待人接物、为人处世等各方面，都会一改羞涩腼腆之态，这也是人生一大收获了。

任何时候开始人生规划都不晚。无论是初一刚入学校，还是高三即将离开高中生活，或是大四毕业寻找工作，或者人到中年希望对今后的人生和职业重新做出决断之时，都是确立人生规划的好时机。

（三）实现目标需要付出的行动

行动是达成目标的所有步骤中，最难的一步。良好的动机只是目标确立和实现的条件，而非全部。如动机不能转换成切实的行动，终归也只能是动机，目标也只能停留在梦想阶段。在目标的确定中，不妨有某些美好的幻想或梦想。在实际行动时，则要求停止这些幻想或梦想，并切实地投入到实际工作之中。

职业生涯目标要契合自己的性格、特长与兴趣。职业生涯能成功发展的核心，就在于所从事的工作如是自己擅长的，就会工作得游刃有余。如从事的工作既是自己擅长的又为自己喜欢，必将能很快从中脱颖而出。这正是成功的职业规划核心之所在。

职业规划要考虑到实际情况，并具有可执行性。有些职场人士很有雄心壮志，短时间内工作虽具有一定的飞跃性，但更多时候却是一种积累的过程，即资历、知识和经验的积累。所以，职业生涯规划不能太过好高骛远，而要根据自己的实际情况，一步一个脚印，层层晋升，最终方能成就梦想。

要实现人生的终极目标，需要避免懒惰和错误两个陷阱。懒惰是事业成功的天敌，很多人勤恳奋斗一辈子，都没有完美地实现人生目标，更不用说懒惰者。要想人生无悔，除认准目标外，还要集中精力并全力以赴。在实现人生目标的过程中，难免会受到各种阻碍或诱惑，任何闪失或偏差都会使人远离既定目标。人非圣贤，谁能无过？在通往理想的艰难跋涉中，尽可能少犯错误，就可以尽可能快地达到目标。

（四）如何确定职业目标

职业目标是人生目标的一个方面，却会影响到人生所有目标的实现。如赚钱的来源只有工作时，职业会起到决定性作用。一个人所有的想法，都会在一定程度上换算成一般等价物——钱，而钱的来源又依靠职业。如赚钱的来源途径多元化，工作赚钱不再是唯一重要之事，职业状况就不再举足轻重，即实现了个人的财务自由乃至人身自由。

职业规划的核心，是达到职业目标的步骤、方法及时间安排。从小学到大学，或许有不少失败的目标，关键是没有达成目标的具体计划。同时，职业规划不是学习计划，达成职业目标不仅需要学习知识，更需要运用知识并将知识与职业相结合，为组织带来相应的价值。职业规划的重点是工作能力的提升，学习只是能力提升的手段，不能本末倒置。

影响目标确定的因素是什么呢？从个人角度来说：没有自省意识、甘于现状、不关心自己身在何处和状态如何的人，对目前生活感觉满意的人，不敢挑战自己的人，对自己人生没有设计定位的人，对生活无所追求、整日浑浑噩噩的人，甘于平凡平庸的人，没有主见随大流的人等，都不会主动确立目标。

从外在角度来说：如果一个人生活在一个没有追求、不求上进的群体中，就会受到该群体的负面影响。身边的人会阻碍树立目标。不了解外部的社会、职业、世界发展的状况，整日待在自己的小圈子里得过且过、沾沾自喜，也很难树立自己的目标。

第二节　职业价值观

一、职业价值观的含义

（一）价值观的解说

价值观与个人的兴趣和态度有关，是基于人的一定的思维感官之上，对各项事务和人所作出的认知、理解、判断或抉择，如个人对外界事物的正确和错误、好与坏、重要性等的观念，是人们认知事物、辨别是非的思维或取向，是衡量、选择自己行为与目标的参照点与标准。

价值是指个人对人、事、物抱着珍视或排斥的状态或强烈程度，并隐约影响到对行动方向的取舍。价值观则是人们对周围事物的评价或态度，是人们在一定环境中的动机、目的需要和情感意志的综合体现。价值观又是个人对周围的客观事物（包括人、事、物）关于价值、价值关系的根本看法、观点和态度，或对某种具体活动的有用性、重要性或价值的判断。人们对诸多事物的看法，在心目中的主次、轻重的排列次序的评价，就是价值观体系。

价值观包括价值评价、价值目标和价值追求。价值评价以价值标准为根据，价值目标和价值追求又会影响和制约价值评价。价值观的核心问题是"为什么人"的问题。对于一个民族来说，价值观是其信奉理想、信念和精神的支柱，对人的思想和行为具有更根本性的指导作用。

（二）职业价值观的解说

职业价值观是人生目标和人生态度在职业选择方面的具体表现，即个人对职业的认知和态度，对职业目标的追求和向往。在做职业生涯规划之前，一定要清楚和明确个人的职业价值观。它决定哪些因素重要或不重要；哪些是需要优先考虑和选择的，哪些则不是。

每种职业都有各自的特性，不同的人对各类职业意义的认知，对职业好坏的评价和取向是不同的，这就是职业价值观。它决定了人们的职业期望，有利于自我发掘潜能，影响人们对职业方向和职业目标的选择，决定人们就业后的工作态度和劳动绩效水平，从而决定人们的职业发展情况。如哪个职业好？哪个岗位适合自己？如何给自己职业定位？内心对职业有怎样的预期和要求？从事某项具体工作的目的是什么？这些都是职业价值观的具体表现。

当代社会里，人人都有思考和开口说出自己想法的权利，都有自己的价值观，这就印证了"人各有志"的成语。而这个"志"表现在职业选择上，就是对职业选择的态度和行为。这种名叫职业价值观的虚无缥缈的东西，对个人的职业目标和选择起很大作用。

（三）职业价值观的特性

（1）隐蔽性。价值观属于个人"隐私"，一般已内化为人们的一种潜意识，人们不会主动袒露自己的价值观，只是在某种特定环境下（如灾难等）才会暴露出来。

（2）差异性。人与人的差别，主要在于其思想观念即价值观的差异，由此来衡量个人的思想境界和生活品位。某人看重安全感，竞争激烈或压力大的工作环境，如民企、外企等，可能就不太适合；如追求的是变异和新颖，竞争激烈的环境反而会适合发展，某些烦琐、机械重复的工作，则会制约发展。

（3）稳定性。个人价值观的形成，会经历"认知—自我评估—选择—强化—内在化"的过程，非一朝一夕之事。一旦形成某种价值观就难以改变，呈相对稳定的状态。

（4）可塑性。价值观的稳定性是相对的，会随着时间推移和环境变化，特别是经过某些重大事件后发生改变。个人成长的过程，就是其价值观体系不断构建和自我修正的过程。

（5）目的性。有针对性地考虑择业方面的因素，认清自己在工作目的和价值方面重视的因素，选择与自己职业价值观相近，适合自己的工作环境和领域，有助于激发今后的工作热情，获得事业的成功和个人的更好发展。

（6）重要性。在选择未来的职业时最看重的，如积累财富、把握权力、维护家庭、实现梦想等，就是职业价值观。职业生涯规划和价值观确立，应当围绕自己的爱好和技能特点，乐观积极向上，符合今日大学生和未来职场人士的身份。

二、职业价值观的类型

各人的职业价值观大不相同，或注重工资福利待遇，或关注人际关系和工作环境，或将为社会作贡献放在首要位置，这都反映了个人在选择职业时，希望该职业能给自己带来或满足的何种期望。具体包括收入与财富、兴趣特长、权力地位、自由独立、自我成长、自我实现、人际关系、身心健康、环境舒适、工作稳定等。职业价值观大致分为以下类型。

（1）收入与财富。人们对职业的选择，首先和该职业可以为自己带来收入和财富的大小相关。工作能明显有效地改变自己的财务状况，工作的目的或动力，主要来源于对收入和财富的追求，将薪酬作为选择工作的重要依据。并以此来改善生活质量，显示自己的身份和地位。尤其对于初涉职场、囊中羞涩的大学生而言，收入与财富的高低是职业选择的重要因素。

（2）兴趣特长。人们对职业的选择，同自己对该职业是否有强烈的兴趣爱好、自己对此的擅长与否，有较大关联度。大部分人会拒绝做自己不喜欢、不擅长的工作。兴趣和特长是选择职业的重要因素，借此扬长避短、趋利弊害、择我所爱、爱我所选，并从工作中得到乐趣和成就感。

（3）权力地位。较高的权力地位会受到他人尊重，得到较强的成就感和满足感。有强烈的权力欲望，把权力和地位的价值看得很高，希望能借助于手中掌握的权力来影响或控制他人，使他人能遵照自己的意愿行事。

（4）自由独立。某人个性是"既不想治人也不想治于人"，希望工作有较大时间和意愿的弹性，以充分掌握自己的时间和行动，不受太多约束，不与太多人发生关系。能充分发挥自己的独立性和主动性，按照自己的方式和想法去做，不受他人干扰。

（5）自我成长。不断进行智力开发、动脑思考、学习和探索新事物，解决新问题。工作单位能给予自己接受培训和实践锻炼的工作机会，使自己的经验与阅历得以丰富和提高。

（6）自我实现。在人们的心目中，从事的工作有较高社会地位和社会认同，使自己得到他人的重视和尊敬。工作能提供自我实现的平台和机会，使自己的专业和能力得以全面运用和施展，最大化自身的价值。希望自己的工作能受到他人的认同，对工作的完成和挑战成功感到满足。

（7）追求新意。喜欢创新，追求该职业新意的有无，不乐意守旧和日复一日地重复过去。希望经常变换工作内容，使生活显得丰富多彩、不单调枯燥。

（8）身心健康。工作能免于危险，免于焦虑、紧张和恐惧，不至于过度劳累，使自己的身心健康受到影响。

（9）环境舒适。该职业的从业环境如何，对职业选择有较大影响。工作环境舒适宜人，能给人带来受尊敬的感觉，就乐意参与到工作中去。如工作环境恶劣的工作，或高海拔高寒地区等，则鲜有人问津。

（10）工作稳定。这类人员将工作单位的人际关系看得比较重要，渴望能在一个和谐、友好甚至被关爱的环境中工作。追求工作环境的稳定可靠，避免职业生涯状态可能出现的大起大落，不担心裁员和辞退现象，免于经常奔波寻找工作。如教师、公务员等体制内的工作素来稳定可靠，吸引众多人员的关注。

（11）社会需要。这类人员考虑职业选择时，对社会需要该职业的状态强烈与否有较大考虑。能根据组织和社会的需要，为集体和社会作出自己的贡献。一事当前，总是为群体和他人着想，把为大众的幸福和和他人服务尽一份力，作为自己最有价值的追求。

（12）真理和唯美。以外形的协调和匀称为中心，不断追求美的东西，把美和协调看得比任何东西都重要，并从中得到美的享受。具有理性价值的人，则以寻求知识和追求真理为中心，把追求真理、探索未知事物的内在规律性看得高于一切。

三、职业价值取向与类型划分

（一）职业价值取向与实现

职业价值取向，是个人对职业价值的有无、大小的评价与看法，指人们对职业的倾向性意识和行为。主要体现在人们的职业动机、职业理想和择业行为取向上。职业价值观的确认和自我衡量，可从以下层面逐步展开。

（1）发展因素。包括符合兴趣爱好、机会均等、公平竞争、工作有挑战性、能发挥自身才能、工作自主性大、能提供培训机会、晋升机会多、专业对口、发展空间大、出国机会多等，这些职业要素都与个人发展有关，称为发展因素。

（2）保健因素。包括工资高、福利好、保险全、职业稳定、工作环境舒适、交通便捷、生活方便等，这些职业要素都与福利待遇和生活有关，称为保健因素。

（3）声望因素。包括单位知名度、单位规模大，把握权力重，行政级别和社会地位高。这些职业要素都与职业声望地位有关，称为声望因素。

（二）自我价值的自我衡量

职业价值观的确认和自我衡量，可从以下层面逐步展开。

（1）判断人身价值的标准是：①财富收入；②个人社会地位；③对社会贡献；④个人权力地位；⑤个人能力。

（2）如何实现个人自身价值：①单靠个人努力；②个人努力为主、他人帮助为辅；③两者同等重要；④他人帮助为主、个人努力为辅；⑤顺其自然不强求。

（3）如何衡量实现自身价值和实现社会价值的先后和轻重：①自身价值绝对优先；②社会价值绝对优先；③先考虑自身价值的实现，后考虑社会价值；④先考虑社会价值，后考虑自身价值的实现。

（4）工作一段时间后，你会发现现在的职业与理想职业有较大差距，此时你会做何考虑：①直接离职；②等机会跳槽；③看看是否加薪再说；④适应现实，将自己的理想标准降低；⑤无所谓。

（5）对就业比较重要的影响要素，包括：①个人主观努力；②创新精神；③解决问题的能力；④团队合作；⑤专业素养；⑥责任担当；⑦学习意识和能力；⑧人际交往能力；⑨自觉主动性；⑩其他。

职业价值观是多维度的复杂心理因素，对职业的选择和衡量有多要素参与，但各要素所起的作用不同。从当前的实际来看，许多调查显示，大学生的职业价值观越来越重视职业生涯的发展，对福利保健和社会声望因素的重视程度，则因人而异、差别较大。

（三）职业价值观的测试

表7-1列出在职业价值观测试中，人们选择工作时通常会考虑的各种因素，即工作价值标准。在其中选出对你而言，最重要、次重要、一般、不重要、最不重要的项目顺序，或直

接按照 5、4、3、2、1 的数值赋予分值并加总。

表 7-1 职业选择考虑要素与赋分

项目	分值	项目	分值	项目	分值
工资高、福利好		工作相对稳定有保障		工作不紧张、外部压力小	
工作物质环境舒适		能提供较好受教育机会		充分发挥自己能力特长	
人际关系和谐		有较高社会地位		社会需要与社会贡献大	
能够为社会作出大贡献		工作能力能胜任单位工作		符合家庭需求和朋友对自己的期望	
工作内容多样丰富，不单调		工作内容符合自己兴趣爱好			

四、职业价值观中的关系处置

（一）职业价值观与金钱

金钱是职业与非职业成就的经济报酬，是确定职业价值观时首先要面对的问题。大学生在毕业求职时，将金钱作为首选价值观，从根本上讲这并未有错。大学生拥有的知识、能力、经验和阅历尚浅，还不足以使其一走上社会就能获得可观的金钱回报。如怀有一夜暴富的心理，是不正常的，更是极其危险的，易被社会不法分子利用，甚至误入歧途。特别是今天面对严峻的就业形势，大学生应把眼光放长远一些，理性地降低对金钱的期望值，并尽可能地将自我成长和自我价值实现作为毕业求职时的首选。

（二）职业价值观与个人功利

当代大学生在职业价值取向上，表现出前所未有的个人本位和功利性色彩。某些大学生经常把目光盯着那些收入高、福利好的行业和职业。央企、国企和公务员，因其收入高、待遇好，更成为大学生追逐的热门。大城市和沿海经济发达地域，是今日大学生竞争激烈的阵地。而真正需要人才的艰苦地区和行业，尤其是广袤的乡镇农村等，却没有太多的大学生问津。

（三）职业价值观与长期利益

某些大学生为了获取较高的经济利益，忽视客观就业环境和就业条件，忽视长远职业发展，放弃专业专长、爱好和理想，表现出就业期望过高而偏离客观实际等现象。大学生中明显地出现了某些个人价值高于社会价值、国家集体利益让位于个人利益、理想依附于实惠的个人本位和功利本位。这种倾向的直接后果，会导致大学生社会责任感的淡化，不能正确处理个人事业与国家事业、个人需要与社会需要的关系。

（四）职业价值观与个人兴趣和特长

职业价值观、个人兴趣爱好和技能特长，是人们考虑择业的三大因素。在确定价值观时，要考虑它是否与自己的兴趣和特长相适应。如勉力从事自己不喜欢的工作，难以在职业岗位上获取成功；如选择自己喜欢的工作，则可以充分调动人的潜能，获得职业发展的原动力。此外，选择自己擅长的工作来操作，也会达到事半功倍的效果。

（五）职业价值观的排序与取舍

职业价值观的特性，决定了它在人们的心目中不会是唯一的，人性的本能会驱使人们希望什么都能得到。在现实生活中，"鱼和熊掌不可兼得"。然而在职业选择中，人们却不能理性对待。既然是选择，就要付出代价，只有舍才能有所得。故此，对自己的职业价值观按重要程度进行排序，找出最重要、次重要、不重要等，并提醒自己不可能什么都得到。否则就会患得患失，终其一生也不清楚自己到底想要什么，更谈不上职业生涯的成功和对社会的贡献。

（六）职业价值观的个人与社会

人不能离开社会独立存在，个人只有在职业工作中作出贡献，才能实现自己的社会价值。并非要忽略择业中的个人因素，只去尽社会责任，这样不但不利于个人，也是社会的损失。让某个富于科学创造力、却不善言辞的学者，从事普通教师的工作，会使国家损失重要的科学成就，社会则增多一名并不出色的教师。还要反对只为个人考虑、毫不考虑国家和社会需要的职业价值观。

（七）名利的淡泊与追逐

名利是人的欲望使然，欲望可以使人成就大的事业，也会使人自我毁灭。人有了名利才有资格去谈淡泊名利，有了金钱才会有底气号称自己对金钱毫无兴趣。没有名利和金钱时，就夸夸其谈淡泊名利和淡泊金钱，只能是"吃不到葡萄说葡萄酸"。以合理、合法、公正、公平的方式追名逐利，对个人对社会都是有益的。但需要一定的限度，该知足时人要知足，该进取时则应奋发进取。

第三节　大学生的职业价值观

一、大学生的职业价值观教育

（一）价值观与大学生职业选择

随着我国经济社会体制的全面改革，过去统包分配的人才输送方式，已不能适应社会经济发展的需要。高校毕业生就业逐步纳入市场运行机制，变毕业分配为学生自主择业；变学生的被动服从，为学生与用人单位的双向选择。大学生就业制度的改革，顺应了历史的潮流，使人才和岗位之间实行合理的排列组合，为经济社会发展和人才成长创造了有利条件。

大学生的职业选择倾向，受其就业意识和动机支配，与以往大学生比较，鲜明地体现了当代大学生在人生价值观上发生的变化。大学生价值观的变化，是整个社会观念变化中最为敏感、活跃和超前的。这种变化来得太快，对此掌握得不够及时和深刻，以往的高等教育存在不同程度的脱离大学生思想实际的状况。今天，有的放矢地对大学生职业价值观的教育和引导，帮助其树立正确的人生价值观，充分调动大学生的积极性和创造性，大学生就业意识已趋于成熟，就业动机比较明确，对自己未来从事的职业能做出有效的评价和选择。

（二）大学生职业价值观教育的对策

《中共中央关于进一步加强和改进学校德育工作的若干意见》中指出："现在和今后一二十年学校培养出来的学生，他们的思想道德和科学文化素质如何，直接关系到21世纪中国的面貌，关系到我国社会主义现代化建设战略目标能否实现，关系到能否坚持党的基本路线 100 年不动摇"。"两课"教育是高校德育教育的主要途径，职业价值观教育已成为德育的重要内容。为此需要做好以下工作。

（1）自觉学好国家规定的政治理论，提高个人理论素质与思想水平，提高政治鉴别力和政治敏感性。引导大学生不断提高思想道德觉悟，增强社会责任感和使命感，以国家、民族和集体利益为重，兼顾个人利益，走进社会、走进人民，了解国情，报效国家。

（2）搞好高校学历教育的同时，完善职业教育培训制度。充分利用青年人智力发展的优势，加强大学生专业理论和技能的培训，鼓励申读硕士、博士学位，提高专业理论素养和实践能力。

（3）重视大学生的职业生涯教育，加强对其职业生涯的辅导。高校应指派专职教师指导毕业生，根据自己的专业特色、能力特点和优势制定职业生涯规划。高校应设立学生就业指导服务中心，负责与社会各用人单位的沟通搭桥，提供就业信息，拓宽就业渠道。

（4）建立一套科学、有效的实施职业生涯教育的体制，强化对学生的职前培训、职中培训等职业技能培训，更新职业行为模式，建立科学的能力评价标准与人才评估体系。不仅要重视学生的理论与职业技术培训，且要强调终身学习。

（5）把个人职业发展与社会要求有机结合起来，树立自尊、自强，自立、自爱意识，发扬艰苦创业精神，在正确的职业价值观指导下，促进大学生心理认知和心智能力的发展，在现代化经济建设中充分发挥其聪明才干。提高大学生的观察力、注意力、语言表达能力、记忆力、思维力和想象力，提高心智水平和辨别是非美丑的能力。

（6）职业价值观是大学生价值观的重要组成成分，与个体的世界观、道德意识及心理认知水平相互影响、相互制约。大学生在择业中反映出的自卑心理、功利心理、追求享受、自私利己等错误倾向，在一定程度上影响到职业发展。

（7）通过职业训练和工作岗位实践，训练大学生形成敏锐而细腻的观察力、稳定而持久的注意力、清晰而准确的语言表达能力、精确而长久的记忆力、复杂而抽象的逻辑思维能力、广泛而丰富的想象能力等，充分发挥大学生的智力优势，增强自尊心，促进其智力因素成长，适应现代社会发展的要求。

（8）某些大学生在求职中出现有某些心理障碍，若得不到及时调整，会导致心理疾病，影响其身心健康。高校建立心理咨询机构，为大学生及时提供心理咨询和心理健康服务，为学生排忧解难，引导学生排遣各种负面情绪。引导他们改变错误或偏差的认知观念，提高应对挫折的容忍力，掌握自我防御机制，增强心理承受调整的能力。

二、职业价值观的探索

（一）职业价值观探索方法

（1）澄清反应。澄清反应是价值观探索的主要方法。职业生涯指导师根据咨询对象的所做所为、所说所感及适地、适人的语言，引发咨询对象的行为动机，刺激咨询对象的思想过程出现一番慎思明辨的内省，从而澄清其价值观。

（2）价值表决。职业生涯指导师拟定并向咨询对象提出一整套相关问题，让咨询对象表明自己的意见并作出选择，从中判断该大学生持有的人生价值观是什么。

（3）价值排队。是让咨询对象在数种事物之中，按其重要性排出名次，并说出如此排序的缘由。人们在日常生活中常常遇到这种必须做出选择的情境。排队法为咨询对象提供多次选择的机会，使其能通过对各种情况的衡量比较分出优先次序，从而进一步明了各种事物的价位。

（4）展示自我法。给咨询对象提供自由发言的机会，让他把和自己有关的事情讲给大家听，借此机会公开展现自我和自我的价值观。

（5）生活馅饼。指导师画一个大圆圈（馅饼），表示 1 天的 24 个小时。让咨询对象根据自己生活中的各项内容，如睡眠、玩耍、做作业、看电视、吃饭、做家务、独自活动、与父母聊天或其他活动各自占据时间多少，将馅饼予以分割。目的是帮助咨询对象能客观、具体、系统地分析和检查自己的日常生活，发现其间的不足，朝着理想的方向趋进。

（二）职业价值观探索的步骤

在个人生涯方向与路径的抉择中，价值观是重要因素。获取或探索某人价值观的方法很多，生涯指导师应当和其服务对象共同讨论并选定某种方法。一般而言，要经过以下 7 个步骤。

（1）自由选择。价值观选定是由其个人自主选择，而非外来意愿所强加。指导师可提供若干方案供其参考，却不能代其做出决定。只有经过咨询对象自主选择确立的价值观，才能真正起到引领个人行为的作用。

（2）从各种不同的途径和方案中做出选择。具体做法是：①提出若干问题并一一回答，辨别与该问题导向有关的价值观；②辨别可能有关的其他价值观；③整理上述选定的每种价值观及其可能对该选择产生的后果。

（3）对各种不同途径的方案产生的结果三思后做出选择。个人感情冲动时，大脑会附带有某种负面情绪，欠缺冷静而冒然选择的价值观，不能代表他的真正决定。只有经过认真考虑和衡量比较后做出的选择，才具有真正意义。

（4）重视和珍惜所作的选择。一般来说，一个人对自己认为有价值的东西都会重视和珍惜，并引以为荣，成为真正的价值观。

（5）公开表示自己的选择。一个人的职业选择是在自主环境中经过认真思考做出的，且对此十分重视和珍惜，自然会对外公布。

（6）根据自己的选择采取行动。个人的价值观会左右他的生话，并对其日常行为产生举足轻重的影响。如认为某种东西有价值，他会乐意为之付出自己的时间、精力、金钱乃至生命、亲身尝试、实践、完成或拥有它，百折不挠、锲而不舍。

（7）根据自己的选择重复采取行动。如个人的某种观念、态度或兴趣已上升为他的价值观，将会长久支配他的行动。在各种不同的时间和场合，一而再、再而三地表现在行为上。

三、职业价值问卷

1. 职业价值问卷的含义

生涯辅导的职业价值问卷是对个体价值的测量问卷，主要用于测量与个体职业生涯选择有关的事项，包括生活方式与担负的工作角色等。

2. 职业价值问卷的分类

用于生涯辅导的价值问卷分为两类：工作价值问卷和一般价值问卷。前者用来测量和工作满意状况有关的价值，如成就、声望、安全、创造性等；后者用来测量与生活方式满意状况有关的价值，测量范围较广，包括工作与生活需要和实际应用满足。两类价值问卷都能完成澄清和探索的目的。

3. 人的 6 种价值类型

奥尔波特的价值问卷是测量个体 6 种不同的价值类型，内容如下。

（1）理论型。这类人的兴趣在于发现真理，凭借观察和推理发现事物间的一致性和差异性，具有实验、批判和理性的爱好。

（2）经济型。这类人的兴趣在于经济实用，不喜欢花俏的东西，遇事首先强调事物的实用价值。

（3）审美型。这类人从形式与和谐中寻找价值，以文雅、优美、对称和适当标准判断每种生活工作经验，生活兴趣主要在审美上。

（4）社会型。这类人的价值是仁爱爱人，在社会实际生活中往往表现出宽容、富于同情心和无私助人等品质。

（5）政治型。这类人的兴趣主要着眼于个人权力、影响力和声望，且不仅局限于政治领域，在其他活动中也希望通过竞争、奋斗起到很大作用。

（6）宗教型，这类人的兴趣在于某种宗教仪式的神秘感，试图发现各种生活经验的一致性，寻求对事物的理解。

以上 6 项基本价值的评分高低，说明受测对象一般社会价值的情形。

本章小结

1. 职场新人该如何确定自己的职业生涯目标，各年龄阶段应该如何设定自己的职业发展目标，人生无目标状态下如何找到自己的职业目标，需要重点予以把握，是针对性较强的实践活动。

2. 规划人生除制定目标和期望外，还要考虑期望达成该目标的愿望强烈与否。试着寻找自己的人生目标，询问是否需要完成该目标，期望强度是否足以让我能奋力走到成功的终点。

3. 职业价值观是人生目标和人生态度在职业选择方面的具体表现，即个人对职业的认知和态度，对职业目标的追求和向往。自己做职业生涯规划之前，一定要清楚和明确个人的职业价值观。

4. 职业价值观反映了个人在选择职业时，希望该职业能给自己带来或满足的何种期望。包括收入与财富、兴趣特长、权力地位、自由独立、自我成长、自我实现、人际关系、身心健康、环境舒适、工作稳定等。

5. 大学生价值观的变化，是整个社会观念变化中最为敏感、活跃和超前的。大学生的职业选择倾向，受其就业意识和动机支配，鲜明地体现了当代大学生在人生价值观上发生的变化。

思考题

1. 职业生涯目标应当如何设定，设定中需要考虑的要素有哪些？

2. 什么是职业价值观，你属于哪一种职业价值观的类型？

3. 你对本章补充资料中的"人生成功与目标志向确立"一文有何评价，你的目标志向是什么？

4. 你对本章补充资料中的"如何打破人生贫穷循环的怪圈"一文有何评价？

练习题

1. 请回答本章的职业价值观的确认和自我衡量问卷，并对最终结果加以评析。

2. 你的职业生涯目标如何设定，缘由是什么？

3. 你所在的学校是如何开展大学生的职业价值观教育工作的，还有哪些缺欠，如何矫正？

第七章补充资料

第八章

自我职业规划

（一）本章学习目标

（1）把握：职业生涯自我规划、职业生涯发展路径、大学生就业和创业的基本概念。

（2）理解：大学生就业方向与就业策略的制定，大学生职业生涯设计的缺陷，大学生创业的相关事项设定。

（3）了解：职业转换与职业寻找中的面试，辞职的相关事项。

（二）教学重点与难点

（1）教学重点：职业生涯自我规划、职业生涯发展路径、大学生就业和创业、职业转换等基本概念。

（2）教学难点：基本理论知识及其在现实的职业生涯的运用，理论与实践相结合等。

个人如何努力经营好自身拥有的各项资源，如何规划好自己的职业生涯发展，用人单位应如何按照国家政策法规和自身的经营状况，给予员工应有的待遇报酬和职业晋升的空间等，都是职业生涯规划的重要内容。也是本章要介绍的基本事项。

第一节　职业生涯规划的制定

一、职业生涯规划制定应遵循的原则

个体差异是有的，各人性格不同，对社会和职业的态度也有差异，选择职业目标和发展方向也不同。在生涯规划制定中，大致需要遵循的共同性原则如下。

（1）可行性原则：在职业规划制定中，有时美好的幻想或不着边际的梦想是需要的，却又非仅此而已。规划编制要有事实依据，要建造在客观实际的基础之上，否则将会延误生涯良机。

（2）挑战性原则：制定的目标或措施是否具有挑战性，或只是保持原状而已。正确的目标确立应当是"跳一跳，够得着"。如将该目标设定的是"一伸手够得着"，或直接设定到"天花板"，跳得再高也毫无办法，该目标设定得就毫无价值。

（3）变动性原则：目标或措施是否有一定的弹性或缓冲性，能沿循经济社会大环境的变化作出相应调整。个人生涯目标的设定，只是对个人发挥效力，并不具备任何固定不变的法律效应。根据社会经济形势的改变做出相应调整，是完全必要的。

（4）一致性原则：人生规划的主目标与各个分目标尽可能保持一致，大目标与具体实施的措施很好地衔接在一起，个人目标与组织单位的目标紧密协调一致，即便发生冲突时也能有效减弱。

（5）激励性原则：要实现既定的大目标，有无相关的激励效应是至关重要的。制定的目标是否符合自己的性格、兴趣和特长，能否对自己产生一种内在激励的效用，而非总是外来的强制压迫，即从事的工作是自己感兴趣的，而非不得不接受的。

（6）协调性原则：个人目标与他人目标，与整个社会的大目标是否具有协调性。个人面对社会发展的进程，一般情况下只能是随波逐流，并争取做个好的弄潮儿，不致因知识技能、观念行动等的落伍，而被社会所抛弃，更不可能逆社会潮流而动。

（7）全过程原则：拟定职业生涯规划时，必须考虑到个人生涯发展的整个历程，并在考虑人生全过程的同时，拟定好具体的阶段性目标。人生发展的每个阶段都应是整个人生全过程的一部分，应给予有机连接并保持相互间的连贯和衔接。

（8）具体原则：职业生涯规划的各阶段的路线划分与实施安排，必须既有远大理想，又具体可行，有可操作性。具体目标和措施制定得清晰、明确，实现目标的步骤直截了当。

（9）客观性原则：条条大道通罗马，实现个人生涯目标的途径很多，做规划时必须考虑到自己的特质、社会环境、组织环境及其他相关因素，选择切实可行的途径。还可以设立多条可行路径，按最优、次优等顺序安排。

（10）可评量原则：职业生涯规划的设计应有明确的时间限制或计量标准，以便评估、检查，使自己随时掌握目标执行的情况，并为规划的修订完善提供参考依据。如制定的目标是：①我希望成为一个亿万富翁；②我到 60 岁退休时，手中的现金资产达到 1 亿元。后者的目标即清晰明确，且有严格的时间限定。

（11）适时性原则：规划是预测未来的行动，确定将来的目标，人生的各项主要活动是何时实施、何时完成，都应有时序和进程的妥善安排，作为检查行动的依据。

（12）适应性原则：未来职业生涯目标的实现，要牵涉多种可变因素，应根据这些可变因素使得规划设定有一定的弹性，增加适应社会变化的能力。

二、职业生涯规划所涉猎的事项

（一）职业生涯规划应考虑的事项

要制订成功的职业计划，必须有正确的前提，明确目标及职业理想作为领导者和职业指导的作用。职业选择是生涯规划的重要事项，是人生道路的重大抉择，对于刚毕业的大学生来说更是如此。但在职业生涯规划的过程中，测评工具选取、职业目标确定、行动方案实施和技术操作、职业选择的指导思想和意识观念、国家和社会提供相应的外围环境条件等，都还普遍存在某些问题和困难。为此需要做到以下事项。

1. 正确评估自己

自我评估是职业生涯规划的首要条件，主要包括个人需求、兴趣、个性和个人气质等。正确评价自己的性格、能力、爱好与人生观，确定自己的人生目标，确定哪个职业更适合自己，知道自己的长处和缺点，适合向哪些方面发展，也准备向哪些方面发展，向哪些方面发展能得到最好的成就。自我评估是对自己的全面分析，从而了解自己、认识自己，准确定位自己。评估内容包括个人兴趣、特长、性格、学识、技能、智商、情商、逆商、财商、健商及组织管理、协调、活动的能力。自我评估的方法有自评法，即自我反省、自我分析法；有他评法，即家长、同学、朋友对自己的分析和评价。包括影响个人职业生涯发展的因素分析，如进取心与责任心、自信心、自我表现认识和自我表现调节、情绪稳定性、社会敏感性、社会接纳性、社会影响力等。

2. 确定自己的志向和人生目标

志向是事业成功的基本前提，在制定职业生涯规划时，首先要在更高的境界上确立自己的目标和志向，开阔自己的眼界与境界。人的志向和目标很多，当自己的志向确定后，就可以在此基础上设定职业目标，并为实现该目标制订相应的工作计划，再按计划行事，随着形势发展对计划做必要修订。

人的志向有大有小，如希望终生做一番大事业，为人类社会作出重大贡献；如希望通过自己的努力，在合法基础上尽可能多地赚取金钱，既为社会创造财富，也使自己成为一个大富豪；如希望做一个大领导，为官一任，造福一方，千古留名等，都是值得追求的好事。即便个人志向全无，仅仅希望做个平头百姓，一辈子安安然然过个小康生活，也是根据自己的能力和环境处境而定，都是很正常的，无可非议。事实上，绝大多数人都是个平头百姓，或者曾经有过远大志向，经过长期生活磨炼后，也渐渐地消除了可能的棱角。

3. 准确把握经济社会大环境

主要是分析内外环境因素对自己职业生涯发展的影响，包括社会环境、行业环境、组织环境等评估。洞悉外部环境变化，趋利避害，因势利导，在变化中发掘机会，不断调整自己的计划，最大限度地使用好各种资源；根据客观环境变化及时调整个人的状态和心态，积极主动地面对各种困难。

对社会经济的大环境给予明晰的考察和把握，以期自己拥有的知识技能、专业结构等，能适应经济社会发展的需要，把握社会前进的脉搏，至少是不为快速发展的社会所抛弃，沦落为边缘群体。环境评估包括对社会大环境的评估，对单位小环境的评价。所处环境条件优劣与否，为每个人提供了活动空间、发展条件和成功的机遇，对个人职业生涯发展的影响巨大。

4. 正确选择职业生涯路线

职业选择是个人对自己就业的种类、方向的选择和确定，是人们真正进入社会生活领域的重要行为，是人生的关键环节。职业选择时要结合自己的兴趣、能力、性格等，充分考虑主客观因素。常见的职业生涯路线包括技术型、管理型、稳定型、创新型、自主型等。如希望选择技术型职业路线，注意力是工作的实际技术或职能内容；选择了创新型，在职业选择时就要求有自主权、管理才能、施展自己的特殊才能、喜好冒险、追求新的事物。

5. 搜集工作信息

通过各种信息渠道和途径，大量收集有关工作机会、招聘条件等信息，整理分析这些信息资料并选择对自己有用的职业信息。如面试前需要做哪些准备，如何和对方就具体就业状况和薪酬福利待遇一一谈判等，其间包括的事项和内容很多。

（二）职业生涯规划注意事项

社会在发展，个人在进步，人的思想观念也在发生变化。人生规划同样应与时俱进，不断完善。规划可以不完美，也无法做到十分完美，但对个人的职业发展却可以发挥重要作用。

规划制定可以是概略粗线条的，不必过于精细，涉及收入支出预算的数据部分，更不必过于精细认真。人生充满了太多的不确定性。在制定个人职业生涯规划时，应把有限的时间和精力放在自己能把控和施加影响的常量上，如思维、努力、价值观、职业兴趣、职业技能、生活习惯和综合素质等。成功的经验是事后总结出来的，而非事先规划出来的。

每个大学生必须对自己有个客观全面的了解，摆正自己的位置，并相信自己的力量。

规划制定好了，是否说这一辈子都严格按规划办事，就可以一劳永逸了呢？事实并非如此。职业规划最忌讳的是纸上谈兵，需要不断地对社会、对人生做出自己的思考，事先制定好的规划，并非不可以临期改变。整个人生做出的规划，能否一切都在自己的严密把控之中呢？并非如此，因为各类确定与不确定因素的干预太多了。

三、职业生涯规划的内容设定和现实审查

（一）内容设定

（1）设定职业生涯规划图的目的，是组织帮助员工确定自己的职业兴趣、价值观、资质及职业行为取向，指导员工思考当前所处职业生涯的位置，以及对未来状况的期望，评估个人的职业发展规划与当前所处环境及可获得的资源等是否匹配，最终制订出自己的发展计划。

（2）组织与员工自我评价，主要采取方式有：①职业兴趣确认，帮助员工确定自己的职业和工作兴趣；②自我指导研究，帮助员工确认自己喜欢在哪类环境下从事工作。

（3）确定员工与组织的责任，员工的责任是根据自己当前的技能或兴趣与期望工作之间存在的差距，确定改善机会和改善需求；组织的责任是判断员工的优势、劣势、兴趣与价值观，向员工提供评价信息，决定员工未来的发展前途。

（二）现实审查

（1）目的：帮助员工了解自身与组织潜在的晋升机会、横向流动等规划是否相符合，以及组织对员工的技能、知识所作评价等信息。

（2）现实审查中信息传递方式：①由员工的上级主管将提供信息作为绩效评价的组成部分，与员工进行沟通；②上级主管与员工举行专门的绩效评价与开发讨论，对员工的职业兴趣、优势及可能参与的开发活动等信息进行交流。

（3）员工与组织的责任：员工的责任是确定哪些需求具有开发的现实性；组织的责任是就绩效评价的结果及员工与组织长期发展规划的匹配之处，与员工进行沟通。

（三）目标设定

（1）目的：帮助员工确定短期与长期职业目标。这些目标与员工的期望职位、应用技能水平、工作设定、技能获得等紧密联系。

（2）目标设定方式：员工与上级主管针对规划目标进行讨论，并记录于员工的开发计划之中。

（3）员工与组织的责任：员工的责任是确定目标和判断目标的进展状况；组织的责任是确保目标是具体的、富有挑战性、可以实现的，承诺并帮助员工达成目标。

（四）行动规划

（1）目的：帮助员工决定如何才能达成自己的短期与中期、长期的职业生涯目标。

（2）行动计划方式：主要取决于员工开发的需求及开发的目标，安排员工参加培训课程和研讨会，获得新的工作经验和更多的评价方式等。

（3）员工与组织的责任：员工的责任是制定达成目标的步骤及时间表；组织的责任是确定员工在达成目标时所需要的资源，包括培训课程、工作经验及关系处置等。

四、职业生涯规划的步骤

职业规划对于每个人来说都非常重要。当今社会竞争激烈，很多人觉得前途迷茫，总感觉是随波逐流，尝试奋斗了多年，仍是一事无成。很大一部分原因就是没有很好地给自己做职业生涯规划。但在规划编制过程中，大家不知道如何确立自己的目标，以下方法可称为"设立职业生涯目标练习法"。不妨按此步骤反复实践，相信会对目标寻找和实现有所帮助。

1. 步骤 1

在一张白纸的上方写下："我这辈子活着是为什么？"接着坐下来动手写下心愿。或者是先开始编织美梦，包括想拥有、想做到、想成为和想体验的各种美梦，把脑海里蹦出来的各种可能或不可能的答案都写下来。然后可能发现有其他东西比这句话更重要。如果有的话，把原来的那句话划掉，写下这句更重要的。直到觉得没有可写的时候，看看下面几个问题并回答，引导自己了解内心深处的渴求，为下一步丰盛的收获打好基础。然后不断地划掉、重写，直到某句话真正触碰到自己的内心，感觉"就是它"。这就是一个人的人生目标。

确定自己目标或愿景的方法很简单，先用圆规画一个圆圈，圈中的点就是职业目标的定位，从这个点依次向外扩展半径，半径的长短就是职业能力范围的大小。

2. 步骤 2

审视所写的各项目标和预期希望达成的时限。有实现时限的才叫目标，没有设定时限的大多只能称为梦想。确定自己的职业发展目标，如成为职业经理人、某领域专家、企业家、政府官员、大学教授等。有了目标，才不会迷失大方向。设定目标时不要过多考虑可能遇到的障碍，不用担心梦想过大，这是你的长期奋斗目标，只要不断付出就一定会有收获。同时，挖掘自己内心的真实需求，结合自己的兴趣和爱好做出选择，不必过于在意别人的想法，不必盲目听从长辈或他人的意见。

询问自己的生活中有哪 3 个最重要的目标？核对列出的目标，寻找实现目标的每个步骤。这是从目标往回倒推实施步骤，并自问该如何做才会取得成功，是什么妨碍了我，该如何改变自己。了解现在就需要做到的事项是什么，不必好高骛远。询问自己的目标设定，是否与形成结果的以下五大规则相符合：①用肯定语气预期结果，说出希望的而非不希望的；②结果要尽可能具体明晰，明确订出完成目标的期限与项目；③事情结束时要知道已经完成；④抓住做事的主动权，而非时时事事任他人左右；⑤该事项是否对社会对他人有利。

需要询问自己的问题是："如果自己拥有充足的时间、资源和足够的能力，知道不可能会失败时，自己想要得到什么，你敢于梦想做哪件事？如果百分之百相信自己会获得成功，又会采取什么行动？"

3. 步骤 3

做事前要知道如何找出充分的做事理由，追求目标的动机比目标本身的实现更具有激励价值。如在你的生活中，你认为哪五件事情最有价值？选出这一年里对你最重要的几个目标，从这些目标里选择你最愿意投入、最令你雀跃欲试、最令你满足的几件事，把它们一一写下来。明确、扼要、肯定地写下实现这些事项的真正理由，告诉自己对实现这些目标的把握。

人生有限，大家不可能一一尝试所列内容。为减少试错成本，要做优先排序，筛去大部分事项。有两个优先排序的重要判断标准：一是你擅长做这个吗？清晰回答上述问题后，就可以找准自己的定位。积累知识和技能需要花费时间，很多的先天禀赋只有在尝试后才会显露，如无法马上找到职业定位，需要不断试错来寻找；二是你喜欢干这个吗？很多人因生活阅历有限，无法判断自己真正想要做某件事情，不知道自己真正喜欢什么，需要经历试错的过程。

4. 步骤4

客观评估自己目前所处位置，如在该领域的职位、能力和地位等。如此就可以判定职业生涯从哪里开始，距离既定目标还有多远等。

某人制定的人生目标是：既然人最终都会离开这个世界，我希望能给这个世界带来足够大的正面影响，让这个世界以后可以记住我。这个目标志向异常远大。但许多人的人生目标如希望自己大学毕业后能找到一份安稳工作，在小城市舒服呆着，开心舒适地过完一辈子。对此，是否一定要认为他是"胸无大志，恨铁不成钢"呢？并非如此。人生目标没有上下之分，只有左右之别。要尊重各人的选择，不要把自己的意愿强加于他人身上，不能期待每个人的人生目标都一样的高大上。

完成以上步骤，你已迈出了第一步——知道你的人生目标是什么，但仅有目标还不够，"为什么"后，还得回答"如何做"。

5. 步骤5

达到职业愿景有很多条路，一般要找3条以上的路再做最后比较，权衡哪条路是投入少，产出快，机会成本低，最后确保能实现。选择中需要做一些调查研究，或访问相关领域的学长，通过"过来人"的经验之谈，有利于我们更为清晰地理解和勾勒通向职业目标的康庄大道。

找到实现你人生目标的举措多种多样，殊途同归。新的问题就来了——"我要如何实现我的人生目标？"借助实现目标的多叉树法和相关分析，最后可得到实施举措的一览表。

6. 步骤6

在实现职业目标过程中会遇到很多障碍，列出可能阻碍你的潜在障碍，找到克服障碍的方法。如你想成为健身教练，早上却不想起床太早，这就是你的障碍。需要养成早起锻炼的习惯，克服懒惰行为。

7. 步骤7

在职业发展过程中，需要记录哪些目标实现的标志性的里程碑事件。如获得重要技能、资格证书颁发或完成某个阶段性目标等。重大目标完成时给自己相应奖励，对提高自信心和积极性非常重要。最后就会发现，原本看起来遥不可及的目标真的实现了。

8. 步骤8

在实施和执行目标的时候，强调把大目标分解成不同小目标，一步步去做。清楚自己某个阶段该做什么，不该做什么，会更有信心实现目标。例如，你想成为一名优秀的健身教练，就需要拥有比常人更为强健的体魄，懂得与健身相关的知识和技巧，知晓如何与顾客交流等。这是你需要完成的小目标。为此，需要制定实现小目标的具体步骤和方法，关注目标实现的时间和地点，以及完成目标后将会得到的结果，根据自己的职业目标再做进一步的细化。如此，有助于更好地执行和实现既定的目标与计划。

9. 步骤9

写下要达成目标需要具有的条件，该遵循的程序和使用的方法，以及各种条件是如何在其中发挥作用的。再列出一张已经拥有各种重要资源的清单，包括自己的个性、朋友、财物、学历、能力及其他。清单内容越详尽越好。当进行某个计划时，需要知道该使用哪些工具和资源。做完这一切再回顾过去，找出以往最成功的做事经验，仔细思考导致事业、健康、财务、人际关系成功的特别缘由，有哪些资源运用得十分纯熟，哪些资源则几乎未能发挥任何效用。

10. 步骤10

写下不能马上达成目标的缘由，首先从剖析自己的个性开始，是什么东西在妨碍自己前进的步伐？要达成目标，得采取什么有效做法。如不能确定时，想想有哪位成功者值得你去学习？你需要从最终的成就往目前的地位，一步步倒推列出所需要的做法。

11. 步骤11

想想有哪些成功者值得自己学习，为自己找一些值得效法和崇拜的对象。从你周围或从名人中，找出三五位在该目标领域有杰出成就的人，简单写下他们成功的特质和事迹。做完这件事后合上眼睛想想，仿佛他们每个人都会为达成目标提供某些建议，记下这些建议和方法。回想过去曾有过的重大成功事迹，将它与你新目标的图像置换。

寻找人生目标有个大忌，即把别人的成功目标视为自己的目标。不少大学生看到身边很多人在创业，觉得创业很炫，毕业后就立即创业，甚至是辍学创业。但真正做起来，却发现创业并非自己想象中的那样美好，那样易于实现。

12. 步骤12

职业规划方案出来后，既定的职业目标、计划和愿景能否顺利实现，必须加以评估。评估期限如三个月、半年，至少每年做一次评估。借助评估回顾完成职业目标过程中的表现，有助于下一步执行职业生涯规划。同时，人是发展和变化的，随着年龄和阅历增长及外部环境的变化，可以检验既定职业目标和计划，是否仍然适用于目前的情况。

为自己创造适宜做事的外部环境，经常反省自己所做各类事项达成的结果，使目标具有多样化和整体意义。如列一张表，写下过去曾是自己的目标而目前已实现的一些事。从中看看自己学到了什么，这期间有哪些值得感谢的人，确立有哪些特别成就。许多人常常只看到未来，却不知珍惜和善用现在拥有的。成功要素之一就是常存一颗感恩的心，时时对自己的现状心存感激。

13. 步骤13

调整职业计划，保持动态方案的完善更新。职业规划并非一成不变，目标会随着时间推移发生改变，要根据不可预见的情况做适当调整。任何时间做职业生涯规划都不晚，但宜早不宜迟。任何职业生涯规划都不可能一次完成，要根据时代变化适时调整和完善。如此一步一个脚印，最终职业生涯规划就实现了。

了解了"人生目标是什么"和"实现该目标有哪些举措"，并对各种可能的举措做了优先排序，然后对着筛选过的举措列表，询问自己"现在做的事能帮我达成人生目标吗？"如答案是肯定的，观察该举措列表中有无更优先级的事情；如答案是否定的，就推动自己往前多迈一步。这样就再也不会迷茫了，花上一辈子精力用心做事，最终实现既定的人生目标。

五、其他需要关注的事项

是否还需要询问自己以下问题，对你审视刚刚编制好的人生规划很有帮助：①假如你的生命只剩余 6 个月，你会如何度过这个时间？②假如你会立刻成为百万富翁，在哪些事情上，你的做法和以前有哪些不一样？③有哪些事是你一直想做，却不敢尝试的？④你觉得在生活中，有哪些活动和项目是最为重要的？

这个练习很重要，能让你勇敢地面对梦想，去了解自己。当我们不知我们要什么时，以及我们如何去要的时候，这个职业生涯规划的练习，正是让我们去了解和回答"所要及如何去要"的话题。建议找个时间安静地坐下来，拿起纸与笔一步步来做。完成这个练习后，经常拿起来看看，慢慢会发现你的眼光开始变得敏锐，在生活、工作、人际关系中，能快速发现有助于自己目标实现的因素，并引为己用。一段时间后会发现自己制定的目标正在一步步变成现实，自己在无形中已走到一个令自己与他人惊讶的高度。

上述步骤只是告诉你职业生涯规划编制的方法，但你能否依此自我操作职业生涯规划，则另当别论。在职业生涯规划的过程中，懂得方法和技巧是一方面，社会经验和阅历则是更重要的。有了经验和阅历，你才知道如何判断当下的现实情况，并做出合理的规划。假如只懂得方法和技巧，而缺乏必要的经验和阅历，可参加专业机构的"教练式"职业生涯培训，弥补自己经验和阅历的不足，以制定更加科学、合理、符合自身情况的职业生涯规划，确定适合自身的职业方向、定位及长期成长的路径，构建自己的核心竞争力。

第二节　职业路径选择

一、职业生涯发展的不同路径

个人职业生涯发展的形式多种多样，便于为不同类型员工的职业生涯设计有差异的发展路径。主要分为职务变动发展和非职务变动发展两类，前者称为"纵向发展"，后者称为"横向发展"，两者的混合运用则称为"双重阶梯"。多种晋升方式，让员工能在工作中有足够的职业上升空间。

（一）不同路径模式

（1）单阶梯。又称传统职业道路，是指员工在组织里从一个特定岗位晋升到下一个岗位的纵向发展。单阶梯模式多在一些性质单一的组织中实行。

（2）网状职业阶梯。是纵向发展的工作序列与横向发展机遇的综合交叉，它承认某些层次的工作经验具有可替换性，使员工在纵向晋升到较高层次职位前，具有拓展和丰富本层次工作经验的经历。

（3）横向技术阶梯。尽管这条道路并未获得真正的晋升，员工却可借此增加自己对组织的行为价值，使自己获得新的发展机会。

（4）双阶梯。可摆脱传统组织职业生涯发展的单阶梯，即单一行政职位的弊端，为技术人员或其他有重大贡献人员提供更多的发展机会。

（二）纵向发展

在职业发展体系里，纵向发展是指传统的晋升道路，即行政级别、职务、职称等的逐级晋升。如某公司的行政级别分为总监、经理、主管和员工四级，员工和经理职级还可以根据实际情况分解成不同层级。这样的行政级别和管理层次极少，管理幅度相对较大，体现出"扁平化"组织的特点。

不同行政级别的工作重心有所不同。一般而言，总监的核心职责是为实现战略目标、实现资源的筹划和初步分配，将战略目标分解为可实现的战术目标，并通过有效的沟通传递推动下属开展工作；经理要对部门负责，职责是根据总监分解下来的战略目标，进行合理的计划、组织、协调、管理等，保证履行战略分解的具体职能；主管是相关部门的小组带头人，属于基层管理者。

纵向发展是员工职业发展路径的普遍方式，行政职级的上升伴随薪酬的增加，以鼓励员工努力工作，积极向上。晋升中如出现职位空缺，内部招聘可作为首选。如机构本身的信息化建设健全，内部招聘信息可在企业信息平台上优先向员工发布，对该职位有兴趣的员工可向人力资源管理部提出申请，按照既定招聘流程经过笔试、面试，工作勤奋、表现出色、能力出众的员工，优先获得晋升和发展的机会。

在工作岗位上获得晋升或平行调动，是一般的职业生涯发展路径。晋升是职业生涯发展的常见形式，至今仍被许多人所看重。

平行调动，虽然在职务级别上没有提高，但可以满足个人职业生涯中多方面拓展的需要，如在新的岗位上学到更多的知识，获得经验和能力，从而为下一步的晋升做准备。同时，当被安置到一个重要的或被公认为需要较复杂能力的新岗位时，被领导信任而带来的巨大心理激励作用，也不容忽视。

（三）横向发展

在机构治理结构日趋扁平化的今天，传统行政级别的晋升涉及人数毕竟较少，为能更大限度地调动员工的工作积极性，机构应积极鼓励员工针对自己的特长拥有并提升多种技能，实现横向发展。个人工作满足感不仅包括职务晋升，还包括专业技术水平和管理技能的提高等。

横向发展包括扩大现有工作内容和工作轮换。前者是在现有工作中增加更多的挑战性或责任，如安排执行特别项目，在团队内部变换角色；后者是在机构的不同职能领域或某个单一职能领域中为员工做出特别的工作安排，或在某个单一的职能领域或部门，为员工提供不同岗位间流动的机遇。员工可选择跨部门短期流动换岗等，全面熟悉公司的业务，进而更有效地做好本职工作。员工在新的岗位上，除专业知识有提高外，工作任务也更为丰富，从而锻炼成为一专多能的人才。

目前，随着职场变化的日新月异，非职务变动越来越多。为适应激烈的市场竞争，许多组织经历了收缩、优化、重组、外包的变化，管理层空间削减，公司治理结构呈现出"扁平化"状态。在这种情况下，因缺乏更多高级职位的空缺，为能留住有才干的员工，往往通过拓展员工现有职务的责权利的方法，让他们"在原地生长"，使其职业生涯得到发展。如某公司建立之初，有位女职员的主要职责是回复电话总机、安排接待事宜及为各类工作组提供基本服务。随着公司规模的扩大，她的职位虽然没有变化，但工作内容却越来越丰富且复杂化，包括组织校园招聘、各类会议和庆典活动，甚至还一手创办公司的邮寄站和内部网络时事通信平台。在现有职位上不断接受并胜任有高度挑战性的工作，是非职务变动的特点，员工也确实在这种变化中获得待遇的相应提高。

（四）双重阶梯

为技术员工设计生涯规划，可采取"双重阶梯"思路，以期向他们提供与管理人员平等的职业发展机会。其发展标志是职级上升，而非行政级别变更。

员工职业发展路径分为技术和管理两大阶梯。某企业的技术中心分为设计、工艺、技术、制版师和模具 5 项技术类别，为之设计的职业发展规划，采用"双重阶梯"思路。第一条是适用所有员工的通用之路，分为员工和经理两类职级。职级增长伴随薪酬提高、责任加大和工作任务丰富化；第二阶梯是面向设计岗位的技术之路，成长阶梯的层级分为 A、B、C 三级，最高 A 级的薪酬与经理最高 A 级的薪酬相当。它鼓励有技术专长的员工持续提高技术水平，在技术阶梯上发展；有管理专长的技术岗位员工，可选择通用阶梯成为中高层管理人员。技术中心职业发展规划见表 8-1。

表 8-1　技术中心职业发展规划

经理	技术部门经理				
主管	技术主管				
员工	设计	工艺	技术	制版	模具
员工 A 级	高级设计师★	高级工艺师▲	高级技术师▲	高级制版师★	高级模具师★
员工 B 级	设计师★	工艺师▲	技术师▲	制版师★	模具师★
员工 C 级	设计员★	工艺员▲	技术员▲	制版员★	模具员★

注：A、B、C 分别代表技术之路的 3 个层级，每一层级中还包括 3 个等级。名称后附▲标记者，为管理级别岗位，同级间可以岗位轮换；名称后附有★标记者，为技术级别岗位，主要在技术序列内发展，不建议岗位轮换。

双重阶梯职业生涯规划模式，是在管理通道或技术通道设计多条平等的晋升阶梯，阶梯层级结构为平行关系。每个中高技术等级都有自己对应的管理等级。专业技术人员则重点关注自己的技术技能提升，希望在技术领域发展自身潜能并获得成功。

双重阶梯的职业生涯路径，明确了不同职系的晋升评估、管理办法及职系中不同级别与收入的对应关系，给予员工不断上升的机会。它不仅使技术员工感到被企业重视，提高忠诚度，也使他们与岗位相匹配，提高自身的创新能力和适应变化的能力。它还使各类岗位的员工都有更多的发展机会，能晋升到中高层职位的员工大为增加，技术人员的工作积极性将会有大幅提高，避免所有的人都拥挤在管理跑道上挤独木桥。

以"纵向发展、横向发展、双重阶梯"为特色的员工职业生涯规划设计，为员工明确了发展途径，且方向明确，风险小，有保障。企业为员工打造健全的内部成长机制，有效开发了人力资源，为未来发展培养和储备各类人才，使具有不同能力素质、不同职业特点的员工，都能找到适合自己的上升路径，最终促成企业稳定、持续和高速成长。

二、大公司或小企业

（一）小企业的优势和劣势

大学生决定自行创业，初始都是从小企业开始做起，然后逐步扩张，形成有影响力的大企业。小企业具有哪些优势和劣势呢？另外，大学生自主创业与工薪就业各自的利弊，又是如何呢？表8-2对此予以说明。

表8-2　小企业的优势和劣势一览表

小企业的优势	小企业的劣势
小企业对用户的服务通常是一对一个别接触，用户会为这种特别服务支付额外费用	资金有较大局限性，发展受到阻力，对外融资往往不能如愿
企业成败关键是企业主本人，他们工作努力，工作时间长，全力以赴，有较强动力将企业办好，并发展壮大	企业为员工提供薪金福利不如大公司，发展机会不如大公司，对优秀员工的吸引力不足
企业有较强灵活性，面对竞争环境变化，能早早做出应有改变	企业规模效应不足，在贷款融资、购货等方面，很难享受到与大公司一样的优惠待遇
相比大公司管理规程多、链条长，沟通不畅，小企业容易快速了解所发生的问题并解决问题	所有的鸡蛋都装在一个篮子里，风险较大，抗风险能力较差
小企业不引人注目，市面上不大招摇。即使某些做法违规或打擦边球，也不会引起社会关注。大公司出事后极易引起社会广泛关注	缺少大公司所有的信誉和品牌，不易为消费者接受

（二）就业大公司或小企业的职业生涯规划差异

在职业生涯设计中，需要比较大公司与小企业的差异，认真考虑。是否大公司一定很好，小企业一定就很差，并非如此。弥尔顿的《失乐园》就谈到相似的西方谚语，"宁可在地狱称王，不愿在天堂为奴"。表8-3为就业于大公司或小企业的职业生涯规划差异。

表8-3　就业大公司或小企业的职业生涯规划差异

大公司	小企业
公司制定有较多职级，会使个人晋升的机会较大。但公司人员多，职级晋升的难度较大	个人的能力强弱与大小，是能否入职和升职的首要考虑因素
收入升值的潜力较大	收入增加要考虑公司的负担能力
入职起薪通常会较高	企业人员少、竞争弱，升职会较快
有较完备的员工训练课程	个人需要具备多方面的知识技能，独当多面
福利较多	当公司日趋成长之时，可以提供较多的员工福利
对经济转坏和行业转型时期大机构可给人一定的安全感	当经济状况好时，小公司会成为迅速成长的"黑马"；当经济不景气时，小企业也会首当其冲，有可能走向死亡之路
晋升制度比较制度化，甚少有单凭运气或博中的机会	晋升制度较为随意和富有弹性
处理事情通常由多人合力分析和商讨	个人努力在工作中的成效十分明显。因人力资源不足，大部分工作都是独立完成的

第三节　大学生就业

一、大学生就业方向

大学生毕业之时，有国内深造、出国留学、自谋职业、自主创业和灵活就业等多种就业方式，自谋职业中又有到企业公司任职、考公务员、到有编制的事业单位工作等，多条路线都可以选择。

（一）国内深造

大学生毕业之时，选择考研的人员越来越多，可以在学业上继续深造，提高自身的学历层次，增强下一步就业的竞争能力，拓展职业发展空间。但是，应该清楚地意识到，大学生继续读研深造，不仅需要勤奋努力、刻苦钻研、不畏艰险的精神和毅力，有良好的身体和心理素质，还需要有一定的经济能力支撑，且毕业时同样要面对就业的压力。选择在国内继续深造，面对日益升温的考研热潮，一定要从实际出发，综合自己的优势，充分评估自己的实力。如自己确实没有继续深造的竞争优势和实力，不要盲目加入考研一族，错过现有的就业机会；更不应因害怕面对今天的就业压力，让就业机会从自己的身边悄悄溜走，未来付出更大代价。

（二）出国留学

国外留学深造，既能增长见识开阔视野，又能提升生活自理能力和为人处世的能力，是一条不错的职业人生路。不过"条条大路通罗马"，是否一定选择走这条路，还要根据自己的实际情况。远离祖国和亲人出国留学，除受到经济条件、外语水平的限制外，还要具备一定的生活自理能力、人际交往能力和心理承受能力，并非每个人都很适合。

事实上，出国留学并不难，难的是自己对未来的职业行程是否有合理规划。从最近几年出国留学归来人员的发展情况来看，并非所有的海归人员都能在国内一展身手。有些人虽有海外留学的背景，回国后却一事无成，不但没有体现出海归人员应有的价值，还不如未出国的大学生有所作为。出国留学只是职业生涯发展的一种选择路径，而非肯定保障事业成功的金字招牌。

（三）自谋职业

随着就业压力的不断增大，高校应届毕业生更愿意毕业后自谋职业，直接参加工作。北京市人事局毕业生就业网对 2016 届应届大学毕业生的随机调查显示：选择毕业后直接参加工作的为 67.05%，考研或继续上学的为 15.65%，出国留学的为 5.33%，顺其自然、过段时间再考虑的为 11.96%。可见，毕业后自谋职业，直接开始工作，是大学生实现初次就业的主要路径。为此要提前做好求职的充分准备，将自己的择业与社会需要、个人优势、自我成长、社会就业形势和未来目标等紧密结合。同时，明确自己的起点，准确选择好求职的行业、地区和层次，注重与自己的职业能力、职业素质的匹配，做好求职的心理准备，有针对性地积极参加各种类型的招聘会，抓住机会及时就业。这是职业开始的第一步，关键在于要有明晰的职业生涯规划，成就未来的职业发展。

（四）自主创业

传统就业观念是从社会提供的各种职业中选择适合自己的组织和岗位。现代大学生不仅要有多次择业的心理准备，且要树立自主创业的观念。职业不仅是可以选择的，且是可以自行创造的。大学生已具备相应的知识，在条件许可的情况下，完全可以根据市场和社会需求自行创造新的职业。

在大学毕业生的就业选择中，自主创业悄然兴起，不仅解决了自身的就业问题，还为他人创造了就业机会。自主创业已成为许多大学生职业生涯规划中迈向成功的第一步，并为国家和地方各级政府重视和鼓励。国家出台了相应的配套政策，且频繁举行全国性或地区性的各类大学生创业大赛，建立大学生创业实习基地，设立大学生创业基金和贷款优惠政策等，为大学生自主创业打开了方便之门。

（五）灵活就业

灵活就业或称弹性就业和非正规就业，是指在劳动时间、收入报酬、工作场地等方面，有别于传统的标准全日制就业的其他各种就业形式的总称。随着社会分工细化和第三产业快速发展，职业模式灵活多样，日益增多。大量没有固定工作时间、工作地点的新兴职业开始涌现出来，如自由作家、翻译、家教、中介、小时工、网页设计等自由职业者。这些职业时间灵活性大、人为限制少，受到不少人的欢迎。最灵活的就业是 SOHO（small office home office），特指那些在家办公、经营或各种有酬工作，如网上销货、图文设计等。灵活就业的大学生在逐渐增加，并受到大家的青睐。

有种自由就业安排是经营家庭事业，美国目前有 500 多万人从事家庭事业。最常见的包括销售、信息处理、建筑与承包、个人护理服务、艺术设计、咨询设计、著述、网络及秘书服务。

（六）延缓就业

延缓就业为部分大学生不得已而为之。如正在办理出国相关手续，或暂时未找到满意的工作单位，或继续考研，或为逃避就业压力等，往往会选择暂缓就业，或先回到家庭所在地择业就业。有的毕业生先办理就业代理或人事代理，解决户籍、档案等后顾之忧后，再继续选择职业和未来的出路。

延缓就业和暂时待业是一种正常社会现象，对社会、个人和劳动力市场都是一种自行调节。大学生对此应有充分的思想准备，自己先回到父母身边，为未来出路等有个全盘的考虑和安排。同时采取相应的举措，如考研、考证、考公、创业或继续寻找工作等。但延缓就业，对自己和父母家庭、对社会和国家，毕竟都是一种时间和经济的损失，延缓的过程应当尽可能缩短。

二、大学生就业策略与途径

（一）大学生就业策略

1. 知己知彼

择业是一种双向选择，大学生择业要知彼知己。知彼是正确认识面临的就业形势，明晰社会需要何种大学生，了解择业的社会环境和工作单位；知己就是实事求是地评价自己，客观、正确地认识自己的诸种情况。必须正确地估价自己的优势和劣势，明确自己可接受的择业范围，同时全面准确地了解用人单位的用人需求和竞争对手的实力。在知己知彼的情况下选择职业，才能保持良好的择业心态，增加求职成功的概率。

2. 目标适中

大学生择业时要实事求是地确定择业目标，不可好高骛远。近几年大学生择业的特点，是向往发达地区、沿海地区和大城市，这些地方因人才过度集中，竞争激烈。而欠发达地区、内陆地区的中小城市或广大农村的振兴等，则很需要人才的介入和推进，大学生在这里更有用武之地。只要大学生降低择业标准，愿意到艰苦的地方去，就业市场就十分广阔。

3. 自我形象设计

处于择业阶段的大学生，都希望靠提供各种信息和自己的实际表现，给用人单位留下良好而深刻的印象。在不违背基本事实的前提下，可以通过自我形象设计和对信息的精心组织，突出特长与优势，从而给用人单位留下鲜明深刻的良好印象。心理学研究表明，人与人接触的第一印象很重要，第一印象不好，以后即使花上几倍的努力都难以挽回。适当的包装和修饰，是自我形象设计的重要方面。

4. 扬长避短

任何人都有长短和优劣，任何竞争性活动都必须扬长避短，要尽可能发挥和展现自己的长处和优势，避免短处与劣势。择业过程中有必要对自己的长短优劣做一番精心判断与分析，使自己的长处和优势得以充分展现，并据此选择到自己满意的职业。有长处没有充分发挥或有短处没有得以避免，都会对择业产生影响。

5. 付诸行动

思想决定行为，行为决定习惯，习惯决定性格，性格决定命运。目标确定后，行动便成为关键。职业生涯规划是为实现职业目标采取的各种行动和措施。在规划实施过程中出现各类困难都是正常的，要审时度势，及时调整计划、路线和目标后再继续努力，绝不能灰心丧气、半途而废。

（一）大学生就业动机

大学生的职业选择倾向，受其就业动机支配。就业动机是大学生价值观的重要组成部分，鲜明地体现当代大学生的人生价值观的变化。就业动机可归纳为谋生型、创业型和贡献型 3 种，影响大学生对未来职业的选择。

（1）谋生型。是大学生择业考虑的第一因素，体现为薪酬水平和福利待遇的高低。在当今市场经济体制下，劳动依然是人们重要的谋生手段，从事某种职业获得维持生活的经济收入，是基本的且普遍的就业动机。

（2）创业型。大学生希望在自我创业中展示自己的才华，获得事业成功，取得不凡成就。在创业动机支配下，大学生择业考虑的是，该职业是否具备充分展示自己才华的基础设施和优厚条件，如对员工的在职培训和深造给予特别重视等。

（3）贡献型。众多大学生的职业理想，是做个对社会有贡献的人。在贡献动机支配下，择业要考虑的是满足社会对人才的需要。当社会需要与个人利益发生冲突时，应把社会和国家的需要放在首位。

3 种就业动机反映了大学生在寻求职业时，精神状态的层次高低，之间并无任何违背和冲突。谋生是最为重要的，但并不妨碍大学生在考虑金钱收入的同时，关注个人事业的成功和为国家作贡献。当代大学生的职业选择还呈现以下特点：择业标准向实现自我价值、追求高层次社会地位转化；职业评价以市场选择为根本取向，向注重经济利益转移；追求技术性、专业性强的职业岗位；追求职业的安全感和稳定性，又追求自身就业的主动性和灵活性。

（三）大学生就业途径

（1）订单式培养与就业。即定向委培教育，学校与用人单位签署人才培养协议，并按照用人单位的标准为其培养合格人才。培养出的合格大学生，毕业后直接到订单单位工作。它的优势在于促进人才供需双方的零距离对接，提高毕业生就业的质量和效率，用人单位能用较为快捷、廉宜的方式招收到大量合用的人才，从而降低成本，减少风险，提高人才配置及利用的效率。

（2）市场双向选择就业。主要指大学生通过各类人才招聘会和双向选择实现就业。国家、省、市和高校每年都举办毕业生就业的双选会，为用人单位、毕业生构建可靠、安全的双向洽谈平台，使毕业生通过洽谈会达成就业意向或就业。

（3）考试录用就业。主要指国家机关考录公务员、事业单位选用工作人员，并通过笔试或面试形式对毕业生的能力进行考察，选择录用有合格的素质特征、能力状况、求职动机和形象气质的人员。这是目前毕业生就业的重要方式之一，关注度也越来越高。

（4）项目就业。是指大学生参加国家和省市实施的各种就业促成项目实现就业，如国家实施的大学生"志愿服务西部计划""三支一扶计划"等。这些项目鼓励大学毕业生扎根基层，为建设小康社会和乡村振兴贡献力量，为其今后的锻炼成长成才及事业发展创造条件。

（5）应征入伍服义务兵役。高校毕业生踊跃参军入伍，是实现就业的重要途径。征集高校应届毕业生入伍，是适应军队现代化和信息化建设，从源头上提高新兵质量，改善部队兵源结构的重要内容，还是适应我国高等教育快速发展的形势，依托国民教育培养军事人才，从高起点上加强士官队伍的建设。

2022年，全国高校毕业生人数超过千万人，就业形势复杂严峻。大学生就业压力更大，如何在众多毕业生中脱颖而出，找到适合自己又愿意接纳自己的工作，是大家异常关注的。它需要有足够过硬的专业技术水平与能力，选择适合的职业。

三、大学生就业指导

大学时期的职业生涯规划教育，是大学生就业指导的进步内容。大学生就业过程中不管从事何种工作或自己创业，若能有人给予相应的方向指导，会大大减少寻觅过程，调整好求职心理。

（一）正确择业

一个人的职业选择，在相当大的程度决定了他的生活方式的选择，决定了他发展与成才及对社会贡献的大小。择业是人生关键性的问题之一，直接影响到个人的前途和发展，如处理不好，将在人生的道路上出现波折。职业的选择，又是对未来人生发展道路的选择。人一生的大部分精力都用在工作上，如从事的职业与自己的兴趣相投，与拥有的能力相符，会乐此不疲，不断努力，奋发成才，在职业实践中实现自己的价值。如果对自己从事的职业不感兴趣，工作就不可能安心，更谈不上事业发展和个人成就。高等院校针对大学生群体的特点和求职择业要求，从环境分析到择业技巧，从形势政策到有关法律法规等，对大学生做全面系统的指导和帮助，从而培养他们的就业择业意识，树立正确的择业就业观。

（二）就业心理调整

不少大学毕业生不是首先坐下来认真剖析自己，做好自己的职业生涯规划，而是拿着简历与求职书东奔西走，期盼会撞大运找到好工作，结果却是一无所获，浪费了大量的时间、精力与资金。他们感叹招聘单位有眼无珠，不能"慧眼识英才"，叹息自己英雄无用武之地。这部分大学生没有充分正确地评价自我，也未能充分认识到职业生涯规划的意义与重要性。

大学毕业生走向社会，涉世不深，社会经验不足，对国情和社会缺乏深刻的了解和认识，对自己究竟适合什么工作缺乏客观、科学的分析和判断，以致在众多的职业岗位面前眼花缭乱、无所适从、朝三暮四、见异思迁。高校就业指导将帮助他们客观分析主客观条件，理性看待不同工作岗位的利弊得失，教会学生在市场竞争日益加剧的环境下把握机会，找到比较满意的工作岗位，以便能以健康的心态走向社会。

（三）职业咨询

高校就业指导中心主要负责全校毕业生的就业、创业指导、教育、服务等工作，就业指导中心的工作宗旨是：以学生为本，服务学生、服务学校、服务社会。在体现公开、公平、公正的原则下，对毕业生的求职活动进行指导，竭诚为学生、为社会和用人单位提供高效优质的服务，力求做到毕业生能学以致用、人尽其才，顺利就业，充分就业。

职业生涯规划的校园指导，能对大学生起到内在的激励作用，使大学生产生学习、实践的动力，激发自己不断为实现各阶段目标和终极目标而进取。有助于全面提高大学生的综合素质，使职业目标和实施策略了然于心，避免学习的盲目性和被动性。同时，便于从宏观上调整和掌控，让大学生在职业探索和发展中节省时间和精力，少走弯路。

（四）高校长足发展和社会稳定

高校招生报考的投档率，在很大程度上由该校毕业生的就业情况决定。搞好大学生的就业指导工作，帮助毕业生就业，是提高就业率、开放式办学的内在需要。日益高涨的就业压力，让众多高校日渐重视大学生的职业生涯辅导和教育工作。但如一定要等到学生毕业找工作时才重视这件事情，往往为时太晚。择业不应快到毕业时才加以考虑，会变得很被动。越早做好职业生涯规划，就越能掌握主动权。很多学生进入大学后，发现自己并不喜欢所学的专业；很多学生直到找工作时，才发现自己对职业、对人生完全缺乏方向感，面对众多岗位一筹莫展或无能为力。

大学生的就业状况直接或间接牵涉到数个家庭，涉及范围广，影响到许多家庭的幸福生活，关系到社会的和谐与稳定，不容忽视。学生学习的目的，不是简单地考大学，也非单单获取一纸文凭，而是今后有个自己喜欢并愿意为之付出终生精力和心血的职业。规划是一种精神和理念，需要以变通的态度对待它。同样，它将作为一种价值观念指引大学生前行。职业生涯规划不仅是大学生自己的事情，也是高校和国家教育部门为之关切的重大话题。

（五）需要说明的事项

人生的道路并非总是笔直向前的金光大道，而是有着众多的"十"字路口需要加以判断和选择。规划人生主要是规划一个大的目标和趋向，如人生将要走什么样的路，尤其是人生的岔路口应做出何种选择等，对此加以深入剖析，并在可能的状况下尽力勾勒好细节。另外，人生路途中遇到各种职业选择和运作评判，遇到各类风险和不确定性纷至沓来。这时需要凭借拥有的知识能力和才干，做好事先的防范和事中的应对，并在思想意识上给予应有的重视和防范举措，才不至于临期惊慌失措，无以应对。但人生在某个时间点将走到哪一个状态，则难以琢磨，也不必刻意精心地勾画。

人生规划不是算命，也不是押宝，是基于自身和社会、专业的目前状况和未来发展趋向的研判，得出较可行的结论。该结论也非单一的，而是有最优选择、次优选择等多种可能方案。

四、大学生职业生涯设计的缺陷

目前，大学生的职业生涯设计事项，存在缺陷较多。这里就一般的缺陷状况加以说明。

（1）从未对自己未来的生涯规划有所考虑，整天浑浑噩噩地混日子，得过且过，当一天和尚撞一天钟，没有自己的人生目标，更谈不到自我价值的实现。

（2）这山望着那山高，频繁跳槽转换单位，大学毕业三四年，工作单位换了七八个，最终难以如愿，自己的心态也变坏了。每次工作单位转换，仅仅是头脑发热做出的仓促决定，未能有认真全盘的考虑和打算，也就无法对此得到应有的教训和获益。旧单位无法回去，新单位也不敢再接纳。

（3）个人具备的知识技能过于单一，职业生涯设计未能做多方位地拓展。"一招鲜吃遍天"的说法目前已经过时，到了今天的社会和单位里，需要多准备几手，方能更好地适应和应对急剧的经济技术环境变化。

（4）不清楚自己拥有的专业知识技能状况和把握程度；不关注自己的职业兴趣爱好，不操心自己未来事业发展的前景和趋向；不透彻洞察自我发展的能力和潜质；不思考未来自我发展的职业目标和路径。

（5）对目前社会状况的把握，尤其是与自己相关的职业现状的把握不清晰，更难以谈到对社会未来发展趋向的把握。自身的职业生涯设计，未能同社会发展的大前景和大趋向等尽好地结合在一起，同社会对人才的需要等，也有较大的脱节。

（6）只希望社会尽可能地多多迁就自己，而非自己主动去适应社会。目前已经不是 20世纪 80 年代人才奇缺的时代，新单位都是大学或研究生毕业，如果仍然将自己的大学文凭视为一个宝贝，希望社会和单位能一切迁就自己，就有些妄自尊大了。

（7）自我认知过高，目空一切。毕业到了一个新单位，一切都看不惯，如各方面都落后，工作环境过差，自己提升过慢，领导对人才不重视，每月收入待遇过低等，各种问题是一大堆；对各种社会现象也是愤世嫉俗，满肚子牢骚和怨气。大家都是芸芸众生，无法做到凭借个人努力来改变这个社会，仅仅凭借自我认为的满腹经纶，或一腔良好的愿望来行事，到了社会和单位就难免老碰钉子了。

（8）有些学校，已经将职业生涯规划的教育指导纳入教育部的核心课程，为在校的大学生开设。但所教授的内容，多属于高大上的理想、目标等，对更为接地气的对大学生自身的自我认知、对社会各类职业状况的认知，对个人与职业的相互匹配对接等，谈论得很少，对人生的各项具体规划的运作等，同样很少涉猎。

第四节　大学生创业

指导大学生萌发创业意识，培养学生的创业技能，掌握创业的知识，形成初步创业的能力，最终获得较好的创业成果。

一、大学生为何要创业

大学生就业问题一直备受关注。新冠疫情暴发且持续几年时间，国际国内的经济形势十分严峻。美国、欧洲等国的大企业纷纷裁员，预计 2023 年全世界将有 2 000 万个岗位流失。虽然我国的企业未出现大幅裁员情形，但对于每年上千万毕业的大学生来说，找个好工作的难度无疑在持续增大。在这种背景下，社会给高校毕业生打造优良的就业择业环境，众多的高校毕业生认清自己、认清社会，改变择业观念等，就成了顺利就业的关键。再加上国家相关优惠政策的出炉，大学生自主创业也许是一条很好的"出路"。

（1）自主创业是积累社会经验、考验并提升个人能力的好方法，它能让毕业生更好地认识社会、融入社会。大学生认为创业会给自己带来一片更为广阔的天空，今后，自主创业的人会越来越多，甚至是大势所趋，成为大学毕业生就业的首选。

（2）某些学生自我意识强烈，不愿意每日庸庸碌碌地混日子，选择自主创业是证明自己的知识能力、实现自我价值的好途径。在就业单位里工作，因各项制度法规的约束，无法按照自己的想法自由做事。创业有充分的自主空间发挥，并得到社会的认可。

（3）在以经济建设为中心的大环境中，工作待遇是大学生选择自主创业必须考虑的。受新冠疫情暴发的影响，大学生的薪酬要求已经被降至低点，甚至出现"要工作、不要工资"的现象。在社会的大考场里，机会只会给有准备的人，优胜劣汰。一个好的创业想法，可能带来无限商机，为自己带来良好的经济效益。

（4）部分大学生抱有"替别人打工不如为自己打工"的心态，认为自己开发的事业做起来会更有工作激情，时间和精力更为投入，从而更容易获得人生事业的成功。这种成功是属于自己的，就算创业失败，也是自己造成的，不会感到遗憾。

（5）满意的工作不好找，是毕业生选择创业的基本缘由。大学扩招后，每年都有上千万人学毕业生涌向劳动力市场，面对的问题就是短时间里找不到合适的工作，不想回家啃老时，选择创业也是一种无奈之举。

（6）时间自由和充足的自我空间，是大学生自主创业的最大动力，每日"朝九晚五"的上下班工作，不是每个人都能适应的。自行创业时，时间掌握相对要自由一些，可以做自己想做的事情，没有必要守在单位里浪费时间。这也是现在出现众多自由职业者的原因。

（7）交到真心朋友。在自主创业的过程中，会遇到大大小小的各种挫折，有朋友帮助，克服创业的瓶颈。

（8）国家自主创业的相关优惠政策，现在还不大完善，但是至少可以肯定，国家和各省市政府出台的、引导鼓励大学生积极创业的信号，是积极明确的，相关的优惠政策也会逐步建立，优惠力度会逐步加大。

二、大学生创业的基本因素

（一）创业意识与能力

（1）创业意识。对创业者起动力作用的个性意识，包括创业的需要、动机、兴趣、理想、信念和世界观等。它支配创业者对创业实践的态度和行为，并规定态度和行为的方向与力度，是大学生自愿从事创业活动的强大驱动力。

（2）创业品质。是创业者的心理和行为起调节作用的个性心理，反映了创业者的意志和情感。创业的成功，在很大程度上取决于创业者的心理品质。

（3）创业精神。要成为成功的创业者，必须具备自信、自立、自强、自主的创业精神。

（4）创业能力。指影响创业实践活动的效率，包括决策能力、经营管理能力、专业技术能力、交往协调能力与创新能力等。

（二）大学生创业的优势

（1）具有高等教育的文化水平，具有某方面的专业知识和技能。

（2）接受新知识快，对新鲜事物有较强的领悟力，甚至是潮流的引领者；自主学习知识的能力强，上手快，许多东西一点即通。

（3）运用 IT 技术的能力强，能在互联网络上搜寻到大量有用的信息。

（4）思维普遍活跃，自信心较足，不管是敢不敢干，至少是敢想，对认准的事情有激情去做。

（5）年纪轻，精力旺盛，正是自主创业的好时机。

（6）大学生毕业尚未结婚成家，暂无家庭负担，其创业活动会获得家庭的支持。

（7）国家和各级政府、学校、金融、财税部门等，对大学生的创业行为予以极大的支持和政策优惠。

（三）大学生创业的劣势

勿庸讳言，大学生创业还存在某些劣势。

（1）缺乏社会经验和职业从业经历，尤其缺乏人际关系和商业交际网络。

（2）缺乏真正有商业前景的创业项目，许多创业点子经不起市场考验。

（3）缺乏商业信用，在校大学生的信用档案与社会没有接轨，当资金不足时，融资借贷困难重重。

（4）大学生喜欢纸上谈兵，创业设想大而无当，市场预测普遍过于乐观。

（5）眼高手低，好高骛远，看不起蝇头小利，往往大谈"第一桶金"，不谈赚"第一分钱"。

（6）大学生独立人格尚未完全形成，缺乏对社会和个人的责任感，有继续依赖父母的想法。

（7）心理承受能力较差，遇到挫折和困难易于放弃，或听到创业的艰难，没有尝试就轻易放弃。

（8）在目前的社会文化和商业交往中，事业成功者往往不大信任年轻人。

（四）你适合创业吗

并非每个大学生都适合创业，也非倡导每个大学生毕业后都去参与创业。这里只是倡导哪些适合创业、能够创业也乐意参与创业，开辟一片小天地的大学生，以此实现自己的人生理想。为此，需要对以下事项加以评判和认知。

（1）你扮演的角色在企业的重要性如何，是扛大梁、支柱且不可为他人替代，或只是个不重要的跑龙套角色？

（2）你扮演的角色可从企业中获得何种回报，是微薄的薪水，或很高的年薪，或还带有高份额的利润提成或股份？

（3）你为何选择创业的角色，能否创造条件在该企业的地位得以持续上升？

（4）如上天再给你一次机会，你会否改变自己的角色和行为？为此需要付出哪些努力？

（5）企业离开你会否难以存活下去，或者你的离去对企业的运营不会产生任何的负面影响？

（6）员工不满意自己的工作，原因会有以下方面：不喜欢循规蹈矩，能力得不到他人的认可；收入固定、增长慢；职责有限，自己希望担负更大责任；没有权力，难以实现自己的想法；不喜欢从属于他人，乐意自己当家作主。

（7）心存不满的员工会寻找机会开创自己的事业，如独立自主，成为自己的老板；找工作困难，急需一份工作；生活所迫，需要增加收入；比为别人打工可以多赚钱；为孩子创立一番事业；有机会证明自己的能力和努力。

三、创业的一般流程

美国百森商学院创业学的著名教授杰弗·蒂蒙斯，构造了创业模型，该模型提出的第一要务是创业三要素，包括发现创业商机、获得创业资源、创建创业团队；第二要务是创业带头人具备沟通能力、领导能力和创新能力。这里将大学生的创业描述为以下阶段，并附以相关教育内容。

（1）发现商机。什么是商机，如何从市场中寻找商机。

（2）心理准备。如何展开对自身具备创业条件与否的评估，应重点培养哪些能力。

（3）把握信息。如何从市场获得所需要的创业信息，如何寻找顾客等。

（4）选择项目。提醒学生选择创业方向的注意事项，教授怎样确定创业的构想等。

（5）选择地址。介绍创业时经商选址的一般原则和技术方法。

（6）市场调研。市场调研的内容、任务、程序及效用注意事项等。

（7）营销策略。市场营销的相关内容，如何制定价格、制作广告等。

（8）雇员管理。怎样做好人才招聘，怎样留住优秀人才等。

（9）创业风险。如何认识和防范创业中可能遇到的种种风险。

（10）创业计划。制订创业计划的作用，创业计划书应包括的内容及如何实施等。

（11）注册登记。如何申办新公司的开业、申办条件、如何登记注册等内容。

（12）运营管理。日常经营管理的内容，如何避免事故、调整经营策略等内容。

四、创业者的类型

（1）自谋职业者。不吸收其他人员参与，自己完成所有工作并取得全部利润的人员，包括家庭企业的创办人、经纪人、个体维修人员、自己开业的会计师、理财师和律师等。

（2）机会创业者。开办企业并尽可能地促使其快速发展，以便雇用创业者本身不具备的专业技能的其他优秀员工。

（3）发明者。这些人拥有发明创造的特殊技能，先设计出好的创意和产品，自己开办公司生产并销售该产品。

（4）模仿者。借鉴他人已有的想法，并在此基础上参与或创办自己的企业。特许经营和连锁书店等属于这种类型。

　　（5）规模经营。通过低折扣价格和很低的管理费，获得较高的销售量，从而获得规模效益的创业者。

　　（6）买卖企业。购买一个现成的企业，将其改造完善后再对外出售，从中牟利的人员。该企业通常具有较好的机械设备、产品和销路，有优秀的员工队伍，只是管理技能欠佳，暂时不景气或有亏损，是最好的购买交易的对象。

　　（7）收购者。接受他人开办的企业，并按照自己的想法改造完善该企业。通常发生在企业遇到财务危机、资金链条中断等，新的资本投入或管理思路，往往会挽救快要倒闭的企业。

　　（8）投机者。买进某种物品经过加工完善，转手出售从中获利。不动产、艺术品、古董等，都是典型的投机商品。

　　（9）内部创业者。这些人能在企业内部产生新的想法，并成功地将其转化为新项目。尽管并不存在利润和财务风险，同样需要运用创业者的思路和方法来运作。

　　（10）特许加盟者。经过特别许可而加盟公司的企业，直接经营已创出品牌的产品形象或服务。特许加盟者拥有自己的企业，但其经营权力受到特许人设定条款的约束。

　　（11）被动创业者。为了自我生存被动地开办自己的企业，如擦鞋工、微型商店的经营者等。

五、创业者的特征

　　（1）努力工作。创业者需要很大的精力投入和动力支持，具备必要时能长时期坚持不懈的工作，以及阶段性的集中工作，要有适应睡眠不足的状况和能力。

　　（2）自信。创业者必须要相信自己具有实现设定成功目标的能力。"如果你非常想得到某样东西，并准备为之而奋斗，那么你通常就能得到它"。

　　（3）构建远景。大多数成功的创业者都把拥有一份靠自己努力获得有保障的工作和收入，作为自己的事业目标。

　　（4）利润导向。对赚钱的兴趣强烈与否，是衡量个人是否适合成为创业者的基本指标。企业主可以自主决定如何使用创业利润，如扩大经营规模或补贴私人家用。

　　（5）目标导向。企业成功与否取决于个人能否设定现实的目标，并坚定地实现这一目标。

　　（6）持之以恒。企业会出现某些问题，有某些不令人满意之处。能持之以恒地解决问题，是创业者成功的关键。

　　（7）应对失败。所有的商业活动都会既有成功也有失败，要妥善地总结成功经验，很好地应对失败并从中吸取经验教训，寻求新的创业机会。没有这种应对失败的能力，就会早早终结掉个人的创业尝试。

　　（8）对反馈作出回应。创业者应当明确自己创业中的业绩表现，并予以评估，能从他人处得到有用的反馈和建议，是创业中很需要的。

　　（9）主动。成功的创业者，会主动地对创业成功或失败承担个人责任，而非诿过于他人。

　　（10）倾听。成功的创业者既要立足于自己，又会使用外部资源，随时向各方面专家寻求帮助，听取他人意见。

　　（11）设定标准。这些标准包括企业收入、产品、产量、利润等，科学设定这些标准并为达到它而努力工作。

（12）应对不确定性。创业比打工存在更多的不确定性，创业者必须具备从容应对这些不确定性的能力。

（13）投入。创业要投入大量资金、时间和精力、心血，创业者是否具有这笔资金并将其投入项目之中，资金不足时如何设法筹措资金，这是创业能否实现的关键所在。

（14）发挥优势。成功的企业家会把自己所做的各种事情，依托于个人优势，如动手能力、人际关系、销售技能等，以及使用人际网络的能力。个人有欠缺之处则寻找恰当的合作者。

（15）可靠诚实。一个人在履行自己承诺时所表现的诚实、公正、可靠等品质，是成功创业的特点。

（16）风险承担。选择创业就要面对很多风险，创业者有能力评估可能出现的各种风险，并设法规避。

六、创业与就业利弊分析

表 8-4 和表 8-5 就自主创业与工薪族就业的利弊予以分析。

表 8-4 自主创业的利与弊

自主创业的好处	面临的挑战
自己处于领导者地位，而非跟随领导的意旨行事	工作时间长且不定时，随时要加班
能够较好较快地实现自己的想法	担负责任重大，要对同事和下属负责
能发挥自己的创造力，实现自己的理想	必须承担创业后突如其来的各种风险
有获得无限收益的潜力	收益不稳定甚至没有保障，没有额外福利
独立自主，自己说了算	经营结果如何，依赖员工的行为和努力
能够在工作中随时把握主动	经常面临资金不足等财务问题
能够对下属自主下达命令	时不我待，发展往往受到时间紧迫的约束
能够控制工作环境	不能确定未来状况如何，可能很好或很差
随着公司业绩增进，获取收益可能无限增长	需要时刻学习新知识以解决新问题
	难以找到足以信任的下属

表 8-5 工薪族就业的利与弊

工薪就业的好处	面临的挑战
自己应负的责任明确固定	需要严格执行上级命令
稳定且通常状况下的逐渐增进的收入	自己的能力难以得到领导的认可
额外的福利待遇	收入增长有限，且自己把握的程度较小
工作时间固定	自己需要承担的责任和把握的权力有限
自己未来的状况比较明确	一切事项无法由自己把控，难以实现自己的想法
能够设置可控的范围	自己的一切都依赖于雇主
自己在工作中需要承担的风险较小	

七、如何识别潜在的创业者

创业不仅是为自己打拼一份工作或职业，还是一种新的能够自我把控的生活方式。需要以现实的眼光来审视自己的状况和观念。请回答下列问题，看一下自己是否具备创业的基本资质和能力。

（1）你有创业所需要的一定量的资金吗，或者有良好的融资渠道来获得所需要的资金？

（2）你有创业所需要的具有相应市场潜力和特色产品或服务吗？

（3）你创业准备推出的产品或服务，是否具有某种市场优势或特色，能较快地打开市场，吸引公众的关注？

（4）你有准备创业需要的某种特别的专利或技术吗，该项技术的独占性或市场应用价值如何？

（5）你的身体健康状况如何，精力是否充沛，能否应对创业初期很可能面对的加班加点和身体透支？

（6）你在解决创业中可能出现的各类问题时，能否客观地看待问题发生的缘由，设想多种可能的解决方案，从中做出较好选择？

（7）你是否善于倾听并接受下属的想法，能否与他人有良好的合作和沟通？

（8）你在群体中通常是否承担领导者的角色，并为了实现既定目标而自我激励并为此努力工作。

（9）你对自己是否信心十足，感觉自己能将必须做的事情认真做好？

（10）你在做出各项决定时，是表现得十分果断，还是经常会犹豫不决、难以定夺。

（11）你在创业中遇到了风险或困难，会一蹶不振吗？还是会奋起克服难关。

（12）你有围绕创业的众多人脉吗，可帮助你应付各种困难，较快地达成你希望的目标和结果。

（13）你能审视环境、识别机会、整合资源吗？你能为企业的发展壮大出谋画策，有自己的想法并努力实现自己的想法？

对以上问题，如果你的回答是"肯定"的越多，说明你具有的创业特征越多。成为创业者的基本要素，是通过自己的努力，为社会或他人提供大家需要的产品或服务。社会对你的产品和服务的需求越大，你的潜在收益就会越高。

第五节　面试与辞职

一、职场面试

（一）内外兼修，自信从容应对面试

进入面试环节的考生不能松懈和大意，应找准方向，选择适合的方法，从容应对。

1. 外在要素

（1）精神面貌好。推开考场大门，考官在看到考生的第一眼，就决定了第一印象的好与差。好的精神面貌会给考官留下不错的印象，使考官对考生的认知和评价相对较高，有利于

考生拿到好分数。好的精神面貌还会冲淡考场严肃、紧张的气氛，使考生能更轻松地发挥。

（2）举止仪表佳。考生在答题中，容易被考场的紧张气氛影响，过分关注答题内容，面试中下意识地出现某些小动作，会被考官捕捉到。考官会认为考生过于紧张或不够稳重，降低考分。考生应用适当大方的动作来缓解压力，控制不该有的小动作。面试礼仪看似是小事，却体现考生的涵养和综合能力，应引起重视。考生应不断磨炼自己，实现求职的目标。

（3）交流情感真。考场气氛压抑和紧张，考生答题时神态会显得过于僵硬，答卷也呈现死板感，影响考官接收其中的有效信息，导致分数不够理想。如回答问题感情真挚，可更好地将自身观点传递给考官，在轻松交谈中交出理想的答卷。

（4）语言表达畅。在整个面试过程中，流畅的语言表达能更好地让考官感受到考生的自信和从容，同时能更好地接受考生回答的内容和自身的观点，从而更全面、客观地了解考生。

2. 内在要素

（1）审题准。面试考场会有看题和听题两种，考生拿到题目后要准确审题，把握题目中的关键信息及核心要素，帮助考生提高答题效率，快速、准确回答问题。

（2）逻辑清。考生抓住题目的核心和关键要素，需要结合具体问题快速理清具体回答方向和思路。思路清楚可让考生更好地梳理答案，考官更有效地接收内容。

（3）储备足。考生答题中要有清晰的方向和思路，有扎实的知识积累，回答问题有深度，有自己新的观点和见解，内容饱满而充实，可信度高，即使对该问题不大关注时，也能自圆其说。内容充实、思路清楚和流畅表达，可帮助考生取得理想成绩。

踏实努力，勤奋刻苦，科学准备，调整心态积极备考，努力做到内外兼修，相信一定可以自信从容应对面试。

（二）如何面对考场

考生往往因个人性格、成长经历、话题陌生等丧失信心，导致应考状态不佳，影响答题效果。应调整状态，信心满满，迎战面试，方能"笑对"考场。面试考场，自信从容往往能"称霸"考场。

（1）正确认识面试。在面试备考阶段，精心准备对各类面试题型的备考，搞好模拟演练以加深对面试的认识。面试是考生和考官的交流，借此让考官了解到你的个人素质能否满足岗位的需求。答题中只要将问题说清楚或自圆其说即可，不必有"要点"的概念。答题中不必过于纠结遣词造句，以及要点数量的多少。

（2）做好心理暗示。要对自己的答题充分自信，甚至于"盲目自信"，时刻提醒自己"我说得真棒""我说得真好""我要把我的这些想法告诉考官，让考官了解到我的个人素质是能够满足岗位的需求的"。

（3）积极调整状态。考试中学会用各种方式缓解自身的紧张情绪，如进场前深呼一口气，调整表情，放慢动作，稳住情绪。作答过程中可以适当使用某些隐蔽的小动作，转移自己的紧张情绪。对考官的状态不要有压力，面试中提醒自己多发掘考官的闪光点，如考官看起来很和蔼、考官很想听我说话等，让自己更愿意与考官交流。

（4）答题有所取舍。面试答题切忌求全，作答过程中对提纲要点要做好标记，有所取舍，将自己熟悉的内容详细阐述出来，对自己不是很清楚的话题选择性放弃，使自己对答题更加自信，游刃有余。作答中如能加入自己的实际经历和切身感受，快速进入交流情境，有助于加深考官的好印象。

（三）成功面试的技巧

求职面试，需要在短时间内将自己最风采的一面较好地展示给考官，力争取得好成绩。但在实际工作中，面试却一直让应聘者头疼，有的不知如何介绍和展示自己，有的回答问题逻辑错乱不知所云，有的应有的礼仪完全不曾注意。很多人求职失败，如无其他原因，大都输在面试上。面试发挥出色，可弥补笔试成绩或其他条件的不足。如何应对面试呢？这里介绍成功面试的若干技巧。

（1）提前准备好自我介绍。用人单位都会有"请你自我介绍"这道题，面试者事先以文字形式写好背熟。用人单位已经基本掌握了面试者的基本情况，这道考题的真实目的，是观察面试者的语言表达、逻辑推理及诚信度。自我介绍的内容与个人简历要一致，表述方式尽量采用口语化，内容简洁，切中要害，不谈无关无用的内容，条理清晰、层次分明。自我介绍最好掌握在 1 min 左右，至多不超过 2 min。

（2）强调温馨和睦的家庭氛围。面对"谈谈你的家庭情况"这道题，面试者应简单介绍家人，一般只需介绍父母，如亲属和应聘行业有关者也可介绍。回答时应注意强调温馨和睦的家庭氛围，父母对自己教育的重视，家庭成员的良好状况及对自己工作的支持。自己对家庭的责任感也最好谈谈。

（3）用爱好点缀形象。"谈谈你的业余爱好"，是不少企业面试时喜欢问的题目。企业会借此了解面试者的性格是否开朗，是否具有团队合作精神。面试者谈爱好时最好和工作有些关联，忌讳说自己没有业余爱好，如从事文字工作的说平时爱好看书看电影等。

（4）崇拜的人最好能和工作挂钩。"你最崇拜谁"是用人单位爱考的题目。面试者在回答时，不要说崇拜虚幻或不知名的人士，更不能崇拜明显有负面形象的人。崇拜的人有哪些优秀品质，哪些地方感染和鼓舞着自己，最好能与自己应聘的工作"搭"点关系。

（5）表明自己能改进与工作有关的缺点。当考官问到你的缺点时，面试者不能说自己没缺点，也不能把明显的优点说成缺点，更不能挑严重影响应聘工作的缺点，或者说令人不放心、不舒服的缺点。可说些表面上看是缺点，从工作的角度看却是优点的缺点，以及正在改善的缺点，可以说自己为纠正该缺点做了哪些改变。

（6）尽量回避待遇问题。考官问道"你为什么选择我们公司？"试图从此题中了解面试者求职的动机、愿望及对此项工作的态度。面试者不要谈论待遇福利的话题，可以说"我看好贵公司所在的行业，贵公司十分重视人才，这项工作很适合我，相信自己一定能做好。"

（7）遇到提问陷阱采用迂回战术。"如果我录用你，你将怎样开展工作"，这是一道陷阱题。如应聘者对应聘的职位缺乏足够了解，最好不要直接说出工作开展的具体办法，以免引起不良后果。面试者可尝试迂回战术和冠冕堂皇的语言，如"听取领导的指示和要求，了解和熟悉有关情况，制订近期工作计划报领导批准，再根据计划开展好工作。"

（8）回避回答对上级具体的希望。如"你希望与什么样的上级共事？"可借此判断面试者对领导对自我要求的意识，这是个陷阱，又是个机会。面试者要把握好机会，最好多谈对自己的严格要求，回避对上级的具体希望，如"我要尽快熟悉环境、适应环境，对人际环境的具体要求还没有考虑，只要能发挥具体专长就好。"

（9）尽量体现机智、果敢和敬业。"你如何胜任这项工作？"回答此题应体现出面试者的诚恳、机智、果敢及敬业。如是应届毕业生，可以说"作为应届毕业生，工作经验会有欠缺，读书期间我一直利用各种机会在本行业里做兼职。我发现实际工作远比书本知识丰富、复杂。

但我有较强的责任心、适应能力和学习能力，比较勤奋，兼职中均能圆满完成各项工作，从中获取的经验也令我受益匪浅。请贵公司放心，学校所学及兼职经验，我相信自己一定能胜任这个职位。"如是已有工作经验的人，可以说"自己可利用之前的工作经验和成果，为公司创造更大的价值。我热爱学习，遇到问题会用以往的经验进行解答，同时，会虚心请教同事，对本问题进行复盘，从而思考如何优化解决。"

（10）注意倾听。倾听是基本的沟通技能。面试中通常是应聘者讲得多，听得少，但千万不要忽视倾听。当面试官讲话时，应聘者认真倾听、积极反应的行为，会让面试官产生良好印象，否则要求面试官再说一次，就有点难堪了。应聘者认真倾听后，才能向面试官提出高水平问题。

（11）注意仪容仪表，穿着大方得体、妆容适宜。对考官的态度要端正，不卑不亢，自信大方。注意礼貌是对面试官的尊重，加强面试官对自己的第一印象。

（12）面试前，深入了解报考单位和工作岗位的相关信息，对报考岗位的工作性质、内容、优秀人物事迹或自己的职业生涯规划等，在回答中清晰表达。充分了解参加面试的单位和该单位所属的行业和产业，面谈时能找到适当途径，谈论该行业未来的发展前景、存在问题，对自己的求职会大有帮助。了解当前社会工作的热点，熟知面试公司和公司老板的有关状况，不妨在面试中巧妙点出并适度表示自己的敬意。提出到公司后的打算和构想，让考官明确你对未来的工作已经有深入思考。

以上是面试经验总结的 12 个技巧，想要成功面试，一定要做好充分准备，多查阅应聘岗位和公司的资料，对自己的简历熟记于心。面试时真诚、耐心地应对每个问题，成功征服多数面试官。

（四）公务员面试测查哪些能力

面试时要答题自信、流畅和规范，但最终比拼的还是能力，全方位能力考查已成为当前面试考场的重头戏。能力考查有以下几项。

（1）价值观考查是前提。从历年面试例题不难看出，公务员考查的话题，会紧密围绕党和国家的宏观方针政策及当前的热门社会事件。考生的作答自然会涉及价值观的判断。如"谈理解和看法""阐述适当的理由"，都会在很大程度上影响考官对考生价值观的评价。

（2）认知能力考查是关键。在实际面试中，认知能力考查比较普遍。如在"谈理解和看法""谈启示"等题目的面试作答中，充分体现了对考生认知能力的全面考查，考生要向考官展示良好的认知能力，全面、深刻地分析话题的内涵、影响、缘由及相关要素。

（3）解决问题能力考查是重点。考生通过面试后的未来走向，大都是基层工作岗，需要的是解决基层社会问题的能力；先有价值判断的考查，接着是认知能力的考查，落脚点在务实解决问题能力的考查。了解考生对政治理论的理解、分析和落实能力，会帮助考官更精准地筛选人才。这是备考环节解决问题能力的培养和训练的重中之重。

二、职业转换

职业转换中需要考虑的因素是什么，是否需要在职业和工作单位之间频繁转换，转换中又有哪些注意事项需要把握，这种职业转换可以为自己带来的好处是什么，又需要为之付出怎样的代价和成本，都是需要关注的问题。但在现实生活中，这一话题司空见惯。通过本章所附案例来进一步思考。

三、职场辞职

目前大学生就业很少有一次定终身者，辞职也是经常的事。或许对目前的职位感到焦躁烦闷；或在本岗位工作多年，已经缺乏了初始的激情，想换个新的行业和角色；或许感觉自己能独当一面从事自由职业，试图创业大干一番。如确定真要辞职，先想清楚并询问自己以下问题：①我现在供职的组织适合我吗？②我现在的职位适合我吗？③我在遵循的职业发展路线符合理想吗？如几个问题的答案都是否定的，或认真思考过的，就说明需要找新的机会了。

（一）你是真心想辞职吗

（1）仔细考虑目前所在单位内部的动向，仔细考虑推动你改变职业的缘由是什么。也许你发现同事接连离职，公司利润下降，某些变化在不知不觉中无理由发生。这说明工作单位可能出现了某些问题，应去其他地方寻找相似职位。

（2）你在现有岗位已经没有了学习、成长、进步的机会，或同事之间倾轧、内卷严重，或上司与你关系处置紧张，有意阻碍你的事业发展。这种情况下，现有工作已不合适自己，除非自己能异军突起，正常情况下，应当去其他公司换个新的职位。

（3）自己是真的准备好辞职了吗？假如还没有，就先专心积累工作经验、提升专业知识技能和拓展行业人脉资源，以便在不久的将来再向前迈进一步。最好的情形是，在本行业内展露头角、名声在外，不需要办理辞职，同行就开始挖墙脚或猎头公司的眼光就已经对准你了。

（二）辞职的缘由

某人说，提出辞职之前，可考虑自己与组织间的问题能否补救，建议鼓起勇气与上司谈谈自己的疑虑。如公司通知员工在办公室工作，而你希望继续居家办公，询问领导是否可以特批，辞职前多问一句没有坏处。如你觉得单位缺乏晋升空间，可要求参与有兴趣的项目或接受新技能发展的培训，而非急于辞职。

很多人辞职的主要因素是薪水，如你觉得每月的报酬过低，或自己获得了新的技能和经验，职场竞争力大幅增强，单位应当为自己加薪，可有理有据地说明加薪的理由。此时解决问题是正道，而非急于辞职。再如，考虑好转换工作需要为此付出多大的代价，由此又可以从中得到多大的收益？

如上司或职场文化糟糕，每天都过得很痛苦，加薪也无济于事，不必非坚持留守旧单位不可。如工作中感到身心不安，每天都害怕去上班；整日揣摩上司花费的时间和精力，比工作本身还要劳累；工作带来的压力已扩散影响到整个生活；自尊心已掉到谷底等，不要指望情况会自行好转，应允许自己换工作，辞职离开单位是必须的，但要克服对辞职的恐惧。

（三）是否需要先找好下家再辞职

辞职后到何处就业，是否已经找好了新的、自己满意的单位和工作岗位，辞职后就能顺利上岗高就。如果下家并没有找好，只是自己头脑发热而随意辞职，就会变得很被动。专家建议一般不要裸辞，特别是面对职场一筹莫展时。如家底丰厚，允许较长时期不去工作，可以安排这段时间旅游度假、放松心情，或参与新职业技能的学习充电，重新武装自己。要分析无业期可以持续多久，切勿发生经济危机。

两种情况下可以不确定马上辞职，其一，公司内部正发生某些违法乱纪之事，担心自己会因此受到牵连（但你自己是否已卷入其中，要辞职以借故逃离。如答案是否定的，就不必用别人的错误来处罚自己）；其二，目前的工作对你的健康和日常生活，是否产生不良影响。如答案同样是否定的，也不必急于辞职。

提出辞职之前，应明确自己何时、如何辞职，让谁当联系人，还有最重要的，如何对雇主说明自己的辞职原因。

（四）辞职的决定首先应该告诉谁

在决定要辞职之时，先告诉自己的上司。也许跟关系密切的同事交谈过，但不要告诉任何会将此事泄密的人。毕竟不希望上司在解释原因前发现员工要辞职。即使跟上司关系不好，也要记住未来的雇主可能会联系现在的上司，询问员工在原单位工作的情形。离职时尽量给单位留下好的印象。

做出最终决定后应尽快告诉上司。想晚些时候再开口，但不想给团队增添压力；已经得出辞职的结论，认为离开是对自己最好的。推迟宣布这个结论，只会进一步影响心理健康。大部分上司都希望员工的离职能尽量提前通知，避免影响单位的正常工作。

（五）应该给出怎样的辞职理由

辞职时的坚信、诚实、坦率是好的，但辞职前的谈话不一定要完全坦白。如辞职的缘由是讨厌上司，或上司对离职员工有看法，就更是如此。"明确辞职是你转变职业目标使然，如你归咎到好聚好散的对方身上，可能会引火烧身。你肯定不乐意失去别人对你的正面评价，故此，不要将错误归因于上司"。

既然不能说"我在这里工作很痛苦，所以提出辞职"，就把自己想做什么作为离职理由的重点：想换一种工作、想换个行业，或者只是觉得需要有所改变。

（六）应提前多久通知单位

应提前多久通知单位，惯例是至少两周。多留段时间协助交接，具体留出多长时间，则取决于所在公司的级别。"级别越高，给工作收尾需要的时间就越长，还要给接替的人做培训，如可能的话，要留出近一个月的时间。"理想状态是留出足够的时间，让上司和同事不至于觉得离职的人甩下了一个烂摊子。

（七）离职前应做什么事

告知大家自己辞职之后，还有两件事要做：协助交接自己的项目和职责；与希望保持联系的同事巩固关系。

交接工作的形式可以是协助招聘接替自己的人，或与上司商量接手项目的具体人选，将未完成的项目托付给同事。要让上司和同事感到体贴、责任和专业。

分出部分时间与同事交流，与自己的直接上司、导师和关系密切的同事一对一交流，出去聚餐或喝咖啡，表明以后想继续保持联系，并感激他们给予的机会和学到的东西，争取给大家留下好印象。

（八）与前同事保持联系

踏出新的一步后，需要将大部分精力投入到建立自己的新关系，但也不要与前同事失去联系。要与可信赖的朋友、同事和顾问保持长期联系。某些受到苛待的员工会以戏剧化的方式辞职离开，这并不明智，花点小心思有助于更顺利地完成过渡，且让人际网络在未来仍能继续发挥作用。

本章小结

1. 制订成功的职业计划有正确的前提，明确目标及职业理想作为职业指导。职业选择是人生道路的重大抉择。在职业生涯规划的过程中，测评工具的选取、职业目标的确定、行动方案的实施和技术操作、职业选择的指导思想和意识观念、国家和社会提供相应的外围环境条件等，都是重要的前提条件。

2. 个人职业生涯发展形式多种多样，便于为不同类型员工的职业生涯设计有差异的发展路径。为"纵向发展""横向发展"和两者的混合运用"双重阶梯"。多种晋升方式让员工在职业工作中有足够的上升空间。

3. 大学生毕业时有国内深造、出国留学、自主创业、自谋职业和灵活就业等多种方式，自谋职业又有到企业公司任职、考公务员、到有编制的事业单位工作等路径。

4. 大学生的职业选择倾向受其就业动机支配。就业动机可归纳为谋生型、创业型和贡献型3种，影响大学生对未来职业的选择。

5. 指导大学生萌发创业意识，培养学生的创业技能，掌握自我创业的知识，形成自我初步创业的能力，最终获得较好的创业成果。

6. 职业转换需要考虑哪些因素，是否需要有这种频繁转换，转换中有哪些注意事项需要把握。对自己带来的好处是什么，又需要付出何种代价和成本，需要十分关注。

思考题

1. 今天倡导大学生创业，探索鼓励和倡导大学生创业的缘由，对大学生的成长有何价值和意义？

2. 在职业生涯路径的设立中，是选择大公司或是小企业，你对"鸡头与凤尾"的观点评判和选择如何？

3. 大学生在职业生涯设计中，还有哪些你知晓的缺陷，如何予以矫正与防范？

4. 大学生创业与正常就业，其间的利弊如何予以评价和分析？

练习题

1. 你如何看待今天大学生就业中出现的职业频繁转换现象，职业选择随意，辞职也随意，如何予以矫正？

2. 你如何认知职业生涯规划的具体步骤，是否可以在其中减削某些环节？

3. 走访曾经的学长，目前从事创业的状况如何，有何经验和教训？

第八章补充资料

第九章

职业生涯规划师

（一）本章学习目标

（1）把握：职业生涯规划师、职业生涯规划师协会、职业生涯规划和教育等的相关概念。

（2）理解：职业生涯规划师的认证、适用对象、职责和条件，职业生涯规划师协会的职责与宗旨，课程培训内容。

（3）了解：职业生涯规划师的优越性，中国职业生涯规划师协会的教育服务对象，职业生涯培训的成果等。

（二）教学重点与难点

（1）教学重点：职业生涯规划师、职业生涯规划师协会、职业生涯规划和教育的概念理解与把握。

（2）教学难点：对以上概念在现实职业生涯规划师教育培训生活中的运用。

职业生涯规划师作为专门从事职业生涯指导培训服务的专门人士，今天已经分布于各个高校和社会，成为一种大有前途的新职业，受到社会的极大关注。这里就职业生涯规划师的职业状况、培训服务方式与发展前景等，予以探讨和说明。

第一节　职业生涯规划师状况

一、职业生涯规划师概述

（一）职业生涯规划师的含义

根据国家《职业生涯规划师》的定义是：职业生涯规划即运用心理学、社会学和管理学等专业知识，以职场人士和大学生等准职场人士为服务对象，运用科学的方式为其制定人生的目标、职业规划发展方向和具体行动方案，提升职业自信、完善生活和工作中存在的不足，解决其在学习、工作中的各类问题。

职业生涯规划师（career planning of teachers）认证，是国内首个标准化的资格认证体系，职业生涯规划师是专门培养员工的职业发展、职业生涯规划和职业咨询领域的专业人员。个人获取了此项认证书，表明已取得了职业生涯规划、职业咨询领域的专业资格，具备了相应的专业能力，同时也意味着加入了全国职业生涯规划专业人员的俱乐部。

需要说明，职业生涯指导师能够做到的，并非给出现成的标准答案，也非直接帮忙找一份理想工作，而是用一套科学的指标与方法，洞察一个人的内心，激发人的潜能和目标，在漫漫的职业海洋中，找到最适合的理想和职业方向。

（二）职业生涯规划的理论依据

职业生涯规划的理论依据，主要表现为人本主义理论和生涯规划理论。

（1）人本主义理论。人们都向往美好，向上向善，愿意让自己的人生价值实现最大化，使个人的潜能得到更好的发挥，走向事业的成功与辉煌。职业生涯规划正是依此为服务宗旨，为客户提供应有的优质服务。

（2）生涯规划理论。个人一生的生涯运行，如什么时间做什么事，这些事情应当如何操办，乃至抱着什么样的心态来操作等，才最为科学合理，其间大有规律可循。通过科学的职业规划，可以让人的一生运转得更为合理、高效，更易有所建树。或者说，当一个人对自己的一生加以评判时，所感觉的遗憾和不足也应是最少的。

（三）职业生涯规划师的特点

1. 自助助人

职业生涯规划师的核心理念是"自助助人"，是个高尚的职业。该理念要求生涯规划师注意"自我成长"，就是运用所学到的知识技能，先解决好自己的问题，再用人生智慧帮助周围的人。在如今飞速发展的社会中，每个人都会遇到职业进步乃至职业转换、调整的问题。职业生涯规划师必须先处理好自己的职业生涯问题，具有较高的职业生涯成熟度后，才能更好地服务于客户。在为客户提供服务中，也增加阅历和成长。

2. 资质要求

职业生涯规划师需要具备较高的资质要求，具备相应的知识结构和能力才干，达到以下规定的条件：①硬性条件有：大学本科以上学历，工龄 8 年以上，年龄 30 岁以上，属于经理/总监以上级别，或在某领域有资深独到研究的技术工作者；②软性条件是：乐于助人，有较强的学习能力和职业道德观，有丰富的工作经验；③知识结构有：掌握职业生涯的系列理论及实施模型，懂得人力资源及企业管理知识，拥有必要的心理学知识，具有跨行业和跨领域的知识结构；④能力结构有：咨询服务技术，信息搜索、资源获得与分析能力，个体与群体测评技术，相关研究与职业评价等。

3. 市场潜力

在如今的市场经济体制下，人们职业选择的权利和范围都在不断增加，职业的迁移和调整更是家常便饭，几乎不会有人像以前那样抱着"从一而终"的想法。据统计，美国的一个劳动者一生平均要更换 7.2 份工作，该数据还处于不断上升状态。我国的劳动力工作状态的切换，虽然不如美国那么多，但也出现明显上升趋势。伴随着生涯规划概念逐渐为大众所接受，市场潜力日渐增大，生涯规划师的就业前景更加明朗。

4. 阶段性需求

人们的不同年龄段，只要有职业的自我选择和自我成长，都会遇到不同的职业生涯规划问题。少年时代有亲子关系的话题；18 岁有报考哪所大学和选何种专业的话题；进入大学后要考虑学业规划，大学毕业时还有到何处何单位就业的职业规划；就业后要注重职业的进一步拓展；中年期有生命和职业愿景需要予以实现；老年期则要考虑退休后的养老规划。根据业内专家的看法，18 岁的专业选择、22 岁的职业选择和发展、中年期的职业进步和老年期的退休养老规划，都需要认真规划。

5. 职业缺口

职业生涯咨询市场的供求关系，存在供不应求的巨大缺口。一般来说，一个职业生涯规划师平均面对 3 000 个服务对象。中国有世界上最为庞大的近 9 亿人的劳动力市场，假设每 3 000 名劳动者需要 1 个生涯规划师，就是 30 万人的需求量。现今我国拥有职业生涯规划师资格认证者，只有 1 万人，经验丰富的生涯规划指导师不到千人。这说明该职业的未来发展前景巨大。

二、职业生涯规划师的资格认证和适用对象

（一）职业生涯规划师的资格认证

职业生涯规划师的申请、认证，对教育背景及专业经历的要求较高。要求申请认证该项证书的人员，主要是具备职场经验的企业中高层人士。为此，需要接受至少 160 学时的专业性、实战性、系统性、国际性的中国职业生涯规划师（CCDM）的培训。

该考核主持的单位为中国职业生涯规划师协会，统一组织考核的时间分为每年三月份和九月份两次。具体考核的内容为：两个实际咨询案例+论文+理论试题考试；考试成功者获得中国职业生涯规划师证书。

（二）职业生涯规划师的服务对象

（1）人力资源主管、经理、企业内部培训师、猎头等。这类人从事的工作与职业生涯规划密切相关，人力资源部门的从业人员可借助生涯规划的专业知识与技能，为本企业的员工提供完善到位的服务，帮助员工的职业生涯发展，使之与本企业的文化更加契合，帮助企业留住并培养适合的人才。

（2）企业中高级管理层。公司经理、公司人力资源管理部门，尤其是与员工职业发展、招聘、培训、绩效考评相关的人员。中高层管理者的任务，就是用好企业的人才。如今价值观多元化的时代，薪水不再是高端人才看重的唯一标准，他们会更多地重视自己其他方面的潜在收益，如发展机会、企业文化、身负各种角色的平衡等。全面了解所处阶段的职业需求，可更好地留住人才，降低企业用人成本。

（3）心理学教师及从业者。生涯规划最早脱胎于心理学，这方面专业人才转入生涯规划行业有很大的学科优势。能够前往接受生涯规划咨询的人员，大都是事业积极向上，希望过上更好生活，拥有更好的人生状态。心理负面程度不会像心理咨询客户那么严重，生涯指导师遇到的压力会小得多。

（4）高校就业指导中心、MBA 职业发展中心、院系就业指导教师及相关领导、班主任、辅导员。现今大学生就业难的问题持续凸显，政府对大学生的生涯规划指导十分重视，就业率成为各高校考评的重点工作之一。生涯规划指导与教育，能有效提高高校毕业生的就业率，提升大学生对学校工作的满意度。

（5）人才市场中从事和准备从事职业生涯规划、职业教练、职业顾问、职业咨询工作的人员。人力资源服务机构、职业介绍机构、劳务派遣机构的从业人员；各行业中有相关经验的专业人士。很多人在其所在行业都具有丰富的经验与工作资历，这些人转行到职业生涯规

划领域时，原本积累的规划知识与专业能力相结合，会给同行业人员提供可靠且有力的支持与帮助，是该行业生涯规划需求者的首选。

（6）希望更好地规划自己职业生涯的在校大学生和职场白领人士，这是职业生涯规划的主要服务对象。

（三）职业生涯规划师的就业方向

职业生涯规划师的主要就业方向，包括以下方面。

（1）职业生涯规划咨询、职业生涯规划服务相关的职业，包括：①职业生涯规划师、生涯咨询师、生涯顾问、生涯指导师（称呼不同，其实质基本相同）；②高校就业中心的指导老师、院系学生辅导员；③MBA职业生涯规划发展中心的顾问；④提供职业生涯辅导服务的心理咨询师。

（2）职业生涯规划教学或相关的职业培训，包括：①学院提供职业生涯规划教学的相关老师；②MBA项目提供职业生涯规划教学的老师；③面向员工职业生涯规划发展提供培训服务的培训师。

（3）供职业生涯规划发展咨询服务的相关职业，包括：①提供面向员工职业规划服务的人力资源总监、员工职业生涯发展专员等；②为企业提供职业更好咨询服务的管理咨询师。

职业生涯规划师的就业领域包括：①自己成立职业生涯规划工作室，作为终身事业来做；②公共就业服务机构，如人才服务中心、职业介绍所；③个体或民办机构，如专门的职业测量中心机构、猎头公司，作为企业培训的套餐推出；④大学的学生就业指导处，为本校学生提供求职点评指导服务；⑤公司人力资源部，对本公司员工进行岗位测评。

三、职业生涯规划师的职责和应履行的规范

（一）职业生涯规划师的职责

（1）对前来要求提供服务的个人或客户实施生活与职业的目标指导，为其传授寻找工作的理念、策略和技术方法。

（2）测评、分析客户的知识能力和职业兴趣爱好等，协助客户提高职业生涯规划与决策的技能。

（3）为客户提供宏观和微观的各种职场的数据指标，帮助其更好地了解职场的现状和未来发展趋向。

（4）帮助客户制订个性化的职业生涯发展计划（这里只是提供帮助，而非包办代替）。

（5）帮助客户正确了解该职位的全貌和该岗位对员工的要求，以及个人在生活或职业中担负的角色。

（6）帮助客户应对工作、生活中的压力，克服失业或职业转型中的挫折。

（7）提高客户的处事、沟通及其他与职业相关的技能，帮助其解决现实或潜在的工作困难。

（8）帮助企业建立员工的职业生涯管理和服务的体系。

（二）职业生涯规划师应履行的规范

（1）能力。职业生涯规划师为客户提供职业生涯规划与发展层面的咨询辅导服务，而非心理咨询或心理治疗，需要清楚自己拥有能力可施展的范围，会局限于哪些方面。咨询师只

能在自己的能力和服务范围内，为咨询者提供服务或使用相关技术。

（2）保密。对来咨询者的档案及信息资料严格保密，平衡咨询者和自身机构需求的关系。

（3）守时。提供咨询时，应比约定时间提前一些到达咨询服务的场所。

（4）回避。当出现某些事项可能影响到咨询服务的保密原则，或涉猎到某关联方的利益关系时，职业生涯规划师应自动回避。

（5）用心。①熟悉相关资料，不犯低级错误；②了解问题存在和出现的细节；③分析事情的前因后果；④认真负责，责任心强；⑤建议有根有据，具备可操作性。

（6）互助。职业生涯规划师应与上司和同事维持良好的工作关系，团队互助合作，逐渐形成自己的智囊团。

（7）道德。职业生涯规划师提供的服务，包括信息咨询、课堂指导、公开课/演示、文章和媒体采访等，符合职业道德规范的要求。

（8）后续教育。职业生涯规划师需要通过继续教育和日常大量的工作实践，不断提升自己的业务能力，改进咨询服务的质量。

（9）申请帮助。职业生涯规划师怀疑咨询服务的内容超出自己的能力范围或业务范围时，需要立即向督导请求帮助。

职业生涯规划师从业过程中必须认真履行上述 9 大从业规范，为客户提供专业、贴心的服务。

（三）职业生涯规划师的发展路径

职业生涯规划师对前来咨询的客户提供精准到位的服务，是业务经营的根本，最终成为一名职业生涯规划名师。成长路径是：CCP 生涯规划师认证—CCDM 高级职业生涯规划师认证—BSC 职业生涯规划咨询导师—CPTT 职业生涯规划讲师。

众多人士选择学习职业生涯规划课程，学完后又继续学习 CCDM 高级职业生涯规划师课程，成为专业的职业生涯规划师，不仅自己做着有意义的事，还能帮助更多的人找到适合他们的有意义的职业。大家在考虑自身特点、精力分配等情况下，应当尽可能地具备咨询、写作、讲课三大核心技能，并做全面拓展，在成长道路上获得更多机会。表 9-1 为职业生涯规划师职业素质评价指标体系，表 9-2 为职业生涯规划师各成长阶段及主要任务。

表 9-1　职业生涯规划师职业素质评价指标体系

维度	指标	具体内容
知识	教育学知识	教育基本理论、教育要素、教育目的、教育功能、课程与教学、学校和专业、教育政策与法规等
	心理学知识	学生认知发展理论、精神分析理论、人格发展理论和学习理论等
	生涯规划理论知识	特质理论、霍兰德理论、多元智力理论、价值体系和决策理论等
	专业规划领域知识	规划意识、系统分析、风险评估和计算、职业生涯规划与学业生涯规划概念、要素、现状与意义等
	搜集与管理升学就业信息	搜集与管理学生与价值信息，各高校和专业的选考科目要求、最新招考政策和就业等信息

维度	指标	具体内容
能力	测评工具使用	学生升学与就业指导测验、职业兴趣测评、职业能力倾向测验等测评量表的使用、结果分析和解读
	咨询与辅导	咨询辅导方式与技巧、个人辅导与团体辅导活动的安排与设计
	学业决策指导	理解职涯规划和学业规划的联系，指导学生科学合理地选择课程，选考科目和报考大学及专业等
	学业管理之道	了解学生的一般心理特点和认知特点，组织学习方法、学习策略和学习时间管理等指导
	沟通与合作	掌握沟通原则与技巧，能与学生和家长合作开展学业生涯规划工作
态度	职业认知与理解	认识学业生涯规划师职业特点，明确规划任务与职责，理解规划专业守则及职业道德规范
	专业守则与职业道德	自觉遵守学业生涯规划师工作原则和职业道德规范，喜欢该工作，有较高的工作积极性
	职业认同与职业理想	热爱学业生涯规划事业，认同该工作的内容和规范，具有职业理想和敬业精神，享受工作的意义和价值，追求自我价值实现

表 9-2 职业生涯规划师各成长阶段及主要任务

成长阶段	时间	知识	能力	态度
新手阶段	1～2 年	学习理解教育学、心理学、生涯规划理论、专业规划领域等知识	学习与尝试运用学业规划师核心能力与技巧	认识和熟悉学业生涯规划师的职业特点、工作原则及内容
胜任阶段	3～5 年	基本掌握和运用学业生涯规划理论和知识	基本掌握学业规划所需核心能力，能试用测评工具，并分析和处理测评结果	在学业生涯规划中能遵循专业守则与职业道德
业务精干阶段	6～7 年	熟练掌握并灵活运用学业生涯规划理论知识，熟知该工作的过程、内容与细节	熟练掌握并灵活运用学业生涯规划所需能力与技巧，能从容处理各种复杂情况，开展针对性咨询与辅导	有较强烈的职业认同感，喜欢自己的职业，工作热情足，积极性高
专家阶段	8 年以上	总结学业生涯规划经验，提炼生成新的规划知识和理论，独立开发生涯规划课程	善于分享学业规划经验，能独立开展学业生涯规划师培训，积极探索新的规划方法与技巧	具有职业理想，享受工作的意义和价值，追求自我价值实现

四、职业生涯规划师的优越性

（一）发展空间大

据全美职业发展协会 NCDA 统计，有 43.7%的职业工作者表示自己处于职业迷茫与困惑状态。美国的职业"跳槽者"中，有超过 37%的人接受过职业生涯规划咨询服务。国内职业生涯规划领域的人才需求越来越大，从事职业生涯规划、职业指导的专业人士数量有限，全国大约有 1.8 万个职业介绍所，10 万名从事就业服务的人员，已取得职业指导师资格的只有

1 万人，高级职业指导师不足千人。

随着职业世界多样化，职业困惑的人群呈现逐渐上升趋势，相对庞大的就业人群和巨大的社会需求，这一数量远远不能满足需求。从业人员中接受过专业培训的少之又少，精通国内外先进职业生涯规划理论和实践的高级人才，更是凤毛麟角，具备专业素养的职业生涯规划师供不应求。生涯规划行业是我国新时代很有发展潜力的热门行业。

（二）社会地位高

职业生涯规划师用自己的专业知识帮助他人寻找合适的职业，帮助其设计幸福人生的蓝本并实现人生的梦想。职业生涯规划师的介入，使许多公司的岗位找到了真正适合并热爱这份工作的人选。职业生涯规划师就像老师和医生一样，用自己的专业知识和能力帮助大家走向成功，为社会作贡献，是值得人们尊敬的高尚职业，享有较高的社会地位。

所谓丰厚的回报分为 3 个方面，即物质上、精神上和感情上的回报。

（1）物质。职业生涯规划师的身价不菲。按照行内标准，中级职业生涯规划师每成功完成一个案例的收费是三五千元；高级职业生涯规划师一个案例的收费，可达到 8 000 元。从事规划工作越是成功，收入越是丰厚。

（2）精神。职业生涯规划师的辛勤努力换来客户满意的笑脸，看到他们一扫阴霾，找到职业发展方向，也会由衷地感到满足，感到个人价值得到最大限度的发挥。有此一技之长就有了铁饭碗，价值只会随着年龄的增长不断增值。同时，身为生涯规划师，会比较深入地介入个人生命之中，和客户一起经历人生的蜕变与成长。

（3）感情回报。当一个人在职业发展中不尽如人意时，职业生涯规划师适时地拉他一把，将会是多么感激。曾经受过职业生涯规划师帮助的人，会对此心生感激和尊敬。好老师会被无数学生铭记心中，尽责、专业、有爱心的职业生涯规划师，也会被无数人记在心中。

（三）自我职业完善

职业生涯规划师时常会遇到许多陷入职业生涯困境或碰到若干问题的人，在帮其迈向成功的同时，自己也会从中学到很多。他人成功的经验可以学习，失败的教训也可以借鉴。职业生涯规划师帮助别人解决问题时，所接触的案例逼着他们去思考，去消化客户身上的优点，帮助客户反省和思索自身的缺点，自己也能做到一日三省。所谓世事洞明皆学问，人情练达即文章。久而久之，职业生涯规划师也会有更多的领悟，职业发展必将更加顺畅。即使日后不再从事这份职业，已有的从业经历也会使得一生受益匪浅。

职业生涯规划师实行持证上岗，门槛不低。除相对丰富的职场经验外，必须经过专业培训和能力训练，更需要有长期实践的磨炼。

（四）职业稳定

很多职业对人的精力体力的要求很高，看似每年收益颇高，但工作寿命有限，被称为"吃青春饭"。职业生涯规划师像医生、律师一样，年龄不会成为执业门槛，在行业呆的时间越长，接触案例越多，就越是经验老道，越是吃香。做得时间久了，成为该行业的专家，名气也会越来越响。该职业可以终身从事，提供长期稳定发展的通道。生涯规划师可称为立足国际、扎根本土，让生涯规划知识落到实地，切实用到工作和生活，帮助员工实现生涯精彩运作。

（五）高自由度的职业安排

职业生涯规划师的工作时间安排人性化，可享受较高的自由度。客户通常需要提前预约，在一定程度上是自主选择工作时间。对向往自由生活、不愿受限制的人来说不失为一种好的选择。职业生涯规划师的工作一般是按案例运做，兼职也是不错的选择。

（六）风险有保障

做职业生涯规划咨询有风险，客户几乎是将自己隐私的职业经历完全告诉给职业生涯规划师，希望其能用专业咨询手段，帮自己分析和职业定位。但如该规划师的功力不足，很可能会将客户引导到错误方向，使得一切努力白费，造成客户不可估量的损失。确保职业生涯规划师具有足够的专业资质，至关重要。

经过近十年的发展，伴随着生涯规划意识逐步深入人心，中国职业生涯规划的发展，将越发受到人们的广泛关注。

第二节　中国职业规划师协会

中国职业规划师协会（China Career Development Mentor Association，CCDMA），2009年9月18日成立于香港特别行政区，是由职业生涯规划咨询专业机构、具有专业资格的职业生涯规划师和资深专家、学者自愿组成的，是全国性的职业生涯规划行业协会，是经中华人民共和国香港特别行政区政府依法核准的专业社团组织。

一、职责与宗旨

（一）主要职责

（1）发挥桥梁和纽带作用。加强专业机构及有关政府部门与会员之间的信息沟通和业务联系；协调会员之间的关系，促进共同发展；联系其他行业组织，促进职业生涯规划市场同其他要素市场的相互贯通。

（2）加强行业自律与管理。通过制定有效的行业规范，开展诚信建设，促进公平竞争，维护市场秩序，维护会员的合法权益。

（3）为会员顺利拓展业务提供服务。根据市场变化和会员的需求，适时组织专业培训，帮助会员提高整体业务素质；加强职业生涯规划师专业队伍建设；编辑协会刊物，为会员交流沟通信息提供平台。同时，举办各类专业培训班和研讨会。

（4）开展职业生涯规划理论研究。结合工作实际，不断研究新情况，认识新规律，总结新经验，创立新理论，举办相关的研讨会和专业论坛，帮助会员及时了解国内外职业生涯规划行业的发展态势，追踪国际职业生涯管理理论的前沿，推动职业生涯管理咨询体系建设。

（5）加强国际间的交流与合作。开辟与国际有关职业生涯规划组织的联系渠道，寻求广泛的国际合作项目；引进国外先进的职业生涯管理咨询经验；组织会员与国外专家的交流活动，实行国际互动和双向交流。该协会在全国多个省市设立办事机构，致力于为协会会员提供行业研究、专业提升、认证考试、后续教育、热点讲座等服务。会员分布在全国各个职业生涯管理及就业服务重要部门，是国内权威的职业生涯规划师专业组织。

（二）建设宗旨

中国职业规划师协会以"专业、责任、服务"为根本宗旨。以推进中国职业生涯规划事业健康快速发展为己任，通过整合国内外相关专家资源，规范行业标准，培养专业人才，推动行业发展，服务人才资源。团结各级各类从事职业生涯规划事业的机构、团体和个人，加强行业内自我规范、自我监督、自我管理、自我发展；遵守宪法、法律法规和国家政策，遵守社会道德风尚；维护行业利益，反映会员呼声；开展职业生涯规划、管理、咨询的理论研究、学术交流和业务合作，促进职业生涯规划事业发展，为我国社会主义现代化建设作出贡献。

二、教育服务对象

（一）教育培训对象

（1）与职业咨询、职业生涯规划服务相关的职业，包括：①职业生涯规划师、职业咨询师、职业顾问、职业指导师；②高校就业中心老师、院系辅导员；③MBA 职业发展中心的职业发展顾问；④提供生涯辅导服务的心理咨询师。

（2）与职业生涯规划教学或相关的培训职业：①学院提供职业生涯规划教学的相关老师；②MBA 项目提供职业生涯规划教学的老师；③提供面向员工职业发展培训服务的培训师。

（3）提供职业发展咨询服务的相关职业，包括：①提供面向员工职业发展服务的人力资源总监、员工发展专员等；②为企业提供职业发展咨询服务的管理咨询师。

GCDF 对申请人的教育背景及专业经历要求较高，需具有本科以上学历及 2 年职业生涯规划相关领域工作经验，或专科学历及 3 年相关工作经验。申请人的资历包括：①各级领导者与公司老板；②部门主管与人力资源管理人员；③社会职员与普通员工；④从事教育工作的老师、教辅人员；⑤专职生涯规划指导人员；⑥各位家长与高校学生；⑦心理咨询、辅导人员；⑧立志于从事生涯规划设计的各界人士。

按照职业生涯规划的标准提法，众多的职业按其发展前景，可以分为曙光行业、朝阳行业、成熟行业和夕阳行业四类。职业生涯规划业目前属于前景美好的曙光行业，何时能成为朝阳行业还需要考虑市场的拓展。职业生涯规划师的就业观是："在自己喜爱的领域里发展。"从业人员多数在自己的专职领域里已经取得了一定的成就，并不把赚钱放在第一位，故职业的快乐度比较高。

（二）适合人群

（1）职业生涯规划从业者：从事或准备从事职业生涯规划、职业生涯教育、高考志愿、学业规划、职业咨询者。

（2）企业各级管理人员：人力资源从业者，包括人力资源主管、经理、企业内训师、猎头等。

（3）院校体系从业者：各类院校职业（生涯）规划讲师、招生、就业、升学指导中心老师、辅导员、班主任。

（4）有兴趣的职场人士：有大学专科及以上学历，并有一定职场阅历者，有申请资格。

（5）自我提升者：希望获得更好更快职业发展的中高级职业人士。

（6）职业生涯规划师：成为商业标准级别的实战型职业生涯规划师，具备师资级专业资质。

（7）猎头顾问：一种导师级猎头顾问形象，一个无缝对接的全新事业机会。

（8）管理者：以职业生涯规划导师的专业身份和方式激发员工成长，促进组织发展。

（9）人力资源从业者：成为员工的职业生涯规划导师，促进主业发展的新职业机会，尤其适合招聘、培训、员工发展的猎头、职介等。

（三）协会培训对个人的要求

（1）具有对这份职业的热爱和愿意投入这份事业的热诚，有助人的技巧。

（2）熟悉劳动力市场、职业信息及发展趋势，并能使用这些资源，在咨询时结合市场的动态为来询者提供符合社会变化的建议。

（3）在咨询过程中，能根据不同的群体选择并实施正式及非正式的职业测评和评估工具。

（4）能识别各类人群的不同需求，根据客户的需要提供相应的服务，在特定领域内为其从事特定的工作出谋划策。

（5）遵守职业生涯规划师的行业道德规范，拥有个人魅力，大大提高职业生涯规划的可实施性。

（6）掌握职业发展的理论和实施模型。熟悉职业发展领域的相关理论、模型和技术，并将上述内容灵活运用于职业生涯规划活动，为来询者提供适当的可实施的宝贵建议。

（7）精通职业生涯规划流程，熟悉助人的基本技能并能在与咨询者的互动中加以运用，针对不同的情况和个案提出有建设性的建议。

（8）了解各行业的求职技巧。熟悉包括针对特殊人群的各种求职方法及工作安置的技术。

（9）理解和应用职业发展的计算机技术，运用高科技和大数据分析方法，为来询者提供基于技术层次的较为准确的职业生涯规划建议。

（10）了解与熟悉与职业规划相关的法律法规，为客户提供符合法律法规的职业生涯规划。

三、职业生涯培训课程

职业生涯规划师需要心理学、社会学方面知识，更需要对社会诸多行业有相当深入的了解，对社会阅历的要求非常高。

（一）培训课程总况

根据 NBCC 的培训计划，要成为一名合格的 GCDF，必须"过五关斩六将"，接受职业生涯发展理论、咨询技巧、服务与推广、道德标准、案例分析等八大模块 80 学时的培训，经过拥有技术评估、沟通技巧并通过高难度的考试后，才能获得 GCDF 证书。

具体内容包括：2 条核心理念，3 大应用领域，7 大理论模型，8 项简快技法，共 12 个主题，60 个知识块，3 个案例研习，8 大模块，60+ 知识块，200+ 技术要点。最终从专业、学校、政策到实战和展业，成为具备系统方法论的实战型规划与咨询辅导专家人才，获得高级职业规划师证书并持证执业。

该课程体系共分为六大系统，具体如下。

第一部方向系统：①生涯理论概述；②梦想的源泉与七大构建法则；③梦想的系统模型；④探索使命的四大方法；⑤原则与身份前置；⑥锁定人生的方向。

第二部评估系统：①自我的四大行为测量与解析；②自我能力分析与认定；③潜能与天赋；④寻找天赋的九大秘诀；⑤人生的七力模型；⑥信念与价值观解析；⑦四大层级职业信息分析。

第三部决策系统：①分析你的决策风格；②五大决策技法讲解与实操。

第四部目标系统：①目标的六大环节分析与操作；②构建目标的黄金法则与演练；③实现目标的路径分析。

第五部动力系统：①人生的两种力；②五大人生动力分析与现场演练。

第六部生命系统：①人生的阶段任务；②制作生命彩虹图；③遗梦生涯曲。

（二）培训课程特色

职业规划协会开设各种培训辅导课程，为广大客户提供相应的培训服务。为此撰写的广告词为"如果你想清晰地认知自己，寻找自己的性格优势，充分发挥自己的潜在能量，给生命一个完美的交代；如你想帮助更多的人员，指导大学生和众多职场人士顺利成长，为社会作更多贡献。职业生涯设计是必须要上的一堂人生课，它将解决你的人生问题，你的职业生涯将从这里翻开新的一页"。

（1）该课程是一套完整的生涯规划设计体系，把最前沿的理论成果与最新探索成果相结合，转化为每个人均可理解与操作的实践指导。

（2）传承休珀学派职业生涯规划与职业生涯教育理论体系和核心技法，理解职业生涯规划实践精要；由业内资深专家主持研发，业内口碑极好，以系统、实操、落地著称。

（3）洞悉职业生涯规划理论百年演进的核心精义及其应用情境，把握职场发展与生涯成功的根本规律。

（4）该课程通过一整套职业生涯规划实操技法、工具和模型，引导客户构建自己的梦想系统，帮助其形成系统可行的职业生涯规划方案。

（5）成为执业级职业生涯规划师，具备高级职业生涯规划师专业资质。

（6）深度学习重转化：线下课或 3 天线上课：3 周时间 15 次直播 18 个专题训练。专家亲自传授，资深导师实力督学。每组配一位持证专业助教全程陪伴督导，答疑解惑。

（7）落地应用机会多：学员广泛服务于个人学业规划、志愿填报、求职加薪、职业转型、企业选育用留，学校职业生涯教育、招生就业等领域。有机会参与生涯合作项目。

（8）行业双证书：获得生涯结业证书，考试合格者申报人社部行业职业鉴定指导中心《生涯规划师》证书。

（9）案例实训：只有在实战状态下才能培养实战型职业生涯规划师。BSC 采用独特的完全真实商业付费案例现场实战训练（非模拟），深度研习，确保学员学到即用到，用到即得到。

（10）久经考验：20 年品牌保障，8 万咨询案例实证，30 次迭代升级，终身复训机会。国内 80% 的实战型职业生涯规划师出自该体系。

（11）注重实际操作，每部分都有明确顺序，步步相连，让每位参与者都能规划出自己的生涯历程。

（12）为客户解释及解决择业、求职、适应、升职、倦怠、转型、发展等各类职业生涯问题，清晰职业定位和未来的人生方向。深入挖掘与激发客户的潜在能量，产生持续的人生动力。

（三）培训课程目标

在全国培训一批高水平、高素质，具备实战指导能力的"生涯规划导师"，获得生涯行业上岗证书，并获准参与以下工作。

（1）开办职业生涯规划的讲座，向社会进行更广泛的知识技能传播。

（2）探讨职业生涯发展的规律，构建团队的生涯发展体系。

（3）指导个体了解一个全新的事业领域，学会一项自助助人技术，完成生涯规划设计。

（4）指导各级各类学校开设职业生涯规划的入门课程，帮助青少年完成专业与职业对接。

（5）指导家庭在大学生成长发展的正面影响和效用。

（6）激发每个人的职业生命动力。

四、职业生涯培训成果

职业生涯规划是个人的基本能力，也是核心能力。无论是管理者或员工，教师或辅导员，家长或学生，都是一堂个人必修课。它以追求梦想为主导，展现个性为主线，激发潜能为主力，全面开创新生涯时代的师资培训，打造具有新时代特征的生涯导师。学习该门课程，可获得以下成果。

（一）理论层面的课程和工作

（1）理解职业生涯规划理论与实践的演进规律。

（2）掌握休珀学派的常规职业生涯规划实践方法论。

（3）理解职业生涯规划模型的核心精要。

（4）科学理解职业测评，运用性格类型工具快速把握案例关键点。

（5）通过谈话有效推进职业生涯规划辅导进程。

（6）全面系统地理解职业困惑，并针对性解决。

（7）在个案层面系统运用职业生涯规划方法论。

（8）使受教育者具备生涯规划与人生设计能力，帮助其对自己的人生科学、高品质地形成职业生涯规划方案。

（9）能够运用特定的专业知识、技巧与观念开展职业咨询活动。

（10）掌握标准化职业咨询流程和操作标准。

（二）实际操作层面的课程和工作

（1）掌握实操职业生涯规划实用技术，支持个人职业生涯规划、员工职业发展及学校职业生涯教育。

（2）获得权威机构毕业证书和资质证书的认可，持证执业，对他人予以人生方向与生命意义的指引。

（3）掌握职业生涯发展的规律后，帮助自己和客户找到长期职业发展的方向。

（4）学会关系个人职场成败的"自助助人"技术，激励大学生构建人生梦想，平衡生活形态，铸造一番人生的伟业。

（5）把握底层逻辑和核心技术，助力选科、学业/职业生涯规划，有效开展生涯规划课程。

（6）对团队人员做精准匹配和高效发挥，帮助员工职业发展，激发人才潜力，提升管理效率。

（7）取得职业生涯规划与职业生涯教育的专业资质，名正言顺、负责任地帮助大学生成长。

（8）掌握一套新理念、新工具，助力企业选育用留及裁人，是招生、就业工作的利器。

（9）兼职创富更促进主业发展，为个人职业生涯打开一个新方向、新出路。

培养兼具国际视野和本土落地能力的职业生涯规划与职业生涯教育人才，在个人职业生涯规划、学校职业生涯教育及员工职业发展等方面提供专业支持。获得职业生涯培训的结业证书，并申请相关部门颁发《职业生涯规划咨询导师（师资）》证书。优秀者可申请有关机构的签约，成为一名职业生涯规划师。

五、职业生涯培训课程大纲

【理念篇】全方位了解职业生涯规划：系统、实操、落地

模块一：职业生涯规划师导学与关键理解；模块二：职业生涯规划原理；模块三：休珀职业生涯规划六大技法；模块四：职业生涯规划模型与工具；模块五：荣格性格类型及其应用；模块六：面谈技术实务；模块七：职业生涯规划案例研究与实践；模块八：事业规划。

【定位篇】职业生涯规划是如何操作的：理论模型、工具与简快技法

模块一：职业生涯规划师自我修养；模块二：BSC 职业咨询理论根基；模块三：商业级职业咨询流程与核心技术；模块四：案例实战与督导；模块五：职业生涯规划师成长策略；模块六：结业式。

【技术篇】

①起航；②什么是职业生涯规划与职业生涯教育；③自驱力：发现你的职业兴趣；④价值观分析法；⑤职业生涯规划师的职业化模式；⑥性格类型分析法；⑦成就事件法；⑧顶端优势；⑨组织中的职业生涯规划实践；⑩助力学校招生就业与学生发展；⑪内外生涯规划法。

本章小结

1. 职业生涯规划师认证，是国内首个标准化的资格认证体系，职业生涯规划师是专门培养员工的职业发展、职业生涯规划和职业咨询领域的专业人员。

2. 职业生涯规划师的申请、认证，对教育背景及专业经历的要求较高。要求申请认证本项证书的人员，主要是具备职场经验的企业中高层人士。

3. 中国生涯规划师协会是由职业生涯规划咨询专业机构、具有专业资格的职业生涯规划师和资深专家、学者自愿组成的，是全国性的职业生涯规划行业协会。

思考题

1. 你自己未来有考虑从事职业生涯规划师的工作吗？该职业工作的前景和状况如何？

2. 你对高校的学生辅导员的工作有何感想，目前的工作还需要做出哪些方面的改进和完善？

3. 你对职业生涯规划师的"自助助人"的工作特点有何理解？

4. 职业生涯规划师协会的设立，对推动该项工作的开展会有哪些方面的帮助？

练习题

1. 阅读职业生涯规划师教育培训的大纲及课程设置，对自己理解该课程有何帮助？

2. 结合你自己的实践体会，你对职业生涯规划的教育培训的内容和方式，还有哪些方面的需要？

3. "职业生涯指导师能够做到的，并非给出现成的标准答案，也非直接帮忙找一份理想工作，而是用一套科学的指标与方法，洞察一个人的内心，激发人的潜能和目标，在漫漫的职业海洋中，找到最适合的理想和职业方向。"对这段话你怎么理解。

第九章补充资料